CB127068

CONTROLE E CONSENSUALIDADE

FUNDAMENTOS PARA O CONTROLE CONSENSUAL DA ADMINISTRAÇÃO PÚBLICA (TAG, TAC, SUSPAD, ACORDOS DE LENIÊNCIA, ACORDOS SUBSTITUTIVOS E INSTRUMENTOS AFINS)

Luciano Ferraz

Prefácio
Fabrício Motta

CONTROLE E CONSENSUALIDADE

FUNDAMENTOS PARA O CONTROLE CONSENSUAL DA ADMINISTRAÇÃO PÚBLICA (TAG, TAC, SUSPAD, ACORDOS DE LENIÊNCIA, ACORDOS SUBSTITUTIVOS E INSTRUMENTOS AFINS)

3ª edição

Belo Horizonte
FORUM
CONHECIMENTO
2025

© 2019 Editora Fórum Ltda.
2020 2ª edição
2025 3ª edição

É proibida a reprodução total ou parcial desta obra, por qualquer meio eletrônico, inclusive por processos xerográficos, sem autorização expressa do Editor.

Conselho Editorial

Adilson Abreu Dallari
Alécia Paolucci Nogueira Bicalho
Alexandre Coutinho Pagliarini
André Ramos Tavares
Carlos Ayres Britto
Carlos Mário da Silva Velloso
Cármen Lúcia Antunes Rocha
Cesar Augusto Guimarães Pereira
Clovis Beznos
Cristiana Fortini
Dinorá Adelaide Musetti Grotti
Diogo de Figueiredo Moreira Neto (*in memoriam*)
Egon Bockmann Moreira
Emerson Gabardo
Fabrício Motta
Fernando Rossi
Flávio Henrique Unes Pereira
Floriano de Azevedo Marques Neto
Gustavo Justino de Oliveira
Inês Virgínia Prado Soares
Jorge Ulisses Jacoby Fernandes
Juarez Freitas
Luciano Ferraz
Lúcio Delfino
Marcia Carla Pereira Ribeiro
Márcio Cammarosano
Marcos Ehrhardt Jr.
Maria Sylvia Zanella Di Pietro
Ney José de Freitas
Oswaldo Othon de Pontes Saraiva Filho
Paulo Modesto
Romeu Felipe Bacellar Filho
Sérgio Guerra
Walber de Moura Agra

FÓRUM
CONHECIMENTO

Luís Cláudio Rodrigues Ferreira
Presidente e Editor

Coordenação editorial: Leonardo Eustáquio Siqueira Araújo
Thaynara Faleiro Malta
Revisão: Fabiana Guimarães Coelho
Capa e projeto gráfico: Walter Santos
Diagramação: João Oliveira

Rua Paulo Ribeiro Bastos, 211 – Jardim Atlântico – CEP 31710-430
Belo Horizonte – Minas Gerais – Tel.: (31) 99412.0131
www.editoraforum.com.br – editoraforum@editoraforum.com.br

Técnica. Empenho. Zelo. Esses foram alguns dos cuidados aplicados na edição desta obra. No entanto, podem ocorrer erros de impressão, digitação ou mesmo restar alguma dúvida conceitual. Caso se constate algo assim, solicitamos a gentileza de nos comunicar através do *e-mail* editorial@editoraforum.com.br para que possamos esclarecer, no que couber. A sua contribuição é muito importante para mantermos a excelência editorial. A Editora Fórum agradece a sua contribuição.

Dados Internacionais de Catalogação na Publicação (CIP) de acordo com ISBD

F381c Ferraz, Luciano

Controle e consensualidade: fundamentos para o controle consensual da Administração Pública (TAG, TAC, SUSPAD, acordos de leniência, acordos substitutivos e instrumentos afins) / Luciano Ferraz. -- 3. ed. --. Belo Horizonte: Fórum, 2025.

285 p. 14,5x21,5cm

ISBN impresso 978-85-450-0955-9
ISBN digital 978-85-450-0949-8

1. Controle da Administração Pública. 2. Consensualidade administrativa. 3. Instrumentos de controle consensual. 4. Termos de ajustamento de gestão. 5. Acordos de leniência. I. Título.

CDD: 342
CDU: 342

Ficha catalográfica elaborada por Lissandra Ruas Lima – CRB/6 – 2851

Informação bibliográfica deste livro, conforme a NBR 6023:2018 da Associação Brasileira de Normas Técnicas (ABNT):

FERRAZ, Luciano. *Controle e consensualidade*: fundamentos para o controle consensual da Administração Pública (TAG, TAC, SUSPAD, acordos de leniência, acordos substitutivos e instrumentos afins). 3. ed. Belo Horizonte: Fórum, 2025. 285 p. ISBN 978-85-450-0955-9.

Na primeira edição, dediquei este livro à minha família: *semente, raiz, árvore, flor e frutos*.

Tenho mania de ser poético, deixando muitas vezes as mensagens subentendidas.

É meu jeito de dizer que amo...

Mas como diz o brocardo: *"Verba volant, scripta manent"*...

Dedico as segunda e terceira edições a José Ferraz (semente inesquecível), Nara (a raiz mais forte), Léo (árvore inteligentemente frondosa), Aline (és minha flor...), Felipe e Henrique (os frutos mais doces da vida).

Vocês são, cada um a seu modo, meus amores!

AGRADECIMENTOS

Agradeço aos meus alunos por manterem viva a crença de que algum dia o Direito será direito.

Agradeço também à Professora Andréa Matos pelo auxílio nas revisões e correções da obra e à Professora Virgínia Kirchmeyer Vieira pelo convívio profícuo e pelo apoio incondicional.

E agradeço, também, ao Gabriel Oliveira, pela ajuda nas pesquisas e no desenvolvimento da terceira edição.

Há também, no terreno do pensamento, estradas de planície e estradas de montanha. Este caminho, que deveria acabar no conceito de Direito, é um rude sendeiro montanhoso. Disso decorre, pelo menos para mim, que não sou exímio alpinista, a necessidade de dar voltas.

(Francesco Carnelutti)

Não encontre a falta, encontre a solução.

(Henry Ford)

SUMÁRIO

CAPÍTULO 7

NOVA PROPOSTA PARA A TAXINOMIA DOS CONTROLES DA ADMINISTRAÇÃO PÚBLICA BRASILEIRA 117

PREFÁCIO DA 1ª EDIÇÃO

A *impermanência* talvez seja a marca mais característica do direito administrativo das últimas décadas – essa afirmativa pode ser comprovada mediante simples pesquisa na bibliografia nacional recente, muito embora a constante metamorfose não seja privilégio brasileiro. *Evolução, mutações, transformações* e *novos paradigmas* são alguns dos qualificativos aplicados ao direito administrativo pela doutrina brasileira, identificando alterações nas bases clássicas desse ramo ainda novo do conhecimento jurídico. Em sendo relativamente novo – quando comparado com o direito civil, por exemplo –, não deixa de ser interessante contrapor essa impermanência com a conhecida máxima de Otto Mayer, precursor do direito administrativo alemão, segundo a qual "o direito constitucional passa, o direito administrativo permanece".

Nesse processo, a conclusão intuitiva nos remete à existência de divergências a respeito do *objeto de estudo* – se estamos, afinal de contas, de acordo com termos e significados quando nos referimos a "direito administrativo". Otto Mayer, cuja obra mereceu maior divulgação e acolhida no início do século XX, teve mérito na abordagem sistematizada e dogmática do direito administrativo, transpondo de certa forma os métodos do direito privado para o então novo ramo do direito. A máxima da permanência – *o direito administrativo permanece* – refletia mais propriamente um ideal de *estabilidade* da organização administrativa diante da *transitoriedade*, à época, dos regimes políticos, nos diferentes territórios – *o direito constitucional muda*. O relevo às prerrogativas de poder e às diversas posições jurídicas ocupadas pelo poder público ocupava posição principal, mesmo após a superação do Estado de Polícia. Nos momentos iniciais do que se convencionou chamar de "direito administrativo ocidental", de inspiração grandemente francesa, os esforços doutrinários visavam afirmar o espaço e a autonomia do novo ramo frente aos demais, na ciência do direito, e também de individualizá-lo da ciência da administração. Essa preocupação atingirá seu ápice com o positivismo da Escola de Viena, bem representada pelas lições de Adolf Merkl voltadas à consideração do direito administrativo em perspectiva eminentemente jurídico-normativa, separado da ciência da administração.

O direito administrativo é *inconstante* porque assim o é o Estado – gigante, médio ou mínimo; atuante ou acomodado, eficiente ou ineficiente, forte ou fraco – bom ou mau, na visão de alguns. O direito administrativo *muda* porque o cidadão constitui sua essência – na conjugação de todos os sonhos, receios, angústias e necessidades e no que tudo isso depende do Estado. O Estado é *flexível* porque seu dever é servir o cidadão, e não se servir dele. Globalização, formas privadas de gestão, participação, transparência e efetividade são tópicos não presentes no nascimento do direito administrativo e que se apresentam no singular pêndulo continuidade *versus* mudança.

Se há tempos muitos têm se dedicado a identificar e mesmo entender as mudanças do Estado, da Administração e do direito administrativo, mais recente é a preocupação relativa às mutações que deve sofrer o controle para se adequar a esse novo cenário. O controle da Administração Pública se equilibra sob o desafio de continuar *relevante*, *eficiente* e *eficaz* para incidir sobre as ações e omissões do Estado, gigante enigmático que se movimenta em variadas direções para atender aos anseios de uma sociedade a cada dia mais complexa. Essa preocupação é marcante na trajetória acadêmica e profissional do professor Luciano Ferraz, que agora nos apresenta esta nova obra. A obra transpira uma das características marcantes do autor: a preocupação com a repercussão prático-profissional, voltada para a solução de problemas jurídicos, sem descurar da profundidade e rigidez científica.

Essa saudável conjugação – *aplicabilidade prático-profissional* com *profundidade acadêmica* – já marcava o primeiro trabalho do autor direcionado ao controle da Administração Pública,[1] um estudo analítico, com o mérito de iniciar o aprofundamento na compreensão do controle externo como integrante do sistema constitucional de controle. Outros trabalhos marcantes, conhecidos por todos aqueles

[1] FERRAZ, Luciano. *Controle da Administração Pública*. Belo Horizonte: Mandamentos, 1999.

que militam no controle externo, foram voltados aos limites dos poderes dos tribunais de contas,[2] à exigência do devido processo legal[3] e à aplicação da Lei de Responsabilidade Fiscal.[4]

Esta obra em si, reconheçamos, não é totalmente nova – seu embrião é constituído de tese de doutorado defendido no já longínquo ano de 2003, na Faculdade de Direito da Universidade Federal de Minas Gerais. Defendida a tese, Luciano tratou de recolhê-la das estantes da Casa de Afonso Pena e de guardá-la em algum local – talvez em um barril de carvalho, hermético. Gravou na mente, entretanto, as linhas principais e *originais* que pautariam sua produção científica e atuação profissional a partir de então.

A produção acadêmica subsequente à obra era uma amostra da tese à qual poucos tiveram acesso. A *consensualidade,* antídoto ao autoritarismo e imperatividade, era – é – sua paixão. Luciano se preocupou com a democratização e participação social[5] na Administração Pública, modernização e auditoria de programas,[6] entre muitos outros temas. No entanto, a experiência como controlador-geral do município de Belo Horizonte foi a oportunidade ideal para conceber instrumentos normativos fundados em sua tese, voltados à efetividade, racionalidade e consensualidade do controle. Sob as singelas siglas de SUSPAD (Suspensão do Processo Administrativo Disciplinar)[7] e TAG (Termos de Ajustamento de Gestão),[8] apresentaram-se institutos inovadores, efetivos e eficazes, que ganharam vida, pernas e configurações próprias.

---

[2] FERRAZ, Luciano. Poder de coerção e poder de sanção dos Tribunais de Contas - Competência Normativa e Devido Processo Legal. *Fórum Administrativo - Direito Público,* Belo Horizonte, n. 14, ano 2, p. 437-440, 2002.

[3] FERRAZ, Luciano. Due Process of Law e Parecer Prévio das Cortes de Contas. *Interesse Público,* São Paulo, v. 7, p. 76-91, 2000.

[4] FERRAZ, Luciano. Lei de Responsabilidade Fiscal e Terceirização de Mão-de-Obra no Serviço Público. *Fórum Administrativo,* Belo Horizonte, n. 2, ano 1, p. 130-140, 2001.

[5] FERRAZ, Luciano. Novas Formas de Participação Social na Administração Pública: Conselhos Gestores de Políticas Sociais. *Revista Brasileira de Direito Público - RBDP,* Belo Horizonte, v. 7, p. 59-68, 2004.

[6] FERRAZ, Luciano. Modernização da Administração Pública e Auditorias de Programas. *Revista Brasileira de Direito Público,* Belo Horizonte, v. 2, p. 133-140, 2004.

[7] FERRAZ, Luciano. Controle Consensual da Administração Pública e Suspensão do Processo Administrativo Disciplinar (SUSPAD) - A Experiência do Município de Belo Horizonte. *Interesse Público,* v. 44, p. 15-24, 2007.

[8] FERRAZ, Luciano. Termos de Ajustamento de Gestão (TAG): do sonho à realidade. *Revista Brasileira de Direito Público,* v. 31, p. 43-50, 2010.

Para aqueles que, como eu, acompanham toda essa trajetória desde o início, as coisas começarão a ficar mais claras com a edição desta obra. O controle consensual da Administração Pública ganha agora maior elaboração, agregando sistematicidade e organicidade aos instrumentos que Luciano criou e dando ensejo à criação de outros tantos.

A experiência profissional do autor certamente sempre lhe sinalizou a importância de perceber os influxos da ciência da administração sobre o direito administrativo. O estudo das clássicas escolas da Administração não pode ser olvidado porque a Administração Pública é atividade dinâmica, pulsante, viva, que depende essencialmente de *organização*. Nesse particular, é nítida a influência de Paulo Neves de Carvalho na aproximação evitada pelos positivistas, mas inescapável na complexidade dos que fazem a máquina estatal realmente funcionar: é preciso perceber os muitos pontos de contato entre Administração e direito, como sinaliza o autor no quarto capítulo, para uma estruturação adequada do controle. Essa aproximação permitirá perceber, como tem repetido Luciano, que as formas ditas tradicionais de controle foram concebidas para o Estado do século XIX, sendo insuficientes para o momento atual.

A taxonomia dos controles da Administração proposta incorpora esse sentimento ao propor classificações inovadoras: *controle quanto ao foco* (sobre o ato e sobre a gestão) e *controle quanto à consequência jurídica* (sancionatório e consensual). A proposta é salutar, sobretudo em razão da confusão frequente entre controle e responsabilização. A atividade jurídica de controle possui viés e finalidade próprios, sem qualquer supremacia com relação às demais. Ao contrário, o controle deve necessariamente considerar – e dialogar com – o ponto de vista do gestor público. As alterações recentes na LINDB, que não passaram despercebidas pelo autor, trouxeram reforço na convicção de que o modelo constitucional de controle impõe o diálogo, a busca pela consensualidade, justamente por entender que uma série de atores igualmente legitimados interfere na gestão pública.

É constrangedor reconhecer que existe uma busca incessante pela ocupação de espaços de controle, tornando desarmônico o sistema constitucional, em manifestação emotiva de certo ciúme institucional. A falta de credibilidade da Administração Pública, em sentido amplo, em razão de nossa crônica história de ineficiência e corrupção, acaba por estimular um controle autocentrado, pautado na defesa de relevantes fins por quaisquer meios. Há, ao contrário do necessário, indeferência para com as legítimas atuações administrativas – alguns advogam que o ponto de vista do controle é – e será – sempre o correto, somente em razão de quem o manifesta.

Esse cenário torna a edição desta obra extremamente oportuna. Resgatada após longo tempo, vem a lume redonda, completa e complexa, amadurecida como os bons vinhos após seu necessário descanso. A linguagem, ao mesmo tempo simples e elegante, conduz o leitor de forma leve, tirando a aridez que se esperaria de um estudo com tamanha profundidade científica. Trata-se de uma instigação, comprovada, de que o controle tem um novo e essencial papel a cumprir para que as promessas da Constituição da República possam sair da frieza do papel para a realidade social.

Cumprido o papel de apresentar a obra e instigar o leitor, digo breves palavras sobre o autor. Luciano Ferraz é um dos grandes amigos que o direito administrativo me deu – amigo a ponto de me presentear com a honra deste prefácio. Amigo daqueles de conhecer a família, frequentar a casa, partilhar momentos alegres e difíceis. É um jurista completo, na melhor acepção da palavra – domina todos os ramos do conhecimento jurídico e consegue fazer conexões inimagináveis para resolver problemas complexos. Como advogado, é simplesmente brilhante. Sua mente privilegiada tem se refinado ao longo dos anos, reflexo de suas transformações pessoais: Luciano tem ficado mais leve, atento à importância da família, dos amigos e da solidariedade, para carregar no bagageiro da vida somente o peso necessário. Sua leveza permite materializar, em sua produção científica, a máxima de nosso saudoso mestre Paulo Neves de Carvalho: "O direito tem que servir à vida; se ele não serve à vida, ele não serve para nada".

Fabrício Motta

Presidente do Instituto Brasileiro de Direito administrativo (IBDA). Vice-Coordenador do Programa de Mestrado em Direito e Políticas Públicas (Faculdade de Direito da Universidade Federal de Goiás). Procurador do Ministério Público de Contas (MPC TCM/GO). Doutor em Direito do Estado (USP) e Mestre em Direito Administrativo (UFMG).

APRESENTAÇÃO DA 2ª E DA 3ª EDIÇÃO

A 1ª edição deste livro teve uma aceitação bastante maior do que esperávamos, a Editora Fórum e eu. Em menos de 8 (oito) meses após o lançamento, fui contatado para providenciar esta segunda edição. Nesta nova edição comparecem como novidades os comentários sobre importantes alterações legislativas, que seguiram a tendência anunciada pela obra, a exemplo da Lei 14.230, de 25 de outubro de 2021, que alterou o §1º do art. 17 da Lei nº 8.429/92, prevendo os acordos de não persecução civil nas ações de improbidade administrativa.

Além disso, foram inseridas referências a novas decisões judiciais e das Cortes de Contas, em especial do Supremo Tribunal Federal (STF), bem como novos extratos doutrinários e enunciados (v.g., Instituto Brasileiro de Direito Administrativo), sempre com o mote de enriquecer as informações aos leitores.

No Capítulo 3, da segunda edição, foi acrescentada a alusão à escola do New Public Management, a fim de deixar mais clara a compreensão de como as escolas de Teoria Geral da Administração influenciaram a atividade e a organização da Administração Pública no século XX e nas duas primeiras décadas do século XXI. A terceira edição incluiu os itens 3.3.1, 3.3.2 e 4.4.

Esperamos que a aceitação dessa edição pela comunidade jurídica seja também uma realidade e que as ideias aqui desenvolvidas possam despertar nos leitores o desejo de conceberem soluções criativas e inovadoras para o aumento da eficiência da Administração Pública Brasileira.

Um livro nasce como uma árvore, já o disse Francesco Carnelutti, "porque o vento leva a semente para a terra, porém antes de a semente se converter numa árvore, muito tempo se passa." (*A Arte do Direito*. p. 11). E foi isso precisamente o que aconteceu no caso deste livro. O tempo passou... Desde a defesa do meu doutoramento, na Universidade Federal de Minas Gerais, no inverno de 2003, acreditei que seria possível propor um modelo de controle da Administração Pública que superasse as raias da legalidade em sentido estrito e os métodos de controle sob pressão.

Compreendi que as transformações pelas quais o Direito Administrativo e a Administração Pública passavam nos fins da década de 1990 – pela proposta de implantação do modelo de administração gerencial em substituição ao modelo de administração burocrática – exigiam um repensar da atividade de controle da Administração Pública.

Àquela altura, o Direito Administrativo mundial passava por um câmbio conceitual, fundamentalmente pela valorização de figuras distintas do ato administrativo, que se apresentavam como alternativas de investigação pelos estudiosos do tema: o contrato, o procedimento, as relações jurídico-administrativas.

Fui bastante influenciado por duas obras jurídicas da época: *Mutações do Direito Administrativo*, do professor Diogo de Figueiredo Moreira Neto, e *Em busca do acto administrativo perdido*, do português Vasco Manoel Pereira da Silva. Guardava comigo também uma necessidade de estudar mais amiúde a Ciência da Administração, notadamente porque meu orientador, Paulo Neves de Carvalho, sempre me apresentou esse desafio.

Foi o saudoso orientador também que me fez abreviar, repentinamente, a tese de doutoramento, para defendê-la antes do prazo programado, e em curto espaço de tempo. Segui a orientação e foquei a tese nas auditorias de gestão e na eficiência administrativa, anunciando, *en passant*, que os controles internos e externos da Administração Pública deveriam caminhar do ato ao contrato, na busca de soluções concertadas para os problemas da Administração Pública. Três meses depois, o professor adoentou-se... pouco tempo se passou... e ele nos deixou...

Permaneci com o desafio de complementar os estudos em Direito Administrativo e Ciência da Administração, dividindo o tempo entre o exercício do magistério na Universidade Federal de Minas Gerais e na Pontifícia Universidade Católica de Minas Gerais, além da lida diária com a advocacia e a Administração Pública, adubando o terreno para comprovar a viabilidade técnica da "contratualização" do controle da Administração Pública.

Em outubro de 2006, fui convidado a exercer o cargo de Controlador-Geral do Município de Belo Horizonte. Vislumbrei então a oportunidade de, na prática, provar a aplicabilidade da tese que defendi sobre uma nova possibilidade de exercer o controle da Administração Pública. Inspirado nisso, o Município de Belo Horizonte viveu duas experiências pioneiras, com a Suspensão do Processo Administrativo Disciplinar (SUSPAD) e com o Termo de Compromisso de Gestão (TCG), instrumentos de controle que terminaram por gerar frutos em diversos cantos da Administração Pública brasileira.

De lá para cá, sob o signo "Controle Consensual da Administração Pública", publiquei artigos, ministrei aulas, participei de colóquios, debates e congressos, e o que antes eram só ideias imaginadas foi aos poucos ganhando vida no âmbito da legislação e das experiências do cotidiano administrativo. Como diria Albert Einstein, "a teoria sempre acaba, mais cedo ou mais tarde, assassinada pela experiência".

O tempo passou e a semente virou árvore!

Modernos estudos acadêmicos têm buscado interação do objeto da pesquisa jurídica com outros domínios do conhecimento. Essa ampliação cognitiva do direito alinha-se ao método de investigação interdisciplinar[1] ou transdisciplinar,[2] produzindo, contemporaneamente, uma espécie de "libertação dogmática" dos estudos jurídicos a fim de proporcionar fundamentos aos institutos, além da "pirâmide normativa".

A ilustrar essa tendência, a partir do estudo da atividade de controle da Administração Pública, os primeiros capítulos deste livro almejam estabelecer conexões de sentido, com recurso à perspectiva histórica, entre o direito administrativo e a ciência da administração, haja vista que ambos são direcionados a minudenciar o mesmo fenômeno. Segue-se, no particular, a advertência de Jean Rivero, para quem o estudo do direito administrativo não pode desinteressar-se dos dados que explicam as regras que compõem esse direito e que pertencem ao âmbito da ciência da administração.[3]

Durante o Estado liberal, a redução da atividade de Administração Pública à mera execução da lei e o prestígio alcançado pelo positivismo jurídico nos séculos XIX e XX repercutiram na forma

---

1 BRITO, Edvaldo Pereira de. A atuação do Estado no domínio econômico. *In*: MARTINS, Ives Gandra (Coord.). *Desafios do Século XXI*. São Paulo: Pioneira, 2000. p. 261-262.

2 GUSTIN, Miracy Barbosa S.; DIAS, Maria Tereza Fonseca. *Curso de iniciação à pesquisa jurídica e à elaboração de projetos de pesquisa*: orientações básicas. Belo Horizonte: UFMG, 2000.

3 RIVERO, Jean. *Direito Administrativo*. Coimbra: Almedina, 1981. p. 24-25. As perspectivas de observação do Direito Administrativo e da Ciência da Administração são distintas. Para o Direito Administrativo, prevalecem o aspecto teórico (normativo) e o método dedutivo de pesquisa; para a Ciência da Administração, prevalecem o aspecto pragmático e o método indutivo de cognição. Com efeito, enquanto nos países europeus (Europa Ocidental) a preferência foi estudar a Administração Pública num viés eminentemente jurídico, nos Estados Unidos da América, a Ciência da Administração, como disciplina de gestão, foi que alcançou maior grau de sistematização e desenvolvimento. A tendência normativa da Europa Continental e a tendência pragmática dos EUA transportam-se, como não poderia deixar de ser, para os países que sofreram sua influência de colonização. No Brasil, por exemplo, não obstante a filiação ao sistema anglo-americano de jurisdição, preponderaram os estudos da Administração Pública em versão e visão jurídicas.

de ver a atividade de controle da Administração Pública. A recondução da atividade de administração ao cumprimento automático de regras preestabelecidas pelo legislador edificou um modelo de controle hermético e legalista, apegado à forma e circunscrito ao ato administrativo, até então considerado como típica forma de exteriorização da autoridade estatal.

A evolução histórica dos modelos de Estado exigiu alterações quanto ao trato com a Administração Pública, e a ciência da administração apontou primeiramente as falhas desse modelo legalista, porquanto ao influxo de teorias desenvolvidas para aprimorar e complementar as noções clássicas (abordagens comportamentais, administração sistêmica, administração por objetivos), o fenômeno administrativo público passou a ser concebido em conexão direta com o ambiente circundante.[4]

Ao longo do século XX, a visão fechada do positivismo jurídico restou substituída por uma visão mais aberta, em contato direto e constante com os valores da sociedade, mediante um sistema (principiológico) de vasos comunicantes, estabelecido entre o mundo do "ser" e o do "dever ser" jurídico: uma proposta de revisão do positivismo paulatinamente foi constituída como alternativa à compreensão da ciência do direito.

Abriu-se, nesse panorama, um novo percurso ao direito administrativo e, via de consequência, a institutos por ele consagrados, dentre os quais a atividade de controle. A mudança do eixo do direito implicou a alteração das posturas controladoras, aproximando-as dos métodos desenvolvidos pela ciência da administração. Consoante pontuou Gianinni, para a ciência da administração "a figura predileta é o controle de gestão ou de eficiência, vendo-se com desfavor o controle de legalidade e o controle de mérito, porque limitados a atos isolados e, portanto, pouco profundos e com resultados demorados".[5]

---

[4] *"La renovación de los estudios sobre Administración pública proviene de los Estados Unidos de América, y está condicionada por la inexistencia en aquel país como en otros anglosajones de una tradición de derecho administrativo, y también por la escasa intervención de la Administración norteamericana hasta fecha relativamente reciente"* (ALCAZAR, Mariano Baena del. *Curso de Ciencia de la Administración*. 14. ed. Madri: Tecnos, 2000. p. 63).

[5] GIANINNI, Massimo Severo *apud* MEDAUAR, Odete. *Controle da administração pública*. São Paulo: Revista dos Tribunais, 1992. p. 49.

Portanto, o ponto cardeal do livro consiste na comprovação de que as formas usuais de exercício da atividade de controle da Administração Pública foram concebidas sob a égide de um paradigma de Estado e de direito que não mais subsiste. Novas fórmulas são propostas, propiciando uma relação dinâmica, legítima e concertada entre Estado e administradores, sob o panorama da Administração Pública consensual: vislumbra-se, nesse passo, um controle que, ao invés de reprimir o administrador público (como o fizeram os instrumentos de administração por pressão de meados do século XX, tolhendo-o no exercício da função que exerce em benefício de todos) – estimulem-no a tomar decisões acertadas e criativas, desde que voltadas para os interesses da sociedade, sem qualquer menoscabo ao núcleo essencial dos direitos fundamentais.

Com efeito, o paradigma moderno – o da Administração Pública consensual ou concertada – reorienta – como não poderia deixar de ser – a atividade controladora do Estado. As fórmulas clássicas de controle (aprovação, registro, homologação, julgamento de conformidade), afinadas àquela visão da Administração Pública executora da lei, perderam prestígio e cederam espaço a novos instrumentos de controle, com viés menos autoritário e mais pragmático e consensual.

A essência das propostas a serem apresentadas no curso deste livro é a de ultrapassar os lindes da simples verificação contábil, com ou sem repercussões financeiras, das partidas dobradas para abranger o controle do próprio desempenho administrativo das organizações e possibilitar a ambientação da atividade controladora: *"In the foreigners countries, these activities refer to an activity intended to explore the degree of economy, efficiency and expediency with human, financial and material resources are used at the level of an organizational unit, group of organizations or certain activities within such group of organizations"*.[6]

O embrião dessa proposta apareceu pioneiramente em *Novos rumos para o controle da Administração Pública: auditorias de gestão e*

[6] Slovak Governance Institute. *Performance Audit Manual*, November, 2001. p. 2. Em tradução livre: "Nos países estrangeiros, essas atividades se referem a uma atividade destinada a explorar o grau de economia, eficiência e conveniência dos recursos humanos, financeiros e materiais que são usados no nível de uma unidade organizacional, grupo de organizações ou certas atividades dentro desse grupo de organizações".

eficiência administrativa, tese de doutoramento apresentada à Universidade Federal de Minas Gerais, em agosto de 2003. Naquela oportunidade, defendi a "contratualização" das relações de controle como medida apta a simplificar caminhos e a atingir com mais proeminência as finalidades a cargo da Administração Pública. Note-se que a ideia de ser pioneiro não carrega a vaidade de ser inédito. Pioneiro é quem desbrava, enxerga a ilha no horizonte e lhe dá utilidade prática, e não o astrólogo que se refere às estrelas apenas como desenhos do zodíaco no céu.

De lá para cá, a legislação, sob os auspícios da aplicação do princípio da consensualidade ao âmbito das relações administrativas, iniciou uma trajetória de consagração de instrumentos de controle consensual da Administração Pública e novos trabalhos acadêmicos sobre o tema. Os fundamentos para tais instrumentos e o desenvolvimento dos debates a respeito constituem propriamente o objeto temático deste livro. Afinal, a moderna Administração Pública e o direito administrativo participativo no século XXI exigem da comunidade jurídica o repensar dos meios tradicionalmente empregados no controle da Administração Pública e seus efeitos.

Nesta terceira edição, além de uma maior sustentação teórica às partes iniciais do livro, contaremos com o reforço dogmático de importantes mudanças desde 2020 no cenário normativo dos métodos de controle consensual da Administração Pública. Houve relevantes alterações na Lei de Improbidades Administrativas, atraindo decisões tanto no controle de constitucionalidade do STF quanto pela sistemática da repercussão geral. Mudanças de interpretação do STJ sobre disposições introduzidas com a Lei nº 14.230/21, o desenvolvimento pela CGU de instrumentos antes restritos às esferas dos acordos de leniência típicos, a regulamentação do TAG (Termos de Ajustamento de Gestão) pela CGU, a proliferação de terceiros de ajuste de gestão pelos Tribunais de Contas, a adoção da solução consensual medida pelo TCU, a abertura da atividade administrativa ao consenso com as disposições da Lei de Introdução às Normas de Direito Brasileiro (LINDB), pela Lei nº 13.655/18, tudo isso a consagrar o princípio da consensualidade administrativa em oposição a medidas unilaterais que não resolvem os conflitos.

CAPÍTULO 1

CONTEXTUALIZAÇÃO DO TEMA

A evolução leva a vida da fase biológica para a fase psicossocial. Huxley, citado por Chiavenato, salientava que a vida humana progride exatamente pela sucessão de novos tipos dominantes de organização, mas as alterações se dão na estrutura das ideias e das instituições – sistemas de pensamento e de conhecimento, de sentimento e de crença, com seus acompanhamentos sociais, econômicos, políticos, jurídicos.[7]

A atividade de administração é inerente à vida na sociedade. Sociedade compreende conceito de relação – *relatio ad alterum* – e o que isso exprime de objetivo, segundo Groppali, "são os indivíduos que a constituem e que permanentemente juntos convivem e cooperam em um mesmo lugar, para a realização de fins comuns, entretecendo as suas relações de natureza sexual e familiar às de natureza econômica, religiosa, política".[8]

A dizer de outra forma, viver em sociedade pressupõe unidade de fins e propósitos, porquanto a convivência harmônica há que se impor em meio à multiplicidade de relações desenvolvidas entre os indivíduos que juntos compõem o tecido social.[9] Imprescindível,

---

7 CHIAVENATO, Idalberto. *Teoria geral da administração*. v. 1. São Paulo: MacGraw-Hill, 1979. p. 10.

8 GROPPALI, Alexandre. *Doutrina do Estado*. 2. ed. São Paulo: Saraiva, 1962. p. 46.

9 Segundo doutrina de Max Weber, relação social é o comportamento reciprocamente referido quanto ao seu conteúdo de sentido por uma pluralidade de agentes e que se orienta por essa referência. A relação social consiste na probabilidade de que se aja socialmente numa forma indicável por uma ordem legítima (WEBER, Max. *Economia...*, *cit.*, p. 16 *et seq.*). Na concepção de Karl Lowenstein, essas relações que se estabelecem entre os indivíduos no seio do corpo social são relações de poder, cujo caráter pode ser político, econômico, religioso, moral, cultural (LOWENSTEIN, Karl. *Teoría de la Constituition*, Barcelona: Ariel, 1964. p. 26).

para tanto, que haja organização, fenômeno administrativo que pressupõe regra.

A subsistência do grupo social, com efeito, depende do estabelecimento de regras comuns destinadas à regência das diversas relações entre os indivíduos – e entre estes e o todo em que se conformam. Daí a afirmativa de que o grupo social – e a sociedade o é – consiste no grupamento de indivíduos sob determinadas regras – *ubi societas, ibi jus*.[10] "Para existirem tais regras, alguma força há de produzi-las; para permanecerem, alguma força deve aplicá-las, com a aceitação dos membros do grupo. A essa força, que faz as regras e exige o seu respeito, chama-se poder".[11]

Conforme anota Max Weber, poder significa a probabilidade de impor a outrem a própria vontade, mesmo contra resistências, seja qual for o fundamento dessa probabilidade.[12] [13] Contudo, segundo o próprio Weber, esse conceito de poder é sociologicamente amorfo, sendo preferível ater-se ao conceito de dominação, que é a probabilidade de encontrar obediência a uma ordem de determinado conteúdo, entre determinadas pessoas indicáveis.[14]

Com efeito, a situação de dominação está ligada à presença de alguém mandando eficazmente em outro, o que, todavia, não significa a necessidade de um quadro administrativo, nem a de uma associação; porém certamente – diz Weber – a de pelo menos um deles.[15] Uma associação de dominação Weber denomina associação

---

10 A expressão "jus" não está empregada no sentido de direito estatal adotado neste estudo.

11 SUNDFELD, Carlos Ari. *Fundamentos de direito público* 4. ed. São Paulo: Malheiros, 2002. p. 19.

12 WEBER. *Economia..., cit.*, p. 33. Sobre o conceito de poder apresentado por Weber, Manoel Gonçalves Ferreira Filho salienta que: "O verbo impor é forte demais para bem exprimir a variedade e a sutileza de muitas formas de poder. Este nem sempre é tão intenso que impõe uma conduta, não raro a influência apenas. O poder apresenta diversos graus de intensidade, todavia, nem é necessário dizê-lo, em todos eles obviamente existe poder". "Parece preferível, por isso, dizer que o poder consiste na possibilidade de determinar pela própria vontade a conduta alheia" (FERREIRA FILHO, Manoel Gonçalves. O poder e seu controle. *Revista de Informação Legislativa*, v. 21, out./dez. 1984, p. 69-94).

13 Exprimem, a modo de exemplo, poder social as relações entre patrões e empregados, pais e filhos, governo e sociedade.

14 WEBER. *Economia..., cit.*, p. 33.

15 *Idem.* Para Weber, existem dois tipos de ordem: ordem administrativa, que regula a ação associativa, e ordem reguladora, que regula outras ações sociais, garantindo aos agentes as possibilidades que provêm dessa regulação, sendo evidente que, na maioria das associações, ambas se fazem presentes (p. 32).

política quando e na medida em que sua subsistência e a vigência de suas ordens dentro de determinado território geográfico estejam garantidas de modo contínuo, mediante ameaça e aplicação de coação física por parte do quadro administrativo.[16]

De fato, o âmbito em que o poder (dominação) assume papel mais crucial é o da política. Desde a obra de Aristóteles, o poder político é considerado – na análise das boas formas de governo[17] – aquele que se exerce no interesse de quem é governado, identificado, por assim dizer, com o poder exercido pelos dirigentes da *polis*, na busca do bem comum.

É corrente dizer-se que o poder político se diferencia dos demais tipos de poder pela possibilidade de recorrer à força para impor condutas aos destinatários. Porém, só essa característica não é suficiente para qualificá-lo. "O que caracteriza o poder político é a exclusividade do uso da força em relação à totalidade dos grupos que atuam em determinado contexto social, exclusividade que é o resultado de um processo que se desenvolve em toda a sociedade organizada, no sentido da monopolização da posse e uso dos meios com que se pode exercer coação física".[18]

A institucionalização do poder político, mediante esse quadro administrativo que dita normas e exerce com exclusividade a força para cobrar-lhes a observância, identifica o que a partir da era moderna se denominou Estado. Daí a doutrina de Marx e Engels, que considera, sob a influência de Hobbes e Hegel, que o direito está ligado ao Estado – e que não há genuinamente direito nos grupos sociais que ainda não atingiram o estágio de organização estatal.[19]

---

[16] WEBER. *Economia...*, *cit.*, p. 34. Esclareça-se com Weber que "é evidente que, para associações políticas, a coação física não constitui o único meio administrativo, tampouco normal. Na verdade, seus dirigentes servem-se de todos os meios possíveis para alcançar seus fins. Entretanto, a ameaça e, eventualmente, a aplicação desta coação são seu meio específico e constituem a *ultima ratio* sempre que falhem os demais meios".

[17] A teorização que Aristóteles formula divide as formas de governo em boas (monarquia, aristocracia e *politia* – república) e más, que àquelas se contrapõem (tirania, oligarquia e democracia). Sobre o tema, ver BOBBIO, Norberto. *A teoria das formas de governo*. 10. ed. Brasília: UNB, 2001. p. 56.

[18] BOBBIO, *Dicionário...*, *cit.*, p. 956, verbete Poder Político.

[19] GILISSEN, John. *Introdução histórica ao direito*. 3. ed. Lisboa: Fundação Calouste Gulbenkian, 2001. p. 36.

O Estado é, portanto, a institucionalização do poder político expressado pela noção de sociedade.[20] É esta a conclusão que se extrai da preleção de Max Weber: "Por Estado se há de entender uma empresa institucional de caráter político onde o aparelho administrativo leve avante, em certa medida e com êxito, a pretensão do monopólio da legítima coerção física, com vistas ao cumprimento das regras".[21] [22]

Configura-se, portanto, condição epistemológica necessária (ainda que não suficiente) considerar poder político (soberania), Estado, direito e administração imbricados numa perspectiva conjunta, assentados que tais conceitos estão conectados ou relacionados por processos econômicos, sociais, políticos e culturais que se complementam.[23]

O ponto de partida deste trabalho é marcado pela emergência do Estado liberal (Estado legal), o modelo de organização adotado pelos países ocidentais a partir das revoluções inglesa, americana e francesa, sob a influência dos mais expressivos teóricos iluministas – Hobbes, Locke, Montesquieu, Rousseau. Na sequência, é de se ver o nascimento e a evolução do direito que passa a regular o aparato administrativo estatal e sua repercussão para a compreensão da Administração Pública.

O Estado liberal é considerado pela maioria da doutrina como condição primeira para a compreensão do direito administrativo, que se alicerça na concepção epistemológica do controle do poder pelo poder, no princípio da separação dos poderes ou funções estatais (legislação, administração e jurisdição), na supremacia da Constituição e, ainda, na crença de que a lei formal, como síntese da vontade geral, é o único instrumento apto à garantia da sociedade contra o exercício absoluto e abusivo do poder político.[24]

---

20 O poder político institucionalizado é chamado soberania. A Jean Bodin deve-se o clássico conceito de soberania como poder absoluto e perpétuo do Estado: *summa in cives ac subditos legibus soluta potestas*. A soberania se expressa sob dupla perspectiva: interna e externa. Sobre o tema, ver LAUBADÈRE, M. André de. *Cours de droit public*. Paris: Reu Saint Jacques, 1959. p. 9.

21 WEBER, Max, *apud* BOBBIO. *Dicionário..., cit.*, p. 956. Verbete Poder Político.

22 Weber é o autor que lidera a corrente de pensamento que identifica no Estado a presença de características típicas das organizações (WEBER, Max. *Ciência e Política*: duas vocações. São Paulo: Martin Claret, 2002. p. 66).

23 FARIA, José Eduardo. *O Direito na economia globalizada*. São Paulo: Malheiros, 2000. p. 16.

24 A gênese do direito administrativo se verificou na França pós-revolucionária, nomeadamente

O nascimento do direito administrativo no Estado liberal (século XIX) coincidiu com o surgimento do positivismo jurídico, que conhecerá sua pujança no processo de codificação do direito e, ainda, na transição da administração patrimonialista para a administração burocrática, com assento na estrutura de dominação legal teorizada por Weber.[25]

Em termos econômico-financeiros, o período corresponde à fase das finanças neutras, caracterizado, sobretudo, pelo não intervencionismo do Estado no domínio econômico-social e pela autorregulação do mercado (prática do livre comércio, livre concorrência, oferta e procura). Na maior parte do século XIX, como esclarece Giacomoni, "a concepção capitalista centrada no mercado revitalizava-se com as sucessivas revoluções industriais que fortaleciam o capitalismo concorrencial, tudo dentro de um cenário de grande estabilidade monetária e de extraordinários progressos científicos".[26]

O período de transição do paradigma aconteceu em fins do século XIX e primeiras cinco décadas do século XX (Estado social) em face da necessidade crescente de intervenção estatal nos domínios econômico e social. O alargamento das atribuições do Estado determinou a multiplicação das estruturas administrativas (Administração Pública), sendo que, para cumprir o desiderato de intervenção, os mecanismos utilizados pelo Estado foram a ampliação de suas atividades legislativa e administrativa.

Esse panorama perdurou até assumir lugar a onda reformista iniciada no século XX, quando também os alicerces de sustentação da teoria positivista do direito já se encontravam abalados em face dos movimentos de aproximação entre a ordem jurídica e a ordem moral. Daí porque o princípio da legalidade – ícone do positivismo jurídico – ganhou colorido. O ordenamento jurídico-administrativo

porque, a partir daí, a disciplina se espalhou pelo resto da Europa continental e pelos países latino-americanos, vindo mesmo – a despeito da oposição de Dicey – a atravessar o Canal da Mancha, difundindo-se pelos países anglo-saxões. Trata-se, portanto, de um direito universal. Cf., por todos, MAYER, Otto. *Derecho administrativo alemán*. Tomo I. Buenos Aires: Depalma, 1949. p. 17; CUESTA, Rafael de Entrena. *Curso de derecho administrativo*. v. 1. 11. ed. Madrid: Tecno, 1995; LIMA, Ruy Cirne. *Princípio de direito administrativo*. 3. ed. Porto Alegre: Sulina, 1954. p. 21. Ver, ainda, WADE, H. W. R. *Dirito amministrativo inglese*. Giufré: Milão, 1969.

25 WEBER. Max. *Economia..., cit.*, p. 142 *et seq*.

26 GIACOMONI, James. *Orçamento público*. 8. ed. São Paulo: Atlas, 1998. p. 33.

passou a angariar manifestações exógenas traduzidas em princípios, tais como razoabilidade, proporcionalidade, eficiência, eficácia, efetividade, amalgamando substância e brilho, num verdadeiro arco-íris normativo.

No âmbito da ciência da administração, o movimento foi no mesmo sentido, a sucessão de escolas de pensamento constituiu terreno firme para propostas organizacionais menos rígidas e opacas – o abalo do modelo burocrático de administração reclamou formas menos rígidas de organização, numa onda de incremento da colaboração entre Estado, sociedade civil e iniciativa privada (consensualidade).

O modelo de Administração consensual ou concertada que se estabelece nesse contexto pretendeu realinhar a burocracia e prestigiar fins, e não meios, para que o racionalismo (Bacon e Descartes) cedesse espaço: a ênfase em conexões, a relatividade e a incerteza, acrescentando-se, porque interessantes para o tema em foco, a flexibilidade, a interdisciplinaridade e a ideia de finalidade.[27]

Enquanto no século XIX o Direito se caracterizou pelo caráter autoritário e pela possibilidade de predeterminação de todas as situações, num mundo considerado seguro, estável, a rápida evolução dos fatos tecnológicos e financeiros, as constantes modificações legais e a impossibilidade de qualquer previsão a médio ou longo prazo, no plano econômico, exigiram reformulação do direito administrativo, que, como os demais ramos do direito, passou a constituir direito flexível, na expressão de Jean Carbonnier.[28]

Sob o influxo dos modernos paradigmas da Administração Pública e do direito administrativo é que se pretende desenvolver este estudo acerca do controle da atividade administrativa do Estado, sobretudo porque muitas das noções fundamentais elaboradas no quadro do Estado liberal são insuficientes para explicar a feição plurifacetada adquirida pela atividade administrativa desde então.

---

[27] MOREIRA, João Batista Gomes. Modelos de administração pública – correspondente evolução no conceito e objeto do direito administrativo. Monografia vencedora do prêmio professor Victor Nunes Leal. *XIII Congresso Brasileiro de Direito Administrativo*, Florianópolis, 1999.

[28] CARBONNIER, Jean *apud* WALD, Arnold. Novas tendências do direito administrativo: flexibilidade no mundo da incerteza. *Revista de Direito Administrativo*, n. 202, out./dez. 1995. p. 44.

Tudo isso – é bem de ver – trará repercussão ao âmbito do controle da Administração Pública, que também se reorientará para ser edificado sobre novos paradigmas, hauridos da ciência da administração e do direito administrativo modernos. Esse câmbio de bases, ideias e perspectivas, fundamentalmente permeadas pela moderna concepção de consensualidade nas relações administrativas, alicerça a proposta de se buscar o desenvolvimento de métodos consensuais de controle da Administração Pública.

CAPÍTULO 2

ESTADO LIBERAL: POSITIVISMO E BUROCRACIA

A moderna concepção de Estado, Estado-Nação, deve-se a Maquiavel, que a desenvolveu em sua célebre obra *O Príncipe* como forma de concentrar e unificar o poder na Itália, que, durante a Idade Média, se encontrava disperso pela sociedade.[29]

É entre os séculos XVI e XVII, com efeito, que o Estado – *stato* –, designando "organização estável", indica e passa a descrever "um padrão específico de ordenamento político que começou a adquirir corpo a partir do século XIII, com a expansão urbana e comercial; desenvolveu-se com os conflitos entre Igreja, baronato, suseranos feudais, monarcas, burguesia mercantil em torno da unificação de estruturas de poder territorialmente fragmentadas e da aplicação de regras de direito válidas para todos os habitantes".[30] [31]

---

[29] AMARAL, Diogo de Freitas do. *Ciência política*, Lisboa, v. II, p. 14. Registre-se também a crítica de Giannini acerca da identificação de realidades sociológicas anteriores ao século XV com o Estado: "*Hay una tendencia muy difundida a generalizar de manera abstrata el vocablo 'Estado' dándole equivalencia de ordenamientos generales anteriores ao siglo XV. Com ello se hace un uso analógico de un término que es indicativo de una realidad soicológio-juridica bien individualizada que, com todos los usos analogicos, es intrascendente cuando es utilizado sin rigor técnico, pero que puede ser nocivo a la hora de una mayor precisión*" (GIANNINI, Massimo Severo. *Derecho administrativo*. Madrid: MAP, 1991. p. 49).

[30] FARIA. *O direito*..., *cit*., p. 17.

[31] Tal como afirma Santamaría Pastor, o Estado nasce como um "projeto racional e secularizado, que por isso deve ser manejado segundo uma ética particular, a ética utilitarista da '*rasion d' État*', que atende, sobretudo, ao princípio da possibilidade e da '*necessità*', como afimará Maquiavel, mais do que a exigências religiosas ou metafísicas (...) historicamente, com o nome de Estado moderno quer-se aludir a uma fase evolutiva dos sistemas monárquicos em que o rei assumiu uma posição de nítido protagonismo: por um lado, impôs-se às assembleias estamentais (...), recuperando boa parte dos poderes antes dispersos na estrutura feudal, por outro, mediante a aplicação da máxima '*Rex in Regno*

A passagem desse "caos de dispersão" do poder político no medievo principia o processo de centralização e de separação das atividades públicas e privadas, administrativas e judiciais. No período que se segue – o dos Estados absolutistas – a administração funciona como extensão do poder político encarnado pelo soberano. A *res publica* não se diferencia da *res principis*: impossível cogitar-se de atividade de Administração Pública distinta da dos negócios próprios do detentor do poder. Trata-se do período da administração regaliana ou patrimonialista, caracterizada, por exemplo, pela venda de cargos públicos transmissíveis por sucessão.[32]

Contudo, somente com a ascensão do Estado liberal, que consagrou o princípio da divisão dos poderes ou funções estatais, é que se torna possível cogitar da atividade de Administração Pública, seja pelos limites que lhe impõe o Poder Legislativo, seja pela proteção ou reação que lhe oferece o Poder Judiciário.[33]

Ao nível estrutural (orgânico), a afirmativa também é verídica. Só entre a metade do século XVIII e a metade do século XIX é possível conceber propriamente uma Administração Pública, em razão de um mínimo nível dimensional, com um centro que evita a dispersão de poderes periféricos; a constituição de uma massa crítica de regras que intentam fazer impessoal a ação administrativa.[34] O Estado ganha seus contornos institucionais, jurídicos e burocráticos mais expressivos.

Esse conjunto de regras que passa a se afirmar como baliza para o exercício da atividade de Administração Pública (perspectiva material), ao lado das normas que descrevem e regulam a própria conformação do aparato estatal (Administração Pública sob a perspectiva formal), apresenta embrionariamente o objeto de novo direito: o direito administrativo.

Deveras, segundo orientação dominante, o direito administrativo é produto das revoluções burguesas, em particular, da

---

suo est imperator', independentizou-se formalmente dos velhos poderes supranacionais do Império e do Papado" (PASTOR, Juan Alfonso Santamaría *apud* SILVA, Vasco Manuel Pereira. *Em busca do acto administrativo perdido*. Coimbra: Almedina, 1996. p. 14).

32 Ressalte-se que a venalidade dos cargos públicos contribuiu para a ascensão de classes inferiores e renovação das classes dirigentes, constituindo uma burocracia estável que consolidará a perenidade da administração (CASSESSE. *Las bases...*, *cit.*, p. 30).

33 LIMA. *Princípios...*, *cit.*, p. 21.

34 CASSESSE, Sabino. *Las bases...*, *cit.*, p. 30.

Revolução Francesa de 1789: *"Dês révolutionnaires établissent les principes qui son à l'origine des institutions administratives modernes"*. Entre 1789 e 1799, surgem as primeiras notícias acerca do novo direito, que alcançará identidade com o liberalismo do século XIX e maturidade no transcorrer do século seguinte.[35] [36]

Percebe-se, para a compreensão da Administração Pública e do direito que lhe é peculiar, indispensável estudar o próprio Estado liberal e os princípios que ele consagra – o da separação dos poderes ou funções estatais e o da legalidade –, ainda que, ao depois, para atribuir-lhes contornos atuais.

As significativas transformações deflagradas pelas revoluções burguesas foram: (a) no plano político, a absorção do princípio da separação dos poderes pelas constituições ocidentais; (b) no plano econômico, a não intervenção do Estado no domínio das relações particulares, ou melhor, no domínio do mercado; (c) no plano jurídico, a necessária submissão dos agentes do poder estatal, sobretudo do Poder Executivo, à lei; (d) no plano administrativo, o desenvolvimento de um aparato centralizado e hierarquicamente organizado para o exercício das poucas atividades deixadas a cargo do Estado (defesa, polícia, diplomacia, justiça, ordem interna, câmbio).

2.1 A contribuição dos "contratualistas" para o Estado liberal

Quatro ordens de ideia entram em cena para a articulação e a conformação do Estado liberal, as quais remontam à contribuição doutrinária de filósofos, nomeadamente Thomas Hobbes, John Locke, Barão de Montesquieu e Jean-Jacques Rousseau: (a) Estado

---

35 CASSSE, Sabino. *Las bases..., cit.*, p. 53. No mesmo sentido, cf. RIVERO, *Direito..., cit.*; MAYER, Otto. *Derecho administrativo alemán.* Tomo I. Buenos Aires: Depalma, 1949; CUESTA. *Curso..., cit.*; LIMA. *Princípios..., cit.*; DEBASSCH, Charles. *Droit Administratif.* 6. ed. Paris: Economica, 2002.

36 Atualmente, existe corrente doutrinária que defende, a partir do desenvolvimento da tese de Alexis de Tocqueville – autor que, nos primeiros idos pós-revolucionários, atestava que a ruptura entre o antigo regime e a revolução não se dera ao nível das estruturas –, que o direito administrativo seria fruto das evoluções verificadas na França entre os séculos XI a XVIII, sobretudo pela existência da jurisdição administrativa. Cf. TOCQUEVILLE, Alexis. *O Antigo regime e a revolução.* 4. ed. Brasília: UNB, 1997. Cap. IV.

produtor exclusivo do direito (Hobbes); (b) liberalismo e garantia das liberdades individuais (Locke); (c) separação dos poderes (Locke e Montesquieu); (d) princípio da legalidade (Montesquieu e Rousseau).

2.1.1 Thomas Hobbes: Estado produtor exclusivo do direito

Thomas Hobbes (1588-1679) é tido como o primeiro grande defensor do Estado totalitário. Sua doutrina representou grande avanço no movimento de laicização do direito e do Estado, porquanto o filósofo centra seu pensamento, a propósito da sociedade e do Estado, na vontade humana, e não em princípios transcendentais.

Os homens, para Hobbes, apesar de iguais, são naturalmente maus (*homo homini lupus*), tendentes uns e outros a se destruírem mutuamente (*bellum omnium contra omnes*) – e por conta disso, para manutenção da paz, entende o autor ser necessária a existência de um poder que se embrenhe entre os homens para lhes impor a ordem, permitindo a transição daquele estado de natureza beligerante para o estado de sociedade.

Racionalmente, por medo da morte, por desejo de conforto, pela esperança da paz, é que os homens resolvem estabelecer um pacto de convivência em sociedade, um pacto de submissão, renunciando a seus direitos em favor do Estado.

O Estado hobbesiano, portanto, recebe os poderes que lhe foram alienados pelos cidadãos e monopoliza o exercício do poder, tornando-se o *Leviatã* representado pelo monarca, o único capaz de garantir paz, segurança e liberdade, propriedade aos indivíduos. A contribuição de Hobbes para o Estado liberal, portanto, vem a reboque da ideia de centralização do poder político, passando o soberano a deter a prerrogativa exclusiva de ditar o direito aplicável à sociedade. Ao comentar a doutrina de Hobbes, destaca Bobbio que "esta centralização por parte do Estado comporta uma correspondente monopolização do poder normativo. De fato, por um lado o Estado possui o poder de pôr normas regulamentadoras das relações sociais porque surgiu para esta finalidade; por outro lado, somente as normas do Estado são normas jurídicas".[37]

É com base nessa concepção que Hobbes nega legitimidade à *common law* – o direito que brota da sociedade –, podendo ser considerado o precursor do positivismo jurídico, ainda que se reconheça sustentar o autor a aplicabilidade da lei da equidade natural, que ordena atribuir às pessoas iguais, coisas iguais.

De fato, conforme Hobbes, "não é a sapiência, mas sim a autoridade [do Estado] que cria a lei ... Direito é o que aquele ou aqueles que detêm o poder soberano ordenam aos seus súditos, proclamando em público e em claras palavras que coisas podem fazer e quais não podem".[38]

2.1.2 John Locke: Estado liberal e liberdades individuais

John Locke (1632-1704) contribui significativamente para mudança de rumos conceituais sobre a teoria do Estado ao sustentar que "todo governo deve ser limitado nos seus poderes, e que só existe pelo consentimento dos governados, pois todos os homens nascem livres e iguais. Semelhante concepção constitui uma grande revolução no mundo das ideias e serve de base à mais importante alteração política que eclodiu no século XVIII na América e na Europa – a Revolução liberal".[39]

O poder político para Locke corresponde ao "direito de fazer as leis", e esse direito origina-se do pacto social que estabelecem entre si os indivíduos integrantes da comunidade (contrato social). Locke admite, assim como Hobbes, a passagem dos indivíduos do

---

[37] BOBBIO. *Positivismo..., cit.*, p. 35.

[38] *Idem*, p. 36. Em passagem clássica da obra de Hobbes, "o que faz a lei não é a *juris prudentia* ou a sabedoria dos juízes subordinados, mas a razão deste nosso homem artificial, o Estado, e suas ordens. E sendo o Estado, em seu representante, apenas uma pessoa, não pode surgir facilmente nenhuma contradição nas leis; e, quando surge, a mesma razão é capaz de afastá-la. Em todos os tribunais de justiça, quem julga é o soberano (que é a pessoa do Estado). O juiz subordinado deve levar em consideração a razão que induziu seu soberano a fazer tal lei, a fim de que sua sentença esteja de acordo com ela, e nesse caso a sentença é uma sentença de seu soberano, caso contrário, será sua própria sentença, e será injusta". (MORRIS, Clarence. (Org). *Os grandes filósofos do direito*. São Paulo: Martins Fontes, 2002, p. 122).

[39] AMARAL. *Ciência..., cit.*, p. 162.

estado de natureza para o estado de sociedade, onde o convívio propicia o convívio dos indivíduos.

Todavia, Locke considera que a delegação (não a alienação)[40] de poderes individuais para o poder político a cargo da comunidade é limitada (abrange apenas o bem público), destinando-se a possibilitar o convívio social, mas com base na garantia dos direitos à liberdade e à propriedade.

Essa é a concepção reinante na assunção do Estado liberal, porquanto "a única razão pela qual o governo existe é preservar a vida, a liberdade e a propriedade dos cidadãos e não tem poder, exceto o que é usado para o bem do povo.[41] Os direitos básicos do povo, portanto, limitam o poder do governante, que tem direitos divinos ou não para interferir neles".[42] Se essa exigência for desrespeitada, Locke admite o direito de insurreição (desobediência civil).

Portanto, o Estado lockeano é "eminentemente limitado (em que direitos inalienáveis são: propriedade privada, a vida e segurança pessoal, o direito de resistência, a liberdade de consciência e de religião) fundamentado na recusa da ideia de um poder absoluto, em que a soberania é inalienável embora delegável em certos homens (mecanismo da representação para o exercício do poder político). Deste modo deparamos com um novo significado

---

[40] Diversamente do que sucede na construção jurídico-política de Hobbes (Spinoza, Pufendorf...), o contrato social não despoja os indivíduos dos seus direitos: os homens têm certos direitos inalienáveis, e é só para melhor garantia de tais direitos, como fim, que eles consentem em transferir para a comunidade ou para o Estado, como meio, outros direitos (SUORDEM, Fernando Paulo da Silva. *O Princípio da Separação dos Poderes e os Novos Movimentos Sociais*. Coimbra: Almedina, 1995. p. 32, nota de rodapé 24).

[41] Com efeito, embora quando ingressam no estado de sociedade, os homens desistem da igualdade, da liberdade e do poder executivo, que tinham no sentido no estado de natureza, pondo-os nas mãos da sociedade para que deles disponha, por meio do legislativo, conforme o exija o bem da sociedade (...) jamais se pode supor que o poder dessa sociedade ou do legislativo por ela constituído se estenda além do bem comum, estando, ao contrário, obrigado a assegurar a propriedade de cada um, prevenindo-o (...) Assim, quem quer que detenha o poder supremo ou legislativo de qualquer Estado está obrigado a governar por meio de leis ditadas, estabelecidas, promulgadas e conhecidas pelo povo, e não mediante decretos extemporâneos, por meio de juízes imparciais e probos, aos quais cabe decidir controvérsias segundo as leis (MORRIS, Clarence. (Org). *Os grandes filósofos do direito.* São Paulo: Martins Fontes, 2002, p. 122).

[42] HOLDER, Angela Roddey; HOLDER, Jhon Thomas Roddey. *The meaning of the Constitution.* 3. ed. Barrons: EUA, 1988. p. 2. No original: "*The only reason government exists is to preserve the life, liberty and property of the citizens and it has no power except that which is used for good of the people. The basic rights of the people, thefore, limit the power of the ruler, who has rigths, divine or otherwise, to interfere with them*".

do contrato social, subjacente ao qual se pressente uma intenção de individualismo ético (o indivíduo, criador do Estado, direito e lei, permanece soberano e súbdito, vontade livre e limitada ao mesmo tempo, sendo como que um princípio regulativo, normativo)".[43]

A doutrina de Locke enuncia, ademais, o princípio da separação dos poderes, que marcará, em definitivo, a conformação dos Estados modernos (constitucionais). Ao analisar o conteúdo do poder político, notadamente para o efeito da separação, desdobra-o em três – Poder Legislativo (incumbido de fazer as leis), Poder Executivo (incumbido de aplicar as leis aos casos concretos, por intermédio da Administração ou dos tribunais), Poder Federativo (responsável pelas relações internacionais). "Para defender a liberdade e a propriedade de cada um, para garantir a existência de um governo limitado, deverá existir uma divisão de poderes dentro do Estado".[44]

2.1.3 Barão de Montesquieu: separação dos poderes e princípio da legalidade

O ponto de partida das ideias de Charles-Louis de Secondat, Barão de La Brède e de Montesquieu (1689-1755), é a concepção de Locke acerca da separação dos poderes do Estado. A visão doutrinária do Barão influenciou diretamente os revolucionários franceses e a ele se atribui a genialidade da identificação da separação de poderes que marcou todo o pensamento filosófico moderno.

O autor de *L'esprit des lois*, ao analisar a experiência político-institucional inglesa – partindo da premissa de que todo aquele que detém o poder tende a dele abusar –, defendeu a necessidade de controle do poder sobre o poder como forma de garantia das liberdades individuais.[45]

---

[43] SUORDEM. *O princípio..., cit.*, p. 32, nota de rodapé 24.

[44] AMARAL. *Ciência..., cit.*, p. 166.

[45] Montesquieu: "Tudo estaria perdido se o mesmo homem, ou o mesmo corpo dos principais, ou dos nobres, ou do povo exercesse os três poderes: o de fazer as leis, o de executar as resoluções públicas e o de julgar os crimes e as querelas entre os particulares" (MONTESQUIEU, Charles de Secondat, Baron de. *Espírito das Leis*. São Paulo: Martins Fontes, 1993. p. 172).

A fórmula idealizada por Montesquieu para a garantia da liberdade consiste na atribuição das funções estatais (legislação, administração e jurisdição) a órgãos entre si distintos, tendo como pano de fundo a lei – o que equivale a dizer que o autor visualiza a ideia de liberdade intimamente conectada à ideia de legalidade. É dizer, no final das contas, que um Estado fundado na noção de legalidade transmitiria aos indivíduos a expressão de uma liberdade normativa.[46]

Uma das características da obra em exame, com efeito, reside na predominância do Poder Legislativo sobre os demais poderes, chegando-se ao ápice quando o autor discorre sobre a função judicial e o papel dos juízes no seio do Estado: os juízes da nação, no seu modo de pensar, são apenas "(...) *la bouche qui prononce les paroles de la loi*".[47]

A lei de que fala Montesquieu há de ser tão absoluta e autossuficiente no fornecimento de critérios jurídicos genéricos e abstratamente formulados que se vem a tornar a premissa maior para um silogismo lógico, que caracteriza o método de subsunção na aplicação do direito.[48] A construção racionalista, assente no ideário da lei como razão automaticamente justa, regra de conteúdo geral, abstrato e perene, "aponta para um sistema jurídico-positivo em que a legislação é peça essencial ou, mais concretamente, em que a lei tende a ser o único modo de constituição do Direito ou a identificar-se com ele. Esta concepção estatista-legalista do Direito, por sua vez, virá a fazer parte integrante do modelo de Estado de Direito formal ou de legalidade".[49]

E é justamente este modelo que se instalará na França pós-revolucionária – impulsionando-se com o processo de codificação do direito – que se espraiará pela Europa e Ocidente, tornando-se, com o acréscimo das contribuições de Rousseau, o modelo típico de organização dos Estados fundados nas noções de separação de poderes e de legalidade (Estado liberal).

---

[46] PIÇARRA, Nuno. *A Separação dos poderes como doutrina e princípio constitucional*. Coimbra: Almedina, 1989. p. 94.

[47] Em tradução livre: "a boca que pronuncia as palavras da lei".

[48] *Idem*, p. 96. Cesar Beccaria (Dos Delitos e das Penas) desenvolve a teoria do silogismo jurídico. "Em todo delito deve o juiz fazer um silogismo perfeito: a maior [premissa] deve-se a lei geral; a menor a ação conforme ou não à lei; a consequência, a liberdade ou a pena" (BOBBIO. *Positivismo...*, *cit.*, p. 41).

[49] PIÇARRA. *A Separação...*, *cit.*, p. 95.

2.1.4 Jean-Jacques Rousseau: princípio da legalidade e representatividade formal

Em Jean-Jacques Rousseau (1712-1778), a doutrinação sobre a legalidade ganhou corpo definitivo. Esse autor impregnou decisivamente o entendimento francês dessa doutrina e a sua aplicação constitucional.

A noção de lei como síntese da vontade geral, haurida da obra de Rousseau, integrar-se-á, de modo perpétuo, no modelo de Estado liberal: o pacto social e, via de consequência, a lei, expressando a vontade da maioria, ditam o caráter de representatividade, o toque democrático da doutrina de Rousseau.

A vontade geral defendida por Rousseau é também um conceito normativo, consistente na expressão de um "dever ser". Contudo, trata-se de um "dever ser" apriorístico, que os cidadãos se comprometem a cumprir desde o momento em que se estabelecesse o pacto social. O caráter de abstração e generalidade imprescindíveis às leis será assim a garantia de preservação do bem comum: basta que o autor da lei ignore, no momento em que a faz, a quem e como ela será efetivamente aplicada.

O resultado desse raciocínio é o de que "a validade da lei tem natureza meramente formal: uma lei que reúna a generalidade da vontade e do objeto é *ipso facto* válida. Perguntar pela justiça duma lei aprovada nestas condições é, pura e simplesmente, despiciendo, pois ela não é senão o registro da vontade de cada cidadão que participou de sua feitura, e ninguém é injusto consigo próprio. Não se há de indagar, portanto, da justiça do conteúdo substantivo da lei, pois a estrutura geral desta é garantia daquela. A questão da justiça de uma lei reduz-se, pois, à análise dos aspectos formais da sua estrutura geral".[50]

O primado da vontade geral na direção das forças do Estado vem a traduzir-se, na prática, pelo primado absoluto da lei, única forma de expressão legítima daquela vontade. A essência do Estado, em Rousseau, passa, por assim dizer, a ser jurídica, e não política.[51]

---

50 *Idem*, p. 131.

51 PIÇARRA. *A Separação...*, *cit.*, p. 132.

As concepções de Rousseau foram a base sobre as quais se edificou o pensamento mundial sobre a organização do Estado e a separação de poderes, convindo registrar que a interpretação de sua doutrina variará de acordo com as conveniências políticas de cada lugar.

2.2 Estado liberal: emergência do positivismo jurídico e consolidação da burocracia

Pelos termos do que se depreende da doutrina dos "contratualistas" – e a despeito da concepção jusnaturalista que os iluminou ao tempo da construção das linhas mestras de seu pensamento, à exceção de Hobbes –, não é difícil perceber que a proclamação apriorística da lei – do direito emanado do Estado – como razão justa, instrumento de garantia efetiva da liberdade, da igualdade e da propriedade, prepara o terreno para a emergência do positivismo jurídico, no transcorrer dos séculos XIX e XX.[52]

De fato, o contexto histórico em que o princípio da legalidade foi concebido – a ilustração (*aufklärung*) – distingue-se profundamente daquele em que restou efetivamente implementado – o Estado liberal –, no qual se consolidará a redução positiva do direito à lei. "Ao assumir-se como fundamentação (cultural geral, filosófica, jurídica e política) de um tipo de Estado liberal (pensado inicialmente como um Estado de Direito formal), a concepção de organização social e política teorizada pelo individualismo contratualista 'uniu' o seu 'destino' às vicissitudes da sua 'criação', e de um modo tanto mais comprometedor quanto o ideário racionalista venha a concorrer para a formação da mentalidade do positivismo jurídico".[53]

A "propensão positivista" vem a ser confirmada por intermédio do processo de codificação do direito, nomeadamente pela

---

[52] Conforme salienta Bobbio: "O positivismo jurídico é uma concepção do direito que nasce quando 'direito positivo' e 'direito natural' não mais são considerados direito no mesmo sentido, mas o direito positivo passa a ser considerado como direito sem sentido próprio. Por obra do positivismo jurídico, ocorre a redução de todo o direito a direito positivo, e o direito natural é excluído da categoria do direito: o direito positivo é direito, o direito natural não é direito. A partir deste momento o acréscimo do adjetivo 'positivo' ao termo 'direito' torna-se um pleonasmo..." (BOBBIO. *Positivismo..., cit.*, p. 26).

[53] SUORDEM. *O princípio..., cit.*, p. 22.

codificação napoleônica (século XVIII) e pela codificação germânica (século XIX). Desse processo derivará uma tendência reducionista em duplo sentido: por um lado, a disposição de não se reconhecer outro direito a não ser o que é emanado dos órgãos estatais competentes; de outro, a emergência de uma linha bastarda que pretendia a "juridificação" de todas as esferas ou aspectos da realidade.[54]

Trata-se, a bem da verdade, de uma mudança de paradigma. E o que muda na realidade *"es el título de legitimación, que ya no es la autoridad de los doctores, sino la autoridad de la fuente de produción; no la verdad, sino la legalidade; no la sustancia, es decir, la intrinseca justicia, sino la forma de los actos normativos. 'Auctoritas, non veritas facit legem'"*.[55] [56]

A codificação – *auctoritas facit legem* – deixaria assentado o monopólio do Estado no controle e nas determinações do que é ou não é direito, terminando por afastar a possibilidade de existência de esferas protegidas juridicamente *a priori* de sua declaração e de seu reconhecimento pelo legislador – a garantia dos direitos individuais passou a ser realizada, sobretudo, por intermédio da legislação, e não por meios jurisdicionais, posto que os juízes nada mais deviam fazer do que pronunciar concretamente a vontade geral e abstrata da lei.[57] [58]

Concernente à Administração Pública, o movimento foi no mesmo sentido: o Estado liberal apareceu historicamente como resultado da conjugação de dois diferentes elementos: o primeiro – autoritário – a máxima unificação e concentração do poder; o segun-

---

54 *"Los processos de codificación que se impulsionarón desde la segunda mitad del siglo XVIII y tomaron plena forma en el siglo XIX, formam un arco de processos históricamente determinable que va desde la promulgación del Código Civil napoleônico en la Francia de 1803 hasta el Código Civil alemán promulgado en el 1900"* (ALFARO, Normam José Solórzano. Notas para una crítica del principio da legalidade. *Revista Crítica Jurídica*, n. 19, jul./dez. 2001, p. 36).

55 FERRAJOLI, Luigi. Passado e futuro del Estado de Derecho. *In*: CARBONELL, Miguel (Coord.). *Neoconstitucionalismo(s)*. Madri: Trotas, 2003. p. 17.

56 *Auctoritas non veritas facit legem* é o princípio do positivismo jurídico reconhecido por Hobbes na obra *Diálogo entre um filósofo e um jurista* (HOBBES, Thomas. *Diálogo entre um filósofo e um jurista*. Trad. Maria Cristina Guimarães Cupertino. São Paulo: Landy, 2001).

57 O modelo de direito passa a ser o do Código Civil, baseado na doutrina individualista dos direitos e deveres subjetivos, dando ensejo à emergência, na França, da *école de l'exégèse* (Escola da Exegese).

58 Percebe-se que a filosofia do Estado liberal acolhe a solução dada pela concepção absolutista ao problema das relações entre legislador e juiz [e administrador] ao consagrar o dogma da "onipotência do legislador" (a teoria da monopolização da produção jurídica por parte do legislador).

do – liberal – uma organização política que garantia a liberdade e os direitos individuais, estabelecida por intermédio da técnica da separação dos poderes.[59] [60]

O casamento teórico entre elementos autoritários e liberais permite afirmar que a passagem do Estado absoluto para o Estado liberal não se caracteriza por comportar uma ruptura radical, pois "por baixo dos princípios ideológicos e estruturais definidores do Estado Constitucional existem linhas de continuidade, através das quais são vertidos e conseguem sobreviver conteúdos do Antigo Regime".[61]

Essa mistura de velhas instituições e novos princípios teve como resultado a Administração Pública do Estado liberal, caracterizada por fazer do ato administrativo sua forma precípua de atuação[62] e por apresentar, ao nível organizacional, uma estrutura centralizada, cujo exemplo típico é a Administração napoleônica.

Assim, a Administração no Estado liberal assume uma estrutura unificada e hierarquizada, em que as competências dos diversos órgãos se encontram escalonadas e encadeadas, à moda de uma pirâmide.[63]

---

59 Sobre a contribuição dos filósofos estudados para o Estado liberal, Vasco Pereira da Silva ensina que "Hobbes e Rousseau contribuíram com o elemento democrático. A ideia do pacto social como origem do poder oferecia uma explicação imanente do poder político, fundamentando o Estado na vontade das pessoas que constituem a sociedade. (...). Por seu lado, Locke e Montesquieu teorizaram o elemento liberal do Estado, a ideia de autolimitação do poder político como garantia da liberdade individual" (SILVA. *Em busca...*, *cit.*, p. 16).

60 Registre-se que o princípio da separação dos poderes é utilizado pelo pensamento liberal como forma de garantir a sociedade contra os abusos do próprio legislador. A separação de poderes dá ensejo à estruturação do Estado subdivido em três órgãos: Poderes Legislativo, Executivo e Judiciário. As interpretações ortodoxas das lições de Montesquieu levam à criação de uma justiça especial na França, não integrante do Poder Judiciário, mas do Poder Executivo (Conselho de Estado), ficando aquele restrito ao exercício de jurisdição para solver querelas entre os particulares. Alguns países seguem o modelo, e outros preferem adotar o modelo inglês de "jurisdição uma".

61 SILVA. *Em busca...*, *cit.*, p. 39.

62 Aceitar o ato administrativo como conceito central do direito administrativo repercutirá na noção de controle da atividade administrativa. O foco será o ato administrativo isoladamente considerado, e não a gestão administrativa globalmente avaliada.

63 SILVA. *Em busca...*, *cit.*, p. 40-41, onde se lê: "A razão de ser deste modelo de organização administrativa prende-se com as exigências políticas a que o liberalismo vai procurar dar resposta. Com efeito, 'a burguesia necessitava de uma estrutura administrativa racional e centralizada, que permitisse eliminar as disparidades locais e conseguir a formação de um mercado nacional, bem como eliminar os perturbadores entraves feudais; e também precisava de uma Administração robusta e enérgica, que procedesse à criação das infraestruturas e serviços necessários para potenciar a atividade econômica (estradas, canais, caminhos-de-ferro, educação) e que permitisse a instauração de uma ordem pública vigorosa'".

A figura da pirâmide – a noção de hierarquia – retrata fielmente o modelo de administração burocrática típica do Estado liberal, que surgiu na França a partir da segunda metade do século XIX, tornando-se o modelo organizacional de poder público nos países da Europa continental e nas nações por ela influenciadas.[64] "Neste modelo teórico é posto em realce a estruturação de tipo burocrático-monárquico de Administração Pública, assente a mesma na adopção os princípios de hierarquia e subordinação, ambos se encontrando face a face quer no modelo liberal quer no modelo weberiano. Deste jogo de equilíbrios se funda o modelo ocidental de Administração".[65]

A outra faceta dessa mesma história é o paralelo que se encontra no âmbito da teoria econômica clássica (liberal) e sua ficção da mão invisível, segundo a qual o bem comum seria alcançado à medida que os sujeitos e as autoridades desistissem de procurá-lo (automatismo do mercado).

Com efeito, "o equilíbrio do modelo ocidental/liberal de Administração Pública tem como pressuposto teorético e exigência metódica a busca da demarcação entre a esfera do Estado e da Sociedade civil, com a adoção de limites à intervenção do Estado no domínio econômico e político (preocupação de garantia e salvaguarda das liberdades individuais em face de eventuais lesões decorrentes da atuação dos poderes do Estado) com a afirmação do princípio da separação das instâncias administrativas em face das outras instâncias".[66]

Na conformação do modelo de Estado liberal do século XIX e primórdios do século XX, convergiram, em síntese, os seguintes aspectos, fundamentais à compreensão dos temas a serem enfrentados neste trabalho: (a) a pretensão de estabelecer um sistema de

---

64 Ressalte-se que é a partir dessa noção que os autores alemães desenvolveram as teorias do órgão e da personalidade jurídica do Estado. A teoria do órgão, desenvolvida pelo jurista alemão Otto Gierke, sustenta que as pessoas jurídicas, dentre as quais o Estado, são pessoas coletivas que têm consciência e vontade autônomas e independentes das pessoas particulares, manifestando sua vontade por meio de órgãos. Os órgãos mediante os quais o Estado forma e faz atuar a própria vontade não são qualquer coisa apartada e diferente dele. Pelo contrário, constituem parte integrante, nele se fundindo, de sorte que, perante terceiros, a vontade das pessoas físicas que agem na qualidade de órgãos do Estado nada mais é que a própria vontade deste.

65 SUORDEM. *O princípio..., cit.*, p. 71.

66 *Idem.*

controle do poder político, de onde deriva, como expressão jurídica, o princípio da legalidade; (b) uma tendência burocratizante e centralizadora que adquire a organização e a gestão desses Estados, na conformidade do modelo napoleônico; (c) a consolidação de uma racionalidade instrumental, eficientista e fragmentária, impulsionada pelo cientificismo positivista em ambiente de contrarrevolução e idealismo;[67] (d) a preponderância do Poder Legislativo sobre os demais, cuja tarefa se resume aos atos de aplicação mecânica da lei ("silogismo subsuntivo"); (e) a transformação do juiz em autêntico funcionário do Estado, titular de um órgão, o Poder Judiciário, subordinado aos ditames do Poder Legislativo, sem capacidade de criação ou instituição do conteúdo do direito: *"la bouche des lois"*.

2.2.1 Repercussões das ideias centrais do positivismo jurídico para o direito administrativo

A história do positivismo jurídico, como se viu, tem início a partir do processo de codificação do direito, que marca decisivamente o triunfo do direito estatal sobre o direito comum, do direito positivo sobre o direito natural.[68]

Com efeito, a doutrina do positivismo jurídico é construída a partir de algumas noções-chave, a saber: (a) o direito é norma, e não valor: a validade do direito é baseada em critérios unicamente formais; (b) o direito é definido em razão do elemento coativo (direito como ordem de coerção); (c) a lei é fonte exclusiva do direito; (d) o ordenamento jurídico é completo e coerente, correspondendo a um sistema fechado de normas; (e) a atividade de aplicação do direito é mecânica, vale dizer, despida de qualquer elemento criativo; (f) às leis é devida a obediência em todas as circunstâncias, qualquer que seja o seu conteúdo.

---

[67] ALFARO. *Notas...*, *cit.*, p. 38-39.

[68] No início do século XIX, os direitos naturais, cultivados e desenvolvidos ao longo de mais de dois milênios, haviam se incorporado de forma generalizada aos ordenamentos positivos. Já não traziam a revolução, mas a conservação. Considerado metafísico e anticientífico, o direito natural é empurrado para a margem da história pela onipotência positivista do século XIX (BARROSO, Luiz Roberto. Fundamentos teóricos e filosóficos do novo direito constitucional brasileiro (pós-modernidade, teoria crítica e pós-positivismo), *Revista Interesse Público*, n. 11, 2001, p. 57).

A conjugação dessas características fundamentais da doutrina positivista clássica, que, de certa forma, se alinham e sustentam as preocupações abstencionistas do liberalismo político, relativamente ao jogo social e às relações econômicas, deixa ver a posição de proeminência alcançada pelo Poder Legislativo na implementação do Estado liberal.

Assim, positivismo e liberalismo se unem para manter o consenso dos "administrados" em relação à Administração Pública e para assegurar um fundamento estável ao direito. No âmbito do direito administrativo, tal linha de pensar repercute na identificação substancial da função administrativa. Esta passa a ser compreendida como atividade voltada exclusivamente para a execução da lei, produto meditado da vontade do Estado-Legislador.[69]

Sob o positivismo novecentista, a visão da Administração Pública é estritamente formal, despreocupada com o conteúdo em si da ordem legislativa: a lei é a lei (*gesetz ist gesetz*). É uma visão jurídica, que, afinal, prevalecerá nos países europeus continentais. Neles, diferentemente dos Estados Unidos da América, prevalecerá a concepção da atividade de Administração Pública numa perspectiva eminentemente jurídica.

2.2.2 Hans Kelsen e a teoria pura do direito

A doutrina do positivismo jurídico, sobremaneira sua característica de neutralidade ou avaloratividade, conheceu seu mais expressivo ponto de refinamento na obra de Hans Kelsen, o jurista de maior influência no Brasil no século XX.

---

69 Constatação idêntica é encontrada na obra de Suordem: "Estamos aqui diante de uma concepção do sentido e limites da Administração Pública, correspondendo às intenções dum Estado de Direito formal, assente na ideia (ainda muito difundida) de que a Administração é exclusivamente execução da lei, o administrativo desenvolvendo uma função 'acessória da lei', ideia esta que põe todas as complacências na obra do legislador como 'inventor do direito' e que descura que as reivindicações originárias [iluministas] dum Estado de Direito formam animadas por um conceito material de lei (entendida como ato de captação do direito), expressão 'autêntica e irrecusável do direito', mas que um tal conceito material de lei foi abandonado pelo positivismo novecentista, o qual fez emergir o conceito formal de lei ('produto que vale apenas por exprimir o poder ou a vontade dum legislador'), mas manteve (um tal positivismo) a concepção de que dos três poderes clássicos só um é soberano (o legislativo), volvendo-se a Administração e a Jurisdição em dois modos de desenvolver a mesma tarefa de executar as palavras da lei, por tal forma que as diferenças apresentadas entre si exprimem apenas a separação de arranjos técnico-organizatórios. É ainda nesta linha de raciocínio que uma certa corrente (muito numerosa) defende com ardor a tese que, na Alemanha (desde Jesche), se designa pela 'reserva total' a significar que cada acto da Administração tivesse de encontrar a sua prefiguração numa lei existente" (SUORDEM. *O princípio...*, *cit.*, p. 408-409).

Kelsen defendeu a identidade entre o direito e o Estado, apesar de admitir que as normas jurídicas são criadas também pelos aplicadores da lei (juízes e administradores). As normas jurídicas, segundo Kelsen, têm como nota característica o fato de ditarem, como consequência do seu descumprimento, uma sanção: o direito é uma ordem de coerção, segundo a sua compreensão.

As normas jurídicas escalonam-se numa pirâmide, buscando sempre e invariavelmente o respectivo fundamento de validade numa norma superior. As sentenças, os atos administrativos e os negócios jurídicos são normas individuais, que têm sua validade reconhecida pelas leis (normas gerais e abstratas), que buscam seu fundamento de validade na Constituição. Esta, de sua parte, deriva sua validade de uma norma teoricamente pressuposta denominada *grundnorm* – a norma fundamental, que sustenta a competência do constituinte para editar a mais alta norma da pirâmide (Constituição).

O ordenamento jurídico kelseniano é neutro e tem um caráter dinâmico. Uma norma jurídica não é válida em razão de seu conteúdo, mas somente e na medida em que é criada pelos meios estabelecidos pela norma superior. É por isso que, para Kelsen, todo e qualquer conteúdo pode ser direito.[70]

Depreende-se que, para o jurista da escola de Viena, não é o conteúdo da conduta humana que exclui ou inclui determinada norma na ordem jurídica. A validade dessa norma não pode ser negada pelo fato de o seu conteúdo contrariar o de outra norma que não pertença à ordem jurídica (norma moral, religiosa): "Permanece fora de questão qual seja o conteúdo que tem esta Constituição e a ordem jurídica estadual erigida com base nela, se esta ordem é justa ou injusta; e também não importa a questão de saber se esta

---

[70] Com essa afirmação, Kelsen afasta da ordem jurídica a possibilidade de se fazer qualquer valoração de ordem moral, religiosa, transcendental. Contrapõe-se à doutrina do direito natural e sofre por isso severas críticas, por reduzir o direito a um aspecto eminentemente formal. "Ora, nisso não apenas se consagra o radicalismo mais exacerbado do positivismo, mas também se apresenta o cientista do Direito para ser colocado a serviço do arbítrio e da opressão, visto que 'todo e qualquer conteúdo pode ser direito', ainda que arbitrário e opressivo. Ao cientista do Direito, assim, é vedado penetrar a distinção que aponta Goodhart entre o império pelo Direito – que pode ser o instrumento mais eficaz para impor um governo tirânico – e o império sob o Direito. Aí o risco – mais grave do que aquele a que anteriormente aludi – de supormos que o próprio Direito não está comprometido com nenhum valor" (GRAU, Eros Roberto. *Direito, Conceitos e Normas Jurídicas*. São Paulo: Revista dos Tribunais, 1988. p. 31).

ordem jurídica efetivamente garante uma relativa situação de paz dentro da comunidade por ela constituída. Na pressuposição da norma fundamental não é afirmado qualquer valor transcendente ao Direito positivo".[71]

Tais afirmações deixam ver que, pela teoria de Kelsen, afasta-se da ordem jurídica a possibilidade de se fazer qualquer valoração de ordem moral, religiosa ou pragmática. O direito tem um conteúdo definido pelo fato de ter sido editado da maneira prescrita pela norma superior. Assim, o direito deixa de ter um comprometimento material axiológico: deixa de ser substancialmente ético para ser formalmente estético, reduzindo-se a um prisma formalista e avalorativo – o legal é jurídico, aprioristicamente legítimo.

Todavia, cumpre observar com Eros Grau que "a construção kelseniana é expressão de uma determinada postura ideológica, construída desde a visualização da ordem jurídica como um conjunto de normas jurídicas sancionadas pelo Estado. Esta visualização é – como adverte Francisco Mandrazo – consequência ou derivação do liberalismo individualista dominante na política e na economia a partir do Século XVIII. E isso, paradoxalmente, ainda que a teoria kelseniana se preste a justificar qualquer espécie de autoritarismo, na medida em que esvazia o Direito de qualquer sentido axiológico. Daí o ciclo verdadeiramente trágico experimentado pelos que, vinculados ao ideário do liberalismo econômico e político, são guardiães de uma construção teórica sempre disponível aos autocratas".[72]

A despeito disso, o pensamento de Hans Kelsen marcou e influencia até dias atuais toda a compreensão e a aplicação do Direito, verificando-se, mesmo em tempos de crise de legitimidade do Poder Legislativo, uma propensão ao dogmatismo e ao legalismo, pelo menos nas raias da Administração Pública. Convém assentar, de toda forma, que o "decisionismo" que permeia as práticas judiciais mais recentes, fraquejando o ideal de segurança jurídica típico do ordenamento jurídico e reacendendo as discussões sobre o aspecto democrático do exercício do poder, recoloca as questões da doutrina de Kelsen no centro do debate acadêmico.

---

[71] KELSEN, Hans. *Teoria pura do direito*. 5. ed. São Paulo: Martins Fontes. p. 225.

[72] GRAU. *Direito..., cit.*, p. 28.

2.2.3 Burocracia weberiana como padrão organizacional da Administração Pública

O termo burocracia foi empregado pela primeira vez pelo economista fisiocrata Vicent de Gournay para designar o poder do corpo de funcionários e empregados da administração estatal, incumbido de funções especializadas sob a monarquia absolutista.[73]

No decorrer do século XIX, todavia, burocracia passa a descrever uma forma de organização administrativa monocrática e hierárquica, que substitui, com algo de continuidade, os velhos corpos administrativos do Estado absolutista. É esse o desenho organizacional do Estado liberal, porquanto seu modelo é o da Administração-Poder, investida de *imperium*, executora da lei, cujos comandos se concretizam mediante a edição de atos unilaterais susceptíveis de execução forçada.[74]

Ao Estado reconhece-se, nesse passo, personalidade jurídica, e suas funções, sobretudo as administrativas, são atribuídas a órgãos despersonalizados, titularizados por agentes, que atuam como se o próprio Estado fossem (teoria do órgão). Esta, aliás, é a fórmula que sucede o patrimonialismo – em que se verificava a confusão entre propriedade pública e privada dos agentes estatais: os meios públicos de produção passam a pertencer à pessoa jurídica do Estado, apartando-se, pois, dos meios e da vida particular dos agentes que amiúde exercem a atividade administrativa.

Max Weber foi quem, partindo da análise da burocracia alemã no século XIX, melhor descreveu o modelo burocrático, mediante sua ligação com o tipo legal de dominação realizado dentro do quadro administrativo. "Nesse modelo, o Direito é racionalmente estabelecido dentro de um território a partir de um conjunto de regras abstratas. As ordens expedidas pelos funcionários passam a ser impessoais e quem as obedecem faz como membro da 'associação' pelo que, só há obrigação dentro da competência objetiva, racionalmente limitada. As definições típico-ideais de Estado e burocracia se fundam, então, na natureza dos 'meios'".[75]

---

[73] BOBBIO. *Dicionário..., cit.*, p. 124.

[74] SILVA. *Em busca..., cit.*, p. 62.

[75] GABARDO, Emerson. *Princípio constitucional da eficiência administrativa*. São Paulo: Dialética, 2002. p. 33.

As categorias fundamentais da dominação racional, aplicáveis à Administração burocrática, segundo Weber, são "o exercício contínuo, vinculado a determinadas regras, de funções oficiais, dentro de determinada competência, o que significa um âmbito objetivamente limitado, em virtude da distribuição de serviços obrigatórios, com atribuição dos poderes de mando eventualmente admissíveis e das condições de sua aplicação".[76]

Como apanágios das lições weberianas, os principais rasgos de identidade da burocracia, presentes num modelo de Estado do tipo burocrático, são os seguintes: (a) a submissão da ordem administrativa a um conjunto de normas que especificam deveres, responsabilidades e autoridades daqueles que ocupam o cargo; (b) a organização hierárquica de cargos que se escalonam em instâncias distribuídas em níveis fixos de controle e supervisão; (c) a divisão de tarefas definidas segundo atribuições específicas de cada cargo; (d) a impessoalidade nas relações de trabalho.

Pelas características do positivismo jurídico e da burocracia weberiana, compreende-se porque o Estado liberal é implementado a partir de um dogma, o princípio da legalidade, tanto ao nível da Administração Pública quanto ao nível do direito administrativo.

No que respeita ao direito, verifica-se sua identificação com a lei, reduzido que fica seu aspecto cognitivo ao âmbito da validade formal. A ordem jurídica construída à semelhança de uma pirâmide é avessa a aspectos "extralegais": impera a perspectiva formal-legalista, avalorativa e coercitiva do direito, que, como vimos, se respalda nas doutrinas de Montesquieu, Rousseau e Kelsen.

Concernentemente à Administração Pública, o modelo organizacional prevalecente é o da burocracia descrita teoricamente por Max Weber. A estruturação do Estado em moldes hierárquicos, com postos e funções definidas, restringe a atividade dos agentes ao cumprimento de regras impessoais e procedimentos predeterminados.

Dessa forma, é preciso concordar com Alfaro quando sustenta que o clássico princípio da legalidade, nascido para subordinar o

---

[76] WEBER. *Economia...*, *cit.*, p. 141.

poder ao comando da vontade geral, sucumbiu aos ditames de um processo de racionalização/burocratização/centralização das funções públicas e administrativas.[77] [78]

[77] ALFARO. *Notas..., cit.*, p. 39.

[78] *Idem*, p. 38, rodapé 19.

CAPÍTULO 3

DO ESTADO LIBERAL AO ESTADO SOCIAL: A CONSOLIDAÇÃO DO ESTADO ADMINISTRATIVO

O pecado original da concepção positivista acerca da Administração Pública executora da lei, responsável por concretizar os comandos legislativos mediante ação graciosa, consistiu justamente na impossibilidade de se enclausurarem todas as atividades jurídico-materiais administrativas dentro de uma "camisa de força normativa".

Consoante Cassesse: "*Es probable que el paradigma de la Administración como ejecución de ley no haya encontrado nunca una correspondencia en el Derecho positivo. Si este paradigma está hoy día desmentido por el Derecho positivo, con maior razón lo estaba en el siglo XIX, donde era menor el peso del Parlamento y más reducido el campo regulado por las leyes*".[79]

Assim, somente por intermédio da ideologia é possível explicar a postura: "*Se trata de la influencia del liberalismo y del positivismo, los cuales, para encontrar un amparo al ciudadano y un fundamento de análisis seguro a la ciencia, basaron todo en la ley, reduciendo el Derecho a la ley*".[80] Todavia, ao adotarem essa orientação, as escolas positivistas se depararam com grave problema: o amplo espectro de liberdade (discricionariedade) de que gozava a Administração Pública em face da lei.

[79] CASSESSE. *Las bases..., cit.*, p. 61.

[80] *Idem*, p. 61.

Com efeito, a zona de atuação administrativa reconduzível à execução da lei concretizava-se mediante atos de gestão, susceptíveis de revisão judicial, ao passo que a zona de atuação discricionária se matizava mediante atos de império, colocando-se à margem do direito – imunes, portanto, ao controle dos órgãos judiciários.[81]

Essa exceção ao controle judiciário sobre os atos de império, resultante de uma administração executora com amplo espaço de atuação, vai fazer com que a discricionariedade seja vista com maus olhos, o que determina aumento quantitativo das leis na mesma proporção em que cresce a necessidade de intervenção do Estado.

O período de transição do paradigma do Estado liberal para o Estado social aconteceu em fins do século XIX e primeiras décadas do século XX em face da necessidade cada vez mais presente de intervenção estatal nos domínios econômico e social. O alargamento das atribuições do Estado fez crescer sua atividade, o que põe em xeque o paradigma liberal clássico e sua "mão invisível".

Identificam-se causas para esse estado de coisas: (a) oscilações na economia, (b) aumento do desemprego motivado principalmente pelos avanços tecnológicos, (c) crescimento das tensões sociais com a exploração, pelas grandes empresas fabris, da mão de obra assalariada, (d) precárias condições de trabalho, (e) existência de monopólios no mercado, (f) crescimento da pressão dos sindicatos.

"A passagem do Estado liberal para o Estado social, com a consequente alteração do 'ambiente político jurídico, teve como consequência a necessidade de mudança de paradigma da Ciência do Direito Administrativo (...) O Estado, muito tempo apenas preocupado com o domínio político, parece descobrir agora uma nova vocação – a questão social e as crises cíclicas do capitalismo dos finais do século XIX e início do século XX vieram colocar novos desafios ao poder político, chamando o Estado a desempenhar novas funções de tipo econômico e social. Por um lado, pede-se ao Estado a criação de legislação e de instituições que permitam pôr

---

[81] MORAES, Germana de Oliveira. *Controle jurisdicional da administração pública*. São Paulo: Dialética, 1999. p. 28.

termo às condições de 'miséria operária', e que assegurem um mínimo de sobrevivência a todos os cidadãos; por outro, requer-se a intervenção do Estado na vida econômica, como forma de correção das disfunções do mercado".[82]

Na fase de transição entre os paradigmas do Estado liberal e do Estado social, Juan Alfonso Santamaría Pastor distingue três momentos consecutivos: (a) a fase de intervenção na regulação das relações laborais; (b) a fase de intervenção no funcionamento da economia; (c) a fase do apogeu do Estado social, subsequente ao final da Segunda Grande Guerra.[83]

Durante a primeira dessas fases surgiram leis do trabalho, como as de Bismarck, nos anos de 1883 a 1889, versando sobre a criação de seguros em caso de doenças e acidentes do trabalho, tendência que constitucionalmente se consolidou a partir da Constituição Mexicana de 1917 e da Constituição de Weimar em 1919.

A segunda fase coincide com o advento da Primeira Grande Guerra, responsável – o conflito – pela deterioração econômica dos Estados. Era o período das "economias de guerra": "*La primera guerra mundial produce en este respecto una modificación essencial. Las exigencias inmediatas de la guerra hacen necessaria la movilización de todo el potencial bélico de la nación, también y muy especialmente del potencial económico, y ello provoca la intervención del Estado en el sistema de la distribuición de los bienes*".[84]

A necessidade de atuação no domínio econômico não desaparece mais tarde no período entre guerras, levando o Estado a avocar a orientação e a regulação da economia e das finanças para além de se imiscuir na realização de tarefas produtivas.[85]

A depressão do fim da década de 1920 que se estendeu pela década de 1930, aliada ao caos resultante da Segunda Grande Guerra, impulsionou ainda mais, no período do pós-guerra, o intervencionismo estatal na economia: a atividade administrativa se

---

82 SILVA. *Em busca...*, *cit.*, p. 71-72.

83 PASTOR, Juan Alfonso Santamaría *apud* SILVA. *Em busca...*, *cit.*, p. 72-73.

84 FORSTHOFF. Ernest. *Tratado de derecho administrativo*. Madrid: Instituto de Estudios Politicos, 1958. p. 103.

85 De fato, quando a multiplicidade de fatores extramercado se somou às consequências da Primeira Guerra Mundial, a economia mundial passou a viver o clima de desequilíbrio econômico, que desembocaria na gravíssima depressão dos anos 1930.

espraiou com reflexos para o estudo da Administração Pública e do direito que lhe é peculiar.[86]

A função administrativa do Estado, que paulatinamente agregava serviços sociais, passou, de igual modo, a funcionar como instrumento de ação do governo e de regulação macroeconômica, influenciado, sobretudo, pela teoria keynesiana.

3.1 Keynes e a influência do intervencionismo econômico na conformação do Estado administrativo

O inglês John Maynard Keynes foi o economista responsável por teorizar o mecanismo de ação estatal que assegurou a permanência do capitalismo depois da crise dos anos 1930. Segundo Keynes, era preferível que o indivíduo perdesse para o Estado parte da liberdade econômica a perdê-la totalmente num regime coletivista, à moda daquele que se havia instalado na União Soviética, a partir da revolução bolchevique, e cujas ideias se propagavam rapidamente pelo mundo.

A teoria keynesiana baseava-se no postulado de que o nível de emprego em uma economia capitalista depende da demanda efetiva, ou seja, da proporção da renda que é gasta em consumo e investimento: qualquer quantia de dinheiro pode ser aplicada lucrativamente, mas, em certos casos, pode haver vantagem em reter-se o dinheiro, em entesourá-lo. Quando acontece o entesouramento, a demanda efetiva de mercadoria cai, e o número de atividades também diminui, reduzindo a renda.

Ao analisar as variações de produção e emprego, Keynes concluiu que o fator responsável pela alteração do volume de

[86] Na verdade, depois das duas guerras, o conteúdo da Ciência das Finanças sofreu transformação profunda. Era estudada como disciplina que ensinava apenas os meios pelos quais o Estado procurava e utilizava os recursos necessários à cobertura das despesas públicas, pela repartição, entre os indivíduos, dos encargos que delas resultam. A Ciência das Finanças, hoje, ensina a procura desses meios, mas também, utiliza-os com fim intervencionista em matéria econômica, social e política. Os tributos são empregados com finalidades extrafiscais. Os empréstimos estão servindo para bombardear a desvalorização da moeda. O orçamento não é, apenas, uma exposição financeira, mas um quadro orgânico da Economia Nacional (DEODATO, Alberto. *Manual de ciência das finanças*. 7. ed. São Paulo: Saraiva, 1961. p. 18-19).

emprego é a procura da mão de obra: o desemprego é resultado de uma demanda insuficiente de bens e serviços, e só pode ser resolvido por meio de investimentos – fator dinâmico na economia, capaz de assegurar o pleno emprego e influenciar a demanda. Consoante essa análise, as crises econômicas foram motivadas pela variação na propensão de investir e consumir e pelo aumento do entesouramento (poupança).

Em determinados momentos, consoante a doutrina de Keynes, é necessário, pois, que o governo intervenha com uma política de incentivos e investimentos que sustente a demanda efetiva, mantendo altos níveis de emprego e renda, de modo que, a cada elevação da renda, o consumo e o investimento também cresçam.

Ao Estado, portanto, cabe utilizar-se de instrumentos de política econômica que permitam: (a) regular a taxa de juros, mantendo-a abaixo da expectativa de lucro; (b) incrementar o consumo por meio dos gastos públicos, para sustentabilidade da demanda efetiva; (c) expandir os investimentos mediante os empréstimos públicos, na medida em que sejam capazes de absorver a poupança, desestimulando o entesouramento.

Em síntese, para Keynes a demanda global por produtos e serviços mais os investimentos determinam a renda global, sendo tais variáveis responsáveis pelo nível de emprego. É que a doutrina keynesiana encarava a despesa pública como mola propulsora da conjuntura econômica: apercebeu-se que não seria mais possível que, no mercado, reinasse o denominado "ótimo de Pareto", segundo o qual ninguém pode melhorar sua situação sem causar prejuízo a outrem, sendo, pois, imprescindível a existência de um planejador central: o Estado.

3.2 Pós-guerra e Estado social: consagração do Estado administrativo

Na terceira fase – período posterior à Segunda Grande Guerra –, a aplicação da receita keynesiana, com o objetivo de resolver os problemas econômicos e alcançar equilíbrio global do funcionamento da economia pela via da expansão da procura, vai levar a um intervencionismo crescente do Estado na vida econômica. O

Estado passa de mero consumidor também a produtor de bens e serviços.[87]

Com isso, é notável o desenvolvimento da atividade administrativa do Estado, a qual dificilmente poderia ser, ainda que ideologicamente, reconduzível à mera execução da lei como se via ao tempo do liberalismo. Nesse contexto, emergiu o modelo de Estado a que a doutrina alemã, nomeadamente Carl Schmidt, batizou de Estado administrativo (*Verwaltungsstaat*) ou, por outros termos, o modelo de Administração conformadora sustentado por Ernest Forsthof.

A mudança de paradigma do Estado liberal (Administração executiva) para o Estado social (Administração conformadora) implicou novo entendimento acerca da função administrativa, induzindo a que a Administração fosse concebida cada vez mais como um poder autônomo.

Sob a perspectiva formal, o modelo de organização centralizado – o da Administração napoleônica – tornou-se insuficiente para responder às necessidades operativas da nova Administração Pública no Estado social. É assim que o Estado passa a se organizar em caráter pluralista, mediante a adoção das técnicas de desconcentração e descentralização, alargando-se a presença do Poder Executivo. Daí afirmar Cassesse ser mais adequado para designar essa realidade orgânica do Estado-Administração a utilização do termo plural "Administrações Públicas".[88]

Sob a perspectiva material, Rogério Soares aponta que a Administração deve ser considerada como poder autônomo com dignidade institucional idêntica à dos outros dois poderes (Legislativo e Judiciário), o que significa, afinal, uma nova concepção do Estado de direito, para além de sua dimensão puramente formal: a Administração assume, por assim dizer, uma feição criadora ou feição conformadora ou constitutiva, ao contrário daquilo que era a satisfação de um pensamento meramente executivo, expresso na ideia de Estado de direito formal, de que, afinal, era modelo acabado aquela anteriormente referida concepção da escola de Viena (Kelsen).[89]

---

[87] SILVA, Vasco Pereira da. *Para um contencioso administrativo dos particulares*. Coimbra: Almedina, 1997. p. 41.

[88] CASSESSE. *Las bases...*, *cit.*, p. 41.

[89] SOARES, Rogério *apud* SILVA. *Em busca...*, *cit.*, p. 83.

3.3 Questionamentos ao positivismo clássico: rumo ao "direito por princípios"

Concernentemente ao direito, dentro da perspectiva de um Estado administrativo ou de uma Administração conformadora, a estrutura lógico-formal do direito, típica do liberalismo, não mais se presta a fornecer-lhe o substrato material e ditar-lhe os contornos institucionais.

As novas tarefas assumidas pela Administração Pública – *v.g.*, planificação econômica, gestão empresarial, organização do território, urbanismo, promoção cultural, proteção social, proteção ao meio ambiente e busca de melhor qualidade de vida dos cidadãos – deixaram ver a impossibilidade de o legislador aprioristicamente definir todas as situações em ordem a vestir-lhe a roupagem da lei, do código.[90]

Paralelamente, o fato de a concepção positivista do direito ter dado azo a um sem-número de atrocidades cometidas em nome da lei no período do nazifascismo abriu espaço à sua decadência. Com efeito, "os principais acusados de Nuremberg invocaram o cumprimento da lei e a obediência a ordens emanadas da autoridade competente. Ao fim da II Guerra Mundial, a ideia de um ordenamento jurídico indiferente a valores éticos e da lei como estrutura meramente formal, uma embalagem para qualquer produto, já não tinha mais aceitação".[91]

Assim, após os conflitos mundiais, sob o influxo da violação dos direitos fundamentais e da brusca expansão da atividade administrativa do Estado – que, de guarda noturno, passou a combustível do desenvolvimento econômico-social –, surgiu a necessidade de se alargar, para além da lei, o espectro intelectivo do direito.

O constitucionalismo moderno promoveu, assim, uma volta aos valores compartilhados pela sociedade, materializando-se por intermédio dos princípios abrigados na Constituição, explícita ou

---

90 O reflexo dessa realidade para o direito administrativo será a ampliação do terreno para o exercício da atividade discricionária da Administração Pública. Não obstante, ao contrário do que acontecia no Estado liberal, no qual os atos de império ficavam *a latere* do controle judicial, a discricionariedade será vista como exercício de uma competência vinculada por regras (leis) e princípios.

91 BARROSO. *Fundamentos...*, *cit.*, p. 59.

implicitamente. Nessa perspectiva, o direito deixou de ser só corpo, tal como o concebia a escola normativista de Viena, e de corpo e alma passou a estar munido de um comprometimento axiológico, determinando a substituição da noção de legalidade pela noção de legitimidade ou juridicidade.[92]

Como destaca Ferrajoli, "*ante todo, cambian las condiciones de validez de las leyes, depiendentes ya no sólo de la forma de su producción sino también de la coherencia de sus contenidos con los princípios constitucionales. La existencia (o vigencia) de las normas, que en el paleo-positivista se habia disociado de la justicia, si dissocia ahora también de la validez, siendo possible que uma norma formalmente valida, y por conseguiente vigente, sea sustancialmente inválida por el contraste de su significado com normas constitucionales*".[93]

É justamente essa moderna vertente do direito constitucional, que tem como produto a Constituição aberta aos valores sociais – que se faz presente na Constituição Brasileira de 1988, verdadeira "rede de princípios, normas e valores".[94] Trata-se da compreensão da Constituição como ordem jurídica fundamental, material e aberta de uma comunidade (Hesse),[95] uma compreensão disposta a conciliar

---

92 Podemos afirmar que a norma jurídica é legítima – dotada de legitimidade – quando existir correspondência entre o comando nela consubstanciado e o sentido admitido e consentido pelo todo social, a partir da realidade coletada como justificadora do preceito normatizado. A norma jurídica, por outro lado, é legal – dotada de legalidade – quando criada conforme o procedimento previsto pela Constituição, não tendo sido posteriormente revogada, segundo o procedimento também previsto pela Constituição. Vê-se, desde logo, pois, que legalidade é termo de um conceito formal, ao passo que legitimidade é termo de um conceito material (GRAU. *Direito*..., *cit*., p. 38).

93 FERRAJOLI, Luigi. Passado..., *cit*., p. 18. O autor destaca em acréscimo: "*La subordinación de la ley a los principios constitucionales equivale a introducir una dimensión sustancial no sólo en las condiciones de validez de las normas, sino también en la naturaleza de la democracia, para la que representa un limite, a la vez que completa. Un limite porque a los derechos constitucionalmente estabelecidos corresponden prohibiciones y obligaciones impuestas a los poderes de la mayoria, que de outra forma serían absolutos*" (FERRAJOLI. Passado..., *cit*., p. 19).

94 FREITAS, Juarez. *O Controle dos atos administrativos e os princípios fundamentais*. São Paulo: Malheiros, 1997. p. 19.

95 Anoto a semelhança – as diferenças são terminológicas – entre as diversas doutrinas que defendem uma perspectiva da Constituição aberta. Nesse sentido, cite-se a noção de sistema "ordem axiológica ou teleológica de princípios jurídicos gerais. Este sistema não é fechado, mas antes aberto", propugnada por Claus-Wilhelm Cannaris (CANNARIS, Claus-Wilhelm. *Pensamento sistemático e conceito de ciência do direito*. Lisboa: Calouste Gunbenkian, 1989. p. 281). De igual modo, a Constituição como sistema aberto de regras e princípios, conforme doutrina de Canotilho (CANOTILHO, Joaquim José Gomes. *Direito Constitucional e Teoria da Constituição*. 3. ed. Coimbra: Almedina, 1999. p. 1985 *et. seq*.

as exigências do direito com a ideia de legitimidade num Estado democrático de direito: daí que não se restringe a Constituição a mero "instrumento do governo" ou simples "lei do Estado", também não deve arrogar-se uma lei da "totalidade social", "codificando" exacerbadamente os problemas constitucionais, até porque, se a Constituição se destina à regulamentação de relações sociais (historicamente cambiantes), ela deve ter um conteúdo temporalmente adequado, em ordem a não periclitar sua força normativa.[96]

Com efeito, as linhas mestras do Estado democrático de direito preconizado pela Constituição Brasileira (art. 1º) encerram, segundo reflexão de Di Pietro, duas ordens de ideia: (a) a de vincular a lei aos ideais de justiça, ou seja, a de submeter o Estado ao direito, e não à lei em sentido puramente formal – e falar em submissão do Estado ao Direito significa falar em observância dos valores e princípios que estão na base do ordenamento jurídico e agasalhados implícita ou explicitamente na Constituição; (b) a de consagrar a participação popular na gestão e controle da Administração Pública, no processo político, econômico, social e cultural.[97]

Nessa perspectiva, a doutrina abalizada de Paulo Bonavides anota que a evolução dos princípios para o estudo do direito, sua juridicidade, passa por três fases distintas e sucessivas: a jusnaturalista, a positiva e a pós-positiva.[98] Na primeira fase – a jusnaturalista ou do direito natural –, os princípios encontram-se dispersos pela sociedade, representando conjunto de valores que não decorre de qualquer norma jurídica editada pelo Estado. Legitimam-se – os princípios por uma ética superior – a ideia de justiça – e habitam uma esfera de abstração carecedora de normatividade propriamente dita.

A segunda fase – a positivista – resulta da assunção do positivismo jurídico na implementação do Estado liberal. Os princípios ingressam nos códigos como fontes normativas de terceiro escalão ou válvulas de segurança, mantendo incólumes os primados da onipotência do legislador e da completude do ordenamento jurídico. O

[96] SUORDEM. *O princípio..., cit.*, p. 370-371.

[97] DI PIETRO, Maria Sylvia Zanella. 500 anos de direito administrativo brasileiro. *Revista Diálogo Jurídico*, n. 10, jan. 2002.

[98] BONAVIDES, Paulo. *Curso de direito constitucional*. 6. ed. São Paulo: Malheiros, 1999. p. 222 *et seq*.

valor dos princípios deriva não da razão ou de outra fonte extralegal, mas das próprias leis ditadas pelo Estado: "O juspositivismo, ao fazer dos princípios na ordem constitucional meras pautas programáticas supralegais, tem assinalado, via de regra, a sua carência de normatividade, estabelecendo, portanto, sua irrelevância jurídica".[99]

A terceira fase – a do pós-positivismo – constituiu grande virada na compreensão do papel dos princípios para o direito, enquanto um sistema aberto de valores. Os princípios, almejando reaproximar direito e ética, funcionam como "vasos comunicantes" entre a sociedade e o Estado, entre os valores socialmente reconhecidos e o ordenamento jurídico. Reconhece-se que os princípios, explícitos ou implícitos na Constituição, possuem normatividade (à semelhança das regras). "O pós-positivismo é uma superação do legalismo, não com recurso a ideias metafísicas ou abstratas, mas pelo reconhecimento de valores compartilhados por toda comunidade. Estes valores integram o sistema jurídico, mesmo que não positivados em um texto normativo específico. Os princípios expressam valores fundamentais do sistema, dando-lhe unidade e condicionando a atividade do intérprete".[100]

Para a corrente pós-positivista, que tem em Ronald Dworkin[101] e Robert Alexy[102] seus mais expressivos expoentes, o ordenamento jurídico é composto por normas jurídicas de duas naturezas: as regras e os princípios. Segundo Dworkin, as regras são proposições normativas que se aplicam "(...) *in an all or nothing fashion*": uma regra vale ou não vale; a partir do momento em que faticamente se verifica a situação prevista na regra, ela se aplica; caso contrário, é ela inaplicável.[103]

Já os princípios, por possuírem maior teor de abstração – um fundamento ético afinal –, não podem ter sua aplicação definida mediante juízos de tudo ou nada, mas conforme um critério de ponderação,

---

99 *Idem*, p. 236.

100 BARROSO. *Fundamentos...*, *cit.*, p. 69.

101 Expressa-se Dworkin: "*We might treat legal principles the way we treat legal rules (...) If we took this tack, we should say that (...) the 'law' includes principles as well as rules*" (DWORKIN, Ronald. *Taking rights seriously*. Cambridge: Harvard University Press, 1977. p. 95).

102 Enfatiza Alexy: "*las reglas y los principios serán resumidos bajo el concepto de norma. Tanto las reglas como los principios son normas porque ambos dicen lo que debe ser*" (ALEXY, Robert. *Teoria de los derechos fundamentales*. Madrid: Centro de Los Estudios Constitucionales, 1997. p. 83).

103 DWORKIN. *Taking...*, *cit.*, p. 24.

responsável por introduzir uma técnica pela qual se procura estabelecer o peso relativo de cada um dos princípios contrapostos. Como não existe um critério abstrato que imponha a supremacia de um princípio sobre o outro, deve-se, à vista do caso concreto, fazer concessões recíprocas, de modo a produzir um resultado socialmente desejável, sacrificando o mínimo de cada um dos princípios ou direitos fundamentais em oposição. O balizamento dessa ponderação deve ser o critério da proporcionalidade e a preservação quanto possível do núcleo mínimo do valor que esteja, no caso específico, cedendo espaço.[104]

As teorias do alemão Robert Alexy, do escocês Neil MacCormick e do norteamericano Ronald Dworkin foram, entre as mais estudadas, aquelas que maior dedicação assumiram entre os estudiosos do tema. Para o espanhol Manuel Atienza,[105] por exemplo, foram as teorias de Alexy e MacCormick as que tiveram maior interesse e discussão nos meios acadêmicos e práticos, constituindo-se como a base da teoria da argumentação jurídica.

3.3.1 As contribuições de Robert Alexy

Segundo Alexy, no estado democrático constitucional, a legislação e o controle de constitucionalidade são os principais instrumentos para a solução dos problemas jurídicos, porém são insuficientes sozinhos para os enfrentamentos necessários, fazendo-se imperiosa a agregação da argumentação jurídica (Teoria da Argumentação). Referida teoria reúne, como questão central, a pretensão de correção das decisões judiciais (e, por que não dizer, das decisões administrativas).[106] [107]

---

[104] BARROSO. *Fundamentos..., cit.*, p. 63-64.

[105] ATIENZA, Manuel. *As razões do Direito*: teorias da argumentação jurídica. Tradução de Maria Cristina Guimarães Cupertino. 2. ed. São Paulo: Landy, 2002, p. 170.

[106] "A palavra correção, na teoria do discurso racional de Robert Alexy, possui um significado peculiar, coerente com a concepção de racionalidade comunicativa por ele adotada. Quando Alexy sustenta que sua teoria da argumentação funda-se em regras procedimentais destinadas a garantir a correção de enunciados práticos empregados nos discursos de fundamentação/justificação jurídica, não considera correto 'qualquer resultado de uma comunicação linguística, senão somente o resultado de um discurso racional". (BUSTAMANTE, Thomas da Rosa de. *Argumentação* contra legem: a teoria do discurso e a justificação jurídica nos casos mais difíceis. Rio de Janeiro: Renovar, 2005, p. 91, Nota 66).

[107] TRIVISONNO, Alexandre Travessoni Gomes. *Elementos fundamentais de uma teoria da discricionariedade no Direito*. São Paulo: Marcial Pons, 2024, p. 344.

Com efeito, a teoria de Alexy busca permitir que a pretensão de correção (*claim to correctness*), assente em todo e qualquer discurso prático geral, viabilize-se (ainda que eventualmente essa pretensão não venha a se realizar factualmente).[108] Essa exigência de correção vem do dever de expor publicamente razões para a decisão (administrativa ou judicial), uma vez que sua teoria da argumentação pressupõe um discurso guiado por razões racionais.[109]

É pela via dessa mencionada pretensão de correção que são apresentadas as razões fundamentais para superar o positivismo jurídico, inaugurando uma instância crítica acessível pelos juristas práticos, a exigir a implicação lógica de que uma decisão só pode ser considerada correta em sentido amplo se, além de levantar a pretensão de correção (*raise a claim to correctness*), também vier a atendê-la (*comply the claim to correctness*).

Por tais razões, se o direito está necessariamente conectado a uma pretensão desse tipo, ele consiste em mais do que pura factibilidade do poder, ordens protegidas por tratados, hábitos ou coerção organizada. O direito compreende não somente um modo factual ou real, mas também uma pretensão crítica ideal.[110]

Portanto, na concepção de Alexy, dita pretensão de correção abarca fundamentalmente dois aspectos:[111] (a) a decisão deve estar correta à luz da ordem jurídica vigente (em sentido amplo); (b) o ordenamento jurídico na qual ela se baseia deve ser "justo" e "razoável".

Essa percepção de uma aplicação razoável do Direito, do Direito Administrativo, em especial, é por demais importante aos estudos que se estabelecem na Administração Pública. Em consequência disso, "a submissão a uma lei injusta ou não razoável, por mais que seja válida no marco de um ordenamento puro, sofre de

---

[108] Discursos práticos gerais diferem dos discursos jurídicos por não serem dependentes de razões institucionais. Para a argumentação jurídica, razões institucionais como textos legais ou precedentes são constitutivas, para o discurso prático geral elas não são. (BUSTAMANTE, Thomas da Rosa de. *Argumentação* contra legem: a teoria do discurso e a justificação jurídica nos casos mais difíceis. Rio de Janeiro: Renovar, 2005, p. 93)

[109] BUSTAMANTE, Thomas da Rosa de. Argumentação contra legem: a teoria do discurso e a justificação jurídica nos casos mais difíceis. Rio de Janeiro: Renovar, 2005, p. 48-49.

[110] BUSTAMANTE, Thomas da Rosa de. *op cit.*, p. 92.

[111] BUSTAMANTE, Thomas da Rosa de, *op cit.*, p. 48.

um defeito: não é uma decisão juridicamente perfeita. O Direito tem uma dimensão ideal conceitualmente necessária que o conecta a uma moral procedimental universalista".[112]

Nesse contexto é que se coloca a distinção entre regras e princípios, a qual, segundo Alexy, é partidária da ideia de pretensão de correção na aplicação do direito, pois as regras como princípios desempenham um papel crucial no ordenamento jurídico, especialmente no âmbito do direito como institucionalização da razão. E assim, o discurso prático-jurídico e os princípios jurídicos fundem-se ao próprio conceito de direito, sendo relevante estabelecer propostas de aplicação de ambos à solução dos problemas práticos.

O autor alemão elucida que "tanto regras quanto princípios são normas, porque ambos dizem o que deve ser. Ambos podem ser formulados por meio das expressões deônticas básicas do dever, da permissão e da proibição. Para ele, princípios são, tanto quanto regras, razões para juízos concretos de dever ser, ainda que de espécie muito diferente".[113]

Nesse sentido, ele atribui uma distinção "qualitativa" às regras e aos princípios. A métrica que os diferencia está em que os princípios "são normas que ordenam que algo seja realizado na maior medida possível, dentro das possibilidades jurídicas e fáticas existentes", podendo "ser satisfeitos em graus variados", que implica a técnica ponderação,[114] ao passo que as regras só podem ser satisfeitas ou não satisfeitas (num juízo de tudo ou nada) no momento da sua aplicação: elas são "determinações no âmbito daquilo que é fática e juridicamente possível".[115]

Com efeito, a perspectiva de ponderação entre princípios jurídicos é uma ferramenta afeita à solução de conflitos, quer na ausência ou mesmo na presença de opções legítimas feitas pelo legislador democrático, notadamente no momento da aplicação do direito. A técnica tem lugar considerada a dimensão de cada

---

[112] BUSTAMANTE, Thomas da Rosa de, *op cit.*, p. 94.

[113] ALEXY, Robert. *Teoria dos direitos fundamentais*. Tradução de Virgílio Afonso da Silva, da 5. ed. alemã de 2006. São Paulo: Malheiros, 2008, p. 87.

[114] ALEXY, Robert, *op. cit.*, p. 90.

[115] ALEXY, Robert, *op. cit.*, p. 91.

princípio em colisão no caso e sua correspondente capacidade de otimização (prevalência na maior medida do possível).

Por outro lado, as regras (que estabelecem comportamentos que devem ser adotados em virtude delas) aplicam-se mediante subsunção, não como um silogismo automático, puro e simples, mas a partir do caráter axiológico e teleológico da ordem jurídica.[116] E isso se passa porque as regras também precisam ser interpretadas e podem ser vagas, ambíguas, genéricas. Mesmo na aplicação de regras, é necessário levar em conta os princípios.

A distinção de caráter *prima facie* entre regras e princípios (princípios como normas *prima facie*), segundo Alexy, sugere que, "no caso das regras, quando os pressupostos estabelecidos ocorrem, a consequência jurídica estipulada se deve realizar. Aquele que deseja, com base em princípios, fazer uma exceção a uma regra, tem a tarefa de suportar o ônus da argumentação".[117] A diferença fica nítida nos casos de colisão.

Se o conflito se estabelece entre duas regras, a solução somente pode ser alcançada por exclusão (caso em que uma das regras é declarada inválida), ou pela introdução, no ordenamento, de "uma cláusula de exceção que elimine o conflito".[118]

Diante da colisão entre princípios, entende o autor que um deles deve ceder espaço, ter "precedência" sobre o outro, sem que, para isso, haja a necessidade de introdução de uma cláusula de exceção e, muito menos, a declaração de invalidade do princípio que cede espaço.[119] Dessa forma, a precedência de um princípio sobre o outro, para além de não lhes acarretar a declaração de invalidade, está jungida às condições fáticas e jurídicas que ensejaram a colisão, não se aplicando, portanto, diante de outros casos (comportamento típico das regras).

É por conta disso que o autor alemão também sustenta que o conflito entre regras ocorre no plano da "validade", enquanto o conflito entre princípios se dá no campo da "dimensão de peso", de modo a determinar a prevalência de um princípio em relação a

---

[116] BUSTAMANTE, Thomas da Rosa de, *op cit.*, p. 196.

[117] TRIVISONNO, Alexandre Travessoni Gomes, *op. cit.*, p. 268.

[118] ALEXY, Robert, *op. cit.*, p. 92.

[119] *Ibdem.*

outro apenas e tão somente sob determinadas condições fáticas e jurídicas ("relação condicionada de prevalência").[120]

Eis a lei da colisão de Robert Alexy a explicar o conflito:

> Se o princípio P1 tem precedência em face do princípio P2 sob as condições C: (P1 P P2) C, e se do princípio P1, sob as condições C, decorre a consequência jurídica R, então, vale a regra que tem C como suporte fático e R como consequência jurídica: C ◎ R.[121]

A solução apontada reside, como se vê, no uso da técnica de sopesamento ou ponderação, cujo objetivo é definir qual dos interesses – que abstratamente estão no mesmo nível – tem maior peso: por exemplo, "se esse sopesamento levar à conclusão de que os interesses do acusado, que se opõem à intervenção, têm, no caso concreto, um peso sensivelmente maior que os interesses em que se baseia a ação estatal, então, a intervenção estatal viola o princípio da proporcionalidade e, com isso o direito fundamental do acusado", que deriva da Constituição.[122] [123]

O sopesamento viabiliza o que Alexy denomina "norma de direito fundamental atribuída". Ela torna possível, a partir de um princípio (que é uma razão *prima facie*), o estabelecimento de uma regra por meio da qual se determina um direito definitivo, capaz de fundamentar decisões concretas. Daí, a ideia de que os princípios, assim como as regras, podem constituir razões definitivas para um juízo concreto de dever ser jurídico.[124]

A conexão entre a teoria dos princípios e a máxima da proporcionalidade é também de grande relevância, em Alexy, porque a natureza dos princípios, como mandamentos de otimização, termina por implicá-la.

Significa dizer que a proporcionalidade, com suas três máximas parciais (adequação – mandamento da pertinência; necessidade –

---

120 ALEXY, Robert, *op. cit.*, p. 92 e 96.

121 ALEXY, Robert, *op. cit.*, p. 99.

122 ALEXY, Robert, *op. cit.*, p. 95.

123 A técnica de "sopesamento" é, por assim dizer, o instrumento fundamental da lei de colisão, que, sob dadas condições fáticas e jurídicas, e mediante o uso da máxima da proporcionalidade, determina qual dos princípios colidentes tem maior peso no caso concreto.

124 ALEXY, Robert, *op. cit.*, p. 108.

mandamento do meio menos gravoso; e da proporcionalidade em sentido estrito (mandamento do sopesamento propriamente dito), decorre logicamente da natureza dos princípios, ou seja, que a máxima da proporcionalidade é deduzível dessa natureza.[125]

Logo, as normas jurídicas (princípios e regras) podem se apresentar – e não raro se apresentam – como normas que não prevalecem, que são superáveis, havendo mesmo, em certas condições, um dever peremptório de superá-las, de acordo com as consequências fáticas e jurídicas que se apresentam.

Segundo MacCormick:

> [I]sso tem origem nos limites à precisão (*accuracy*) e à exaustividade (*exhaustiveness*) dos enunciados jurídicos (*statements of the law*). Nesta perspectiva, muitas das condições para a aplicação do direito (*backgrounds conditions*) permanecem implícitas (*unstead*), especialmente nos casos excepcionais onde a hipótese de incidência da norma é muito aberta em relação ao caso.[126]

As exceções ocorrem sempre que surge situação em que os acontecimentos particularmente em questão trazem à tona alguns princípios ou valores [juridicamente consolidados] com importância suficiente para prevalecer sobre [*override*] a presumida autossuficiência das condições expressamente estabelecidas para o surgimento de um direito".[127]

Em outras palavras, "todo o condicional jurídico está sujeito a exceções que surgem diante de um caso particular; assim, as condições para a aplicação de uma regra jurídica a um caso concreto são tão somente "ordinariamente necessárias" e "presumidamente suficientes" para o surgimento das consequências jurídicas, o que ocasiona a superabilidade prática das normas jurídicas".[128]

A superação de um princípio, portanto, diferentemente da superação das regras, é vista como consequência natural da técnica de ponderação, sendo desnecessário muitas vezes ultrapassar obstáculos institucionais para o fim de superá-lo, tal como afirma

---

[125] ALEXY, Robert, *op. cit.*, p. 116.

[126] BUSTAMANTE, Thomas da Rosa de, *op cit.*, p. 233.

[127] BUSTAMANTE, Thomas da Rosa de, *op cit.*, p. 233.

[128] BUSTAMANTE, Thomas da Rosa de, *op cit.*, p. 233.

Humberto Ávila. A superação das regras, por se constituírem estas em razões decisivas, demandam justificação reforçada para não incidirem no caso, deixando assim de ser aplicadas.

É dizer que, no conflito entre regras e princípios, as regras ganham por definição, conquanto se possa dizer que elas guardam em si a iminência de serem superadas, excepcionalmente, nos casos concretos, o que significa, do ponto de vista prático, excluir a hipótese de sua aplicação.[129]

> Nesses casos, é necessário se recorrer aos princípios que estão por detrás das regras que se pretende excepcionar (...). Quando a aplicação de uma regra interferir excessivamente em princípios considerados especialmente importantes, implicando uma manifesta injustiça no caso concreto, será possível criar uma exceção à regra em tela. A exigência de razoabilidade, emanação concreta do Estado de Direito e da pretensão de correção (*claim to correctness*) do Direito (que no caso da Constituição de 1988 está expressamente designada no Preâmbulo e no art. 3º, I), exige uma relação adequada entre norma e a situação da realidade sobre a qual ela incide.[130]

Sãos os princípios ou postulados da razoabilidade, da coerência e da proporcionalidade – cujos conteúdos precisam ser especificados ao máximo para tornar a justificação jurídica uma empresa racional – que tornam possível, em dados casos excepcionais decidir *contra legem*.[131]

E assim se sucede porque "a validade dos direitos humanos decorre de sua fundamentalidade, ou seja, da possibilidade de serem fundamentados racionalmente em um discurso jurídico. Os direitos humanos são discursivamente necessários, ou seja, eles precisam necessariamente ser positivados".[132]

Daí porque, como ensina Alexy, os direitos fundamentais são direitos inscritos em uma constituição com a intenção de positivar direitos humanos. São direitos humanos positivados. Os direitos

[129] A criação de exceções para as regras e a ponderação de princípios são, portanto, coisas diferentes. Cada uma delas demanda técnicas de justificação distintas. (BUSTAMANTE, Thomas da Rosa de, *op cit.*, p. 239)

[130] BUSTAMANTE, Thomas da Rosa de, *op cit.*, p. 240.

[131] BUSTAMANTE, Thomas da Rosa de, *op cit.*, p. 240.

[132] TRIVISONNO, Alexandre Travessoni Gomes, *op. cit.*, p. 343 e 344.

humanos são direitos morais, universais, fundamentais, abstratos, que possuem prioridade sobre todas as outras normas.[133]

3.3.2 As contribuições de Neil MacCormick

A teoria institucional do direito do escocês Neil MacCormick foi inicialmente edificada sob a tradição positivista, mas ele próprio aderiu com o tempo à perspectiva pós-positivista em *Rhetoric and The Rule of Law, 2005.*[134]

O autor pretendia demonstrar que uma teoria do direito haveria de ser, simultaneamente, descritiva e prescritiva, dando conta dos aspectos não dedutivos; dos formais e dos materiais do Direito. É tarefa da teoria da argumentação jurídica, segundo narra, analisar a estrutura dos argumentos utilizados na prática jurídica e fornecer os critérios racionais para a escolha dos melhores.

Nesse sentido, MacCcormick compreende que a argumentação prática, em geral, e a argumentação jurídica, em particular, cumprem essencialmente uma função de justificação, e o que isso significa é que "justificar uma decisão jurídica quer dizer dar razões que mostrem que as decisões em questão garantem 'a justiça de acordo com o Direito'".[135]

Em outros termos, o autor se põe de acordo com a chamada "tese do caso especial", de Alexy: a teoria da argumentação jurídica é uma forma específica (altamente institucionalizada, como já sustentado no trabalho de 1978) da argumentação prática, com a ressalva de que esse caráter argumentativo do Direito deve-se restringir àquilo que é "racionalmente defensável", passível de acordo mediante um debate persuasivo.[136]

Para o autor, o Direito tem a natureza de ordem normativa institucional, orientada a valores, como a justiça; um conjunto de

---

[133] *Ibdem.*

[134] SILVA, Neimar Roberto de Souza e. Direito e argumentação jurídica em Neil MacCormick. *Legis Augustus*, Rio de Janeiro, v. 4, n. 2, p. 29–41, jul./dez. 2013, p. 32. Disponível em: https://www.academia.edu/22354977/Direito_e_argumenta%C3%A7%C3%A3o_jur%C3%ADdica_em_Neil_MacCormick. Acesso em: 15 jul. 2025.

[135] ATIENZA, Manuel, *op cit.*, p. 172.

[136] GONÇALVES, Marco Frattezi. A teoria da argumentação jurídica em Neil MacCormick e o problema da "resposta correta": uma teoria das respostas erradas? *Revista do Tribunal Regional Federal da 5ª Região*, v. 101, p. 25–40, 2013, p. 31.

normas até certo ponto organizado e sistematizado, capaz de trazer, em certa medida, ordem e segurança a uma comunidade. Ele possui tanto conexões e contrastes com temas políticos quanto com temas morais. A moral é intrinsecamente autônoma; e, em consequência, também é discursiva e controversa, ao passo que o direito é relativamente heterônomo (porque ele tem uma carga moral e aspira à justiça), autoritário e institucional; ele fica assim em claro contraste conceitual com a moralidade.[137]

Bem por isso o direito possui conexão com a moralidade, em ordem a invalidar conteúdos que possibilitem graves injustiças, e esta conexão não está na divindade ou na razão, mas no conteúdo moral (mínimo) trazido pelos direitos humanos e direitos fundamentais constitucionalmente institucionalizados.

Também para MacCormick o conceito de norma é gênero, que engloba regras e princípios. Regras podem ser definidas como normas explicitamente articuladas. Possuem, idealmente, uma estrutura dual: fatos operativos (OF) e consequências normativas (NC). OF são as hipóteses fáticas (previsões de conduta), e NC são os preceitos e sanções. Desta feita, as regras atendem ao seguinte esquema: sempre que OF, então NC.

Os princípios respeitam valores operacionalizados dentro de um sistema estatal ou de alguma ordem normativa de mesma estirpe (análoga). Princípios são extraíveis do sistema jurídico e têm um papel relevante na fundamentação de decisões em que não há regras preestabelecidas para o caso, ou quando duas ou mais regras podem ser aplicadas ao mesmo caso.

> O direito é composto por princípios, que são valores operacionalizáveis, de alta abstração e generalidade, que podem ser extraídos a partir da análise (coerência) do sistema jurídico, e que atuam como elementos integradores e essenciais à argumentação. As regras são norma explicitamente articuladas, compostas, em regra, de fatos operativos (hipótese) e consequências normativas (preceito).
> O direito, por ser moralmente carregado, possui relativa heteronomia. Significa dizer que, por se pautar em uma racionalidade prática, deve

---

[137] MACCORMICK, Neil. *Argumentação jurídica e teoria do direito*. Tradução de Waldéa Barcellos; revisão da tradução Marylene Pinto Michael. 2. ed. São Paulo: WMF Martins Fontes, 2009. (Biblioteca Jurídica WMF), p. 251-255.

> aspirar à justiça, não permitindo graves injustiças. Em relação à interpretação jurídica, ela pode ser descrita como o ato de julgar (formar) o sentido mais razoável da norma (ou dos fatos) quando dela (ou deles) ocorre dúvida sobre dois ou mais sentidos.[138]

Segundo MacCormick, não há como aplicar o direito sem interpretá-lo, uma vez que a compreensão, decorrente da interpretação, deve preceder à aplicação. Assim, o jurista trata de sistematizar e apontar (prescrever) algumas categorias de argumentos interpretativos, que auxiliam na solução dos aludidos problemas ao justificar as decisões tomadas.

São elas: a) *argumentos linguísticos*, que buscam interpretar a partir do sentido ordinário ou técnico das palavras utilizadas na linguagem ordinária; b) *argumentos sistêmicos*, que buscam a compreensão aceitável do texto normativo, levando-se em consideração o fato de que ele, por fazer parte, deve ser coerente com o sistema jurídico. Podem ser classificados em: 1) *argumentos de harmonização contextual*, quando os termos problemáticos devem ser interpretados a partir da coerência com o restante da lei ou do conjunto de leis afins; 2) *argumentos a partir de precedentes*, que ditam que se a norma (ou o caso) já se submeteu à interpretação judicial, as futuras questões envolvendo a mesma norma (ou caso) deverão estar de acordo com a interpretação precedente; 3) *argumentos por analogia*, que visam a realizar a integração do direito a partir das soluções dadas a casos similares; 4) *argumentos conceituais*, também conhecidos como lógicos, em que um conceito jurídico doutrinariamente reconhecido, sendo usado, deve ser interpretado sem que se leve à perda do significado que lhe confere a sua identidade (princípios lógicos da identidade e da não contradição); 5) *argumentos a partir de princípios gerais*, em que se um princípio geral for aplicável à norma ou disciplina, as interpretações que deverão ser prestigiadas serão aquelas que estiverem em maior conformidade com tal princípio; 6) *argumentos a partir da história*, que procuram levar em conta a historicidade do conteúdo ou propósito da norma; c) *argumentos*

---

[138] SILVA, Neimar Roberto de Souza e, *op. cit.*, p. 39.

teleológicos-avaliativos, que procuram interpretar o texto a partir de sua finalidade, seus objetivos (*mens legis, mens legislatoris*).[139]

O autor defende a relevância do processo lógico-dedutivo para a justificação das decisões judiciais. Esse tipo de raciocínio dá aos jurisdicionados a sensação de racionalidade e imparcialidade. Especialmente em relação a casos de menor complexidade, o juiz deve se valer do silogismo. Noutros casos, porém, deve integrar o raciocínio silogístico ao argumentativo. Nos casos difíceis, o decisor deve argumentar e justificar sua decisão em dois níveis: "justificação de primeira ordem, onde a decisão se opera pela conexão das premissas maior (hipótese legal) e menor (fato) e um conclusão lógica (consequência). O segundo nível, chamado de justificação de segunda ordem, ocorre nos casos em que o raciocínio silogístico se mostra insuficiente para justificar a decisão". Assim, a justificação de segunda ordem deve passar por critérios de universalidade, consistência, coerência e consequência.[140]

A universalidade tem a ver com a possibilidade de um mesmo argumento ser aplicado a situações idênticas. Seu fundamento é a imparcialidade (generalidade). A consistência relaciona-se com o fato de que não deve haver contradição lógica entre as conclusões e outras normas válidas (não contradição). A coerência significa que a solução deve estar em harmonia com o sistema jurídico (regras, princípios e valores).

A coerência é subdividida em coerência normativa e coerência narrativa. A primeira, que significa que as normas somente poderão ser tidas como coerentes se puderem se subsumir a princípios gerais satisfatórios ou pertinentes, reconhece o relevante papel dos princípios como normas gerais e explicativas do sistema jurídico. A segunda, que diz respeito aos fatos passados (caráter diacrônico). A decisão deve guardar coerência com os fatos narrados. A coerência fática é verificada pela experiência racional, juízos de probabilidade e causalidade. A consequência, ou argumento consequencialista, onde se devem avaliar cuidadosamente os efeitos (consequências) da solução argumentativa, uma vez que atendido o critério da

---

[139] SILVA, Neimar Roberto de Souza e, *op. cit.*, p. 35-37.

[140] SILVA, Neimar Roberto de Souza e, *op. cit.*, p. 37.

universalidade a solução, deverá servir de modelo a casos futuros iguais ou similares.[141]

A transposição dessas constatações para o âmbito do Direito Administrativo e sua prática real, como se vê, é complexa. É que nesse ramo do direito, mercê de uma submissão mais estrita ao princípio da legalidade, a prevalência de regras (que carregam uma carga forte de supremacia do interesse público sobre o particular) é tida como quase absoluta na sua aplicação e na resolução de conflitos, especialmente quando submetidos a posteriores controles institucionais.

Mas essa percepção é rasa (notadamente porque autoritária e disfuncional). É incapaz de compreender a dupla dimensão do Direito, a real e a ideal. A dimensão real é representada pelos elementos da legalidade autorizativa e da eficácia social; e a dimensão ideal, representada por sua conexão com o conjunto das regrais morais. E o que isso significa, consoante Alexy, é que normas jurídicas injustas são válidas ainda que qualificadas como normas defeituosas, exceto em casos de injustiça extrema, em que perdem sua validade.

A injustiça da norma é algo que deve ser determinado através do discurso, a traduzir um conceito procedimental de correção (razão procedimental ou discursiva). Ocorre que o discurso jurídico prático nem sempre gera segurança suficiente para a decisão de questões práticas concretas, sendo necessário passar ao discurso jurídico, uma vinculação à lei, à dogmática e aos precedentes, produzindo a institucionalização da razão.

A fim de alcançar a institucionalização da razão, é imprescindível conectar a positividade e a correção material do direito dentro do sistema jurídico, o que só é possível através do constitucionalismo democrático ou discursivo, que tem como elementos centrais a democracia e os direitos fundamentais.[142]

É por demais importante essa constatação para esclarecer que, na perspectiva de direitos fundamentais como princípios jurídicos, na esteira da doutrina de Robert Alexy, escolhas e prioridades não deixam de ser determinadas por opções políticas do legislador de-

---

[141] SILVA, Neimar Roberto de Souza e, *op. cit.*, p. 38

[142] TRIVISONNO, Alexandre Travessoni Gomes, *op. cit.*, p. 342.

mocrático e de decisões judiciais que as implementam ou discutem. O equilíbrio do exercício do poder é pressuposto da legitimidade que se espera do Direito e do Estado.

Como disserta Alexandre Travessoni:

> [a] democracia pode ser concebida, ao mesmo tempo, como um procedimento de decisão e como um procedimento de argumentação. A decisão, na linha do princípio da maioria, é o lado real da democracia. A argumentação como discurso público é o lado ideal. A única possibilidade para a realização dos ideais da teoria do discurso é a institucionalização de uma democracia de ambos os lados. O nome dessa unidade é democracia deliberativa. A argumentação como parte essencial do conceito de democracia, que integra o conceito de Direito como forma possível, viabiliza, no mundo real, a realização do ideal de direito;[143]

As observações que constam deste capítulo crescem em relevância quando se destaca que o Direito Administrativo se constituiu com alicerce primordial do princípio da legalidade, a pressupor que ordinariamente a previsão legislativa é um assento necessário para a atuação da Administração Pública em qualquer caso.

Em outras palavras, conquanto seja possível que conflitos entre regras e princípios sejam solucionados com base num princípio formal, segundo o qual "as regras são ditadas por uma autoridade legítima e por isso devem ser seguidas", a só origem ou primazia das regras é incapaz de solucionar os problemas práticos que se colocam diuturnamente à decisão da Administração Pública.

Ao se conectar a perspectiva de superação do positivismo jurídico pelo pós-positivismo (no âmbito do Direito), muita pertinência se vê com a superação do paradigma burocrático pelo pós-burocrático (no âmbito da Administração). Hector Martinez Reyes, no estudo preliminar à obra de Michael Barzelay, explorada no capítulo seguinte, aborda que "*las reglas, la obligatoriedad, la impersonalidad y la centralización han terminado com culaquier utilidad que pudiera oferecer el paradigma burocrático. Por lo que es necessário transitar a outro nuevo paradigma, sea cual sea el nombre, em que se sustituyan las reglas por principios, se reconozca*

---

[143] TRIVISONNO, Alexandre Travessoni Gomes, *op. cit.*, p. 343.

la complejidad y la ambiguidad que enfrentan las dependencias publicas; y en funcion de este contexto turbulento se contruyan nuevas relaciones de trabajo que incidan en la creación de una nueva cultura organaizacional; y se realice un esfuerzo introspectivo y transversal, donde un pequeño espacio podamos encontrar diferentes significados, racionalidades, formas y objetos.[144]

O que se tem de novo em termos de Administração Pública capaz de enfrentar a amplitude das mudanças de paradigma e estabelecer uma relação transversal mais apropriada aos desafios que se colocam à função administrativa e às relações institucionais é a ideia ou o princípio da consensualidade administrativa,[145] que será objeto de tratativa adequada adiante neste livro.

Com efeito, a vocação dos princípios à otimização dos valores é fundamental para deixar nítida a posição que se deve assumir na hipótese de conflito entre princípios e regras jurídicos. Afinal, fundamentam-se os princípios em valores; as regras, em validade. O possível conflito entre dois princípios resolve-se no plano dos valores que intentam preservar, mediante ponderação. Entre princípio e regra, aparentemente não haveria conflito, porque naquele a inspiração desta.

Todavia, a bem da verdade, princípios e regras não possuem uma hierarquização apriorística. É possível haver prevalência de um sobre outro, a depender das situações fáticas submetidas a exame, sendo solução ideal a construção de consensos entre validade e facticidade: "O Estado administrador em que vivemos exige uma relação com o direito muito mais profunda do que a que se exprime no respeito por um sistema normativo cuja validade depende apenas da consagração positiva. O que se pede é que todo atuar do Estado tenda a ser um meio

---

[144] BARZELAY, Michael. *Atravesando la burocracia*: una nueva perspectiva de la administración pública. Con la colaboración de Babak J. Armajani. Estudio introductorio de Héctor Martinez Reyes. México, D.F.: Fondo de Cultura Económica, 1998.

[145] Convém adiantar, com Moreira Neto, que "a moderna literatura sociopolítica sobreleva o papel das instituições do consenso na construção de sociedades livres, em substituição aos sistemas que se fundavam fortemente nas instituições de comando. É certo que a coerção é imprescindível para a existência das sociedades humanas, mas também é certo de que não é suficiente para que elas progridam livremente, de modo a permitir o pleno desenvolvimento das potencialidades individuais". (MOREIRA NETO, Diogo de Figueiredo. Novos institutos consensuais da ação administrativa. *In:* CORREA LIMA, Sérgio Mourão. *Temas de direito administrativo:* estudos em homenagem a Paulo Neves de Carvalho, Rio de Janeiro: Forense, 2006, p. 66).

de realização do direito. E então, como no começo, a ideia de Estado de direito volta a ser uma ideia de Estado de direito material. Só que, agora, libertada da sua fundamentação racionalista".[146]

À vista dessa onda trazida pelos ventos da concepção pós-positivista, assente no resgate de ideais éticos e na concepção do "direito por princípios", com repercussões nítidas no âmbito político-institucional do Estado, é que se pretende propor nova forma de controle da Administração Pública, objetivando a efetivação do princípio da eficiência, a valorização da consensualidade administrativa, a partir, sobretudo, de um repensar do princípio da legalidade e de sua aplicação à Administração Pública na modernidade.

É que "enquanto, a partir do legado inglês, a evolução da função legislativa e da função judicial assinalavam uma crescente harmonização entre a sociedade e o Estado, pavimentando nos últimos duzentos anos o desenvolvimento de uma sólida teoria dos direitos fundamentais e do primado da cidadania, de modo discrepante, a função administrativa ainda manteria, durante muito tempo, a postura imperativa herdada dos tempos do absolutismo, mostrando-se impérvia à absorção de valores liberais e democráticos, só cedendo espaço no curso do século vinte graças à evolução metodológica do Direito e do Direito Administrativo em particular".[147]

Acredita-se, afinal, com o respaldo das reflexões de Gordillo, que: "*El control existe en la medida en que resulta posible pasar de la detección de la falta de legalidad (...) a acciones corretivas. De no ser así, no se há cumplido el fin perseguido y el problema es más bien de responsabilidad por hecos que resultan irreparables*".[148]

---

[146] SOARES, Rogério *apud* SUORDEM. *O princípio..., cit.*, p. 425.

[147] MOREIRA NETO. *Novos Institutos..., op. cit.*, p. 67.

[148] GORDILLO, Agustin. *Problemas del control de la administración pública en América Latina.* Madrid: Civitas, 1981. p. 119.

CAPÍTULO 4

CIÊNCIA DA ADMINISTRAÇÃO E INFLUXOS SOBRE A ADMINISTRAÇÃO PÚBLICA

É contemporâneo ao aumento da complexidade nas organizações, em fins do século XIX e início do século XX (como resultado da Revolução Industrial),[149] o desenvolvimento de estudos sobre o fenômeno administrativo em essência. Subjacente a isso, encontrava-se a necessidade de se libertar os métodos executivos dos métodos da experiência e de erguer-se uma nova disciplina sobre bases sólidas e princípios científicos estáveis.[150]

A rigor, o vocábulo "administração"[151] tem sua gênese associada à Administração Pública. Porém, é somente a partir da obra

---

[149] A revolução industrial criou uma nova fase para o capitalismo a partir do surgimento das grandes organizações voltadas para o acúmulo de capital. Na medida em que a economia foi se reorientando a partir da produção de bens, houve uma necessidade de se criar novos mecanismos voltados para administrar essas corporações. Daí surgiram as Teorias da Administração, no intuito de se buscar formas eficientes de gerir pessoas e recursos maximizando ainda mais a capacidade de gerar lucro (BOARATTI, André. *As Teorias da Administração em foco*: de Taylor a Drucker. Disponível em: http://www.sgc.goias.gov.br/upload/arquivos/2014-11/as-teorias-da-adm-em-foco.pdf. p. 1).

[150] BHEN, Robert. O novo paradigma da gestão pública e a busca da *accountability* democrática. *Revista do Serviço Público*, n. 4, out./dez. 1998.

[151] "Na literatura de língua inglesa o termo empregado é *management*. Já na literatura de língua espanhola o termo gerou e continua gerando grande confusão. Embora *dirección* e *gerencia* sejam associados ao mando (à capacidade de ordenar) e os termos *gestión* e *administración* façam referência à ação de realizar algo, é comum encontrar-se todos eles sendo tratados como sinônimos. No caso brasileiro, por exemplo, tal confusão também pode ser observada e não é raro ver-se a expressão 'gerência' sendo utilizada como sinônimo de gestão ou administração" (DASSO JÚNIOR, Aragon Érico. Nova Gestão Pública (NGP): a teoria de administração pública do estado ultraliberal. Disponível em: http://www.publicadireito.com.br/artigos/?cod=d05c25e6e6c5d489, p. 5).

do francês Henry Fayol, no início do século XX, que o termo começa a ser empregado nas empresas privadas, consolidando paulatinamente a disciplina que hoje é estudada sob a sigla de Teoria Geral da Administração ou Ciência da Administração.[152]

Os países europeus (Europa Ocidental) participaram desse importante movimento embrionário por intermédio de contribuições doutrinárias, como a do próprio Fayol e a do sociólogo alemão Max Weber.[153] Já os Estados Unidos da América apresentaram, sob o mesmo prisma, constructos teórico-pragmáticos, como os de Woodrow Wilson[154] e Frederick Taylor.[155] [156]

Assim como o Direito passou por uma sucessão de concepções sobre sua legitimidade e seu fundamento de validade, também a Administração Pública amalgamou perspectivas de diversas escolas, em ordem a apresentar uma contribuição mais nítida ao desenvolvimento das ciências sociais aplicadas.

---

152 Esse uso vocabular setorizado no ambiente privado explica os movimentos pelos quais a disciplina teve como foco o setor privado, relegando a segundo plano o estudo do setor público. DASSO JÚNIOR. Nova Gestão Pública..., *cit.*. p. 5.

153 As teorias da burocracia inspiraram-se nos ensinamentos de Max Weber, que foi professor universitário em Friburgo e Heidelberg, na Alemanha, em finais do século XIX e princípios do século XX, tendo legado uma vastíssima obra sobre a sociologia da burocracia. Mas a divulgação universal e o estudo das suas obras, bem como o desenvolvimento das suas ideias fundamentais só se verificaram mais tarde quando Talcott Parsons e outros traduziram e publicaram na língua inglesa os seus trabalhos mais importantes (BRUXO, Jorge. Administração por objetivos. Direcção dos Serviços de Administração e Função Pública. *Administração*, n. 49, ano XIII, Macau, 2000. Disponível em: https://www.safp.gov.mo/safppt/magazines/WCM_003524. p. 910, nota 4).

154 *En los estudios norteamericanos sobre la materia cabe apreciar dos tendencias. Una de ellas, preconizada desde 1887 por Wilson, el futuro presidente, contempla la Administración pública como parte de la ciencia politica, aunque se tenían en cuenta las reglas legales. Otra en cambio comienza los estudios sobre administración en la esfera privada de la empresa. La primera tendencia, que és la más antigua, ha subsistido siempre, pero en los Estados Unidos se trata de um fenómeno localizado, a pesar de la tradición iniciada por Wilson, a la que no han faltado continuadores. Es la segunda la que renueva los estudios administrativos en un processo complejo. La primera de sus etapas comienza a principios del siglo y viene a satisfacer las pretensiones de racionalidad de los empresarios americanos definitivamente assentados después del turbulento período de expansión hacia el interior del país. Tiene su origen en el llamado movimiento de organización del trabajo en el que de destaca la figura de Taylor* (ALCAZAR. *Curso..., cit.*, p. 63).

155 MOSHER, Frederick; CIMMINO, Salvotore. *Ciencia de la administracion*. Madrid: Rialp, 1961. p. 34-63.

156 O Professor Paulo Neves de Carvalho, que se doutorou em Administração Pública pela Universidade da Califórnia do Sul, salientava que a costa oeste dos Estados Unidos cativava a visão taylorista e pragmática da ciência de administração, ao passo que a costa leste tendia também a visualizar o fenômeno administrativo em perspectiva mais doutrinária.

4.1 Escola Clássica e estruturalismo

A escola clássica (Fayol, Wilson, Taylor) e a estruturalista (Weber) da ciência da administração trabalharam a importância da estrutura formal, da divisão do trabalho e da racionalização administrativa nas organizações, atribuindo relevo fundamental às condições físicas do trabalho, aos padrões de comportamento e à supervisão funcional. Os clássicos propuseram a fixação de regras e princípios administrativos rígidos, tais e quais as leis científicas (física, biologia, matemática), com o objetivo de alcançar resultados predeterminados nas organizações.[157] Os empregados, segundo essa abordagem, enquadravam-se no conceito de "homem econômico", integrantes, portanto, da máquina produtiva da empresa.

Dentre os clássicos, Henri Fayol[158] teve o mérito de identificar o conteúdo da função administrativa, servindo suas conclusões tanto à seara da administração privada quanto à seara da Administração Pública.[159] Para ele, o conjunto de operações (atividades) de uma empresa (organização) seria dividido em seis grupos – técnicas, comerciais, financeiras, de segurança, contábeis e administrativas.

As atividades administrativas – as mais importantes, segundo o autor – possibilitavam ao administrador assumir o ônus de formular o programa geral de ação da organização, de constituir o seu corpo social, de coordenar esforços e harmonizar atos, preocupando-se, sempre, com a administração superior das empresas. Administrar consistiria em: prever (perscrutar o futuro e traçar o programa de ação); organizar (constituir o duplo organismo, material e social); comandar (dirigir o pessoal); coordenar (ligar, unir e harmonizar os atos e todos os esforços) e controlar (velar para que tudo corra de acordo com as regras estabelecidas e as ordens dadas).[160]

---

[157] BRUXO. Administração..., *cit.*, p. 908. Rodapé 2.

[158] Fayol teve também grande influência no desenvolvimento da ciência de administração nos Estados Unidos, como destaca Alcazar: "*El interese se desplaza del trabajo en general a las actividades directivas en los trabajos administrativos, inflexión en la que es decisiva la aportación de Fayol, que es europeo pero tiene gran influencia en norteamerica*" (ALCAZAR. *Curso...*, *cit.*, p. 63).

[159] Para Peter Drucker, a administração é a "instituição central da sociedade atual e praticamente não há distinção entre administrar um negócio, uma diocese, um hospital, uma universidade, um laboratório de pesquisa, um sindicato de trabalhadores, ou um órgão de governo".

[160] Convém destacar a ênfase dada por Fayol à atividade de controle nas organizações. Ponderava o autor que o controle consiste em verificar se tudo corre de acordo com o

De acordo com Mosher e Cimmino, "*Fayol, como se sabe, carga el acento sobre el factor técnico en el arte del administrar y olvida los otros factores que justifican y legitiman mejor la existencia de una ciencia administrativa. Queremos añadir que una de las causas del desarrollo conseguido por el Derecho administrativo en los países europeos se encuentra precisamente en el carácter que el fayolismo atribuye a la función administrativa, preocupándose exclusivamente de factores que garanticen a la gestión administrativa la eficacia de su trabajo (...) Evidentemente, estas ideas reducen e incluso olvidan los valores más significativos que presiden la actividad de la administración publica*".[161]

Além de Fayol, os demais autores citados – Woodrow Wilson (EUA), Frederick Taylor (EUA) e Max Weber (Alemanha) – tiveram participação decisiva na herança intelectual da ciência da administração. A contribuição de Wilson veio como consequência da distinção entre política e administração, proposta pelo autor para reconciliar democracia e governo; a de Taylor veio pela concepção de que no processo produtivo existiria invariavelmente a melhor forma de se executarem as tarefas administrativas (*the one best way*), garantindo-lhes automaticamente uma desejada "eficientização"; enquanto a contribuição de Weber residiria na identificação e nas formulações em torno da burocracia, como típico e indisputável modelo organizacional.[162]

Na visão weberiana, as burocracias administrativas (públicas ou privadas) apresentavam-se como meios de aplicação e extensão de uma racionalidade instrumental no seio da sociedade. "Os aparatos administrativos não seriam percebidos como existentes por si mesmos, mas como correlatos institucionais de valores socialmente partilhados (ou dimensões simbólicas) da ordem política. No caso, um modo particular de legitimação da ordem social, a que

---

programa adotado, as ordens dadas e os princípios admitidos; que o objetivo do controle é assinalar os erros, repará-los e evitar sua repetição; que sua eficácia pressupõe realização em tempo útil; que a competência e a imparcialidade são condições inafastáveis nos órgãos controladores.

161 MOSHER; CIMMINO. *Ciencia...*, *cit.*, p. 34-63.

162 Conforme Robert Bhen, "ao separar a administração das políticas, aplicando o exame científico ao desenho do melhor processo de trabalho – e empregando organizações burocráticas para implementar esses processos, o governo garantiria não só que as políticas fossem justas, mas que sua implementação também o fosse" (BHEN, Robert. O novo paradigma..., *loc. cit.*).

o autor denominou 'racional-legal'".[163] Segundo Max Weber, a organização burocrática caracterizava-se pelos seguintes atributos: normativismo, formalismo, impessoalidade, racionalidade, hierarquia, padronização, meritocracia, autonomia e especialização, profissionalização e previsibilidade funcional.[164] Weber, símile modo aos positivistas jurídicos, sustentava como válida a separação entre "ser" e "dever ser", valendo-se do argumento de que a ciência social deveria ser isenta de juízos de valor.[165]

Vê-se assim a existência de linhas de convergência entre as ideias dos precursores da ciência da administração e a concepção positivista clássica acerca do direito, apresentada no capítulo precedente. A separação entre política e administração coincidiria com a doutrina da separação dos poderes, notadamente com a distinção, respectivamente, entre as funções legislativas e administrativas. A adoção do *the one best way* predefinido em regras procedimentais – que garantissem aprioristicamente o melhor resultado – coadunava-se com noção de Administração Pública neutra e executora da lei; e a impessoalidade típica da burocracia e seus regulamentos racionais corresponderiam à avaloratividade (neutralidade) da doutrina juspositivista clássica, que visualizava direito e moral como dois círculos secantes.

4.2 Escola das Relações Humanas

As primeiras reações adversas aos postulados desenvolvidos pela Escola Clássica da Ciência da Administração foram formuladas pela Escola das Relações Humanas – a visão de um fenômeno administrativo uniforme e autorreferido, aliada às preocupações centradas na estrutura lógico-formal das organizações, constituiu o alvo das críticas.

Em linhas gerais, a Escola das Relações Humanas propôs o conceito de "homem social" (ou "homem administrativo") em

---

[163] CAMPELLI, Crenilde Rodrigues. *A contribuição do enfoque integrativo de Mary Parker Follet à Ciência de Administração.* Dissertação de mestrado, Universidade Federal de Santa Catarina, 1986, p. 14. Disponível em: https://repositorio.ufsc.br/bitstream/handle/123456789/75330/214480.pdf?sequence=1&isAllowed=y. p. 23.

[164] BRUXO. Administração..., *cit.*, p. 910, nota 4.

[165] CAMPELLI. *A contribuição...*, *cit.*, p. 14.

ordem a substituir o conceito de "homem econômico", que havia sido trabalhado nos excertos da Escola Clássica da Administração. O foco da abordagem comportamental estava voltado às organizações informais e aos reflexos dos fatores sociológicos, individual e geral, na produtividade. Seus precursores recuperaram e reformularam os ensinamentos da Escola Clássica, flexibilizando, todavia, princípios e conceitos. Tratava-se, segundo percuciente metáfora, de "vinho novo" em "odres velhos".[166]

Com atenção voltada a detalhes comportamentais dos indivíduos e do grupo social – e ressaltando o ganho coletivo que elementos como liderança, motivação e satisfação propiciavam às organizações, a Escola das Relações Humanas teve como expoentes os americanos Mary Parker Follet e Herbert Simon, notadamente pela convergência havida entre os pontos centrais de suas teorias e as transformações jusadministrativas tratadas no capítulo precedente.

Mary Parker Follet insistiu em suas obras que o conceito de autoridade não deveria ser considerado algo sociologicamente amorfo, à moda de Max Weber, senão como partícipe da própria dinâmica organizacional. Não convinha ao desempenho das organizações, segundo a autora, o estabelecimento de padrões rígidos e abstratos de comportamento, alheios ao ambiente circundante, capazes de direcionar o respectivo funcionamento. Assim, as decisões e soluções dos problemas administrativos em cada contexto deveriam ser analisadas conforme a situação individualmente considerada, sob regência da denominada "lei da situação" ("*situation law*").

Com efeito, segundo Follet, os administradores deveriam se envolver com a "situação total" da organização a fim de descobrirem a verdade sobre o objeto em análise e englobarem os interesses reais e substantivos das pessoas que compunham o todo. "A exortação de Follet é simultaneamente pragmática e moral – através deste concreto engajamento caberia aos administradores ampliar a abrangência da análise, criando ligações com indivíduos autônomos, e deste modo, cada vez mais, unificar situações, que, em consequência, estabeleceriam novas possibilidades de diferenciação". Nesse

[166] BRUXO. Administração..., *cit.*, p. 908.

sentido, a busca contínua em torno da "lei da situação" representaria, por assim dizer, a verdade da ação administrativa.

Na sequência, Mary Follet apresentou uma de suas contradições à tese de Weber e rejeitou a segregação entre "ser" (real) e "dever ser" (ideal), postulando a análise entre o "agora" e o que "poderia ser". Para ela, o "ser" é apenas um momento que passa, evoluindo inexoravelmente de acordo com as orientações axiológicas ou a vontade moral da ação administrativa.[167]

Logo, se os aparatos administrativos estivessem organizados sob a batuta da "lei da situação" – propiciadora do encontro momentâneo entre aspectos técnicos e éticos, do agora e do que pode ser –, nem mesmo os "caprichos pessoais arbitrários" dariam suporte a uma autoridade, nem a uma rotina inepta de exigências únicas. O aparato administrativo precisaria ser organizado de modo a promover versatilidade, civilidade e tolerância, correspondendo tanto a desejos sociais quanto a aspirações pessoais dos indivíduos. Esse conceito assumiria importância fundamental quando se discutissem processos comunicacionais mediante os quais recursos seriam alocados e princípios estariam a influenciar políticas públicas amiúde formuladas.[168]

Segundo Follet, empregar o poder coercitivamente como técnica de dominação (Weber) equivaleria a admitir-se que se falhou. O ideal seria, portanto, gerar poder mediante a composição de diferenças e a integração de atividades, produzindo, por assim dizer, "vitória ainda que sem o sabor do combate".[169] A proposta da autora residia, portanto, numa maneira diferente de conceituar a administração, baseada na busca da integração, à semelhança do que se vê nos modernos parâmetros de consensualidade administrativa.

Por fim, alerta a autora para o fato de que o controle, quando exercido pelos instrumentos de força, impede a sua ocorrência de "forma genuína", em face dos "ressentimentos" e da "fragmentação" que provoca. Ao contrário, quando o controle ocorre como consequência

---

[167] CAMPELLI. *A contribuição..., cit.*, p. 14.

[168] *Idem*, p. 34-35.

[169] *Idem*, p. 29.

de um processo de unificação das divergências (consenso), torna-se, consequentemente, autossustentado e legítimo.[170]

O economista estadunidense Herbert Alexander Simon – ganhador do Prêmio Nobel de Economia em 1978 – concentrou seus esforços teóricos em torno do estudo da tomada de decisão nas organizações. O autor criticava o paradigma clássico de administração tanto pelo valor transcendental atribuído aos princípios administrativos – tratados como leis universais e imutáveis (designava-os "provérbios") – quanto pela crença numa racionalidade plena nas tomadas de decisão.

De acordo com Simon, as incertezas, derivadas dos limites da própria inteligência e da capacidade humanas, apresentavam-se inexoravelmente como condicionantes do agir administrativo. O "homem administrativo" participaria de condicionamentos – originários de fatores externos e tendências humanas –, expressão de uma "racionalidade limitada". Essa racionalidade impediria que, no mundo real, fosse alcançada a máxima eficiência administrativa preconizada pelos autores clássicos, especialmente Taylor.

Observa-se que o "homem administrativo" promovido por Simon – em substituição ao "homem econômico" – é limitado pelo não conhecimento de todas as alternativas possíveis e pela incapacidade de estabelecer critérios ótimos para tomadas de decisão. O "homem administrativo", resumiria o autor, "não é otimizante, mas satisfaciente". Ele não procura o máximo lucro, mas o lucro adequado; não procura o preço ótimo, mas o preço razoável.[171]

Em seu ponto de vista, uma alternativa só seria ótima se: (a) existisse um conjunto de critérios que permitisse que todas as alternativas fossem comparadas previamente no ato da decisão; e que (b) seguisse esses critérios. Já uma alternativa se afiguraria como satisfatória quando: (a) existisse um conjunto de critérios que descrevesse um mínimo de satisfação para as alternativas viáveis no ato da decisão; (b) e que essa decisão satisfizesse também esses critérios.[172]

---

170 *Idem*, p. 115.

171 LODI, João Bosco. *História da administração*. São Paulo: Pioneira, 1971. p. 205.

172 BALESTRIN, Alsones. Uma análise da contribuição de Herbert Simon para a Teoria das Organizações. *Revista Eletrônica de Administração Escola de Administração*, v. 8, n. 4, Porto Alegre, UFRGS, 2002. p. 4-5.

As considerações de Simon são extremamente relevantes para a compreensão da tomada de decisões nas organizações. É que "as deficiências resultantes dos limites da racionalidade imprimem muitos elementos de incongruência ao comportamento real, não permitindo que este coincida com comportamento ideal, e sim, que dele mais ou menos se aproxime".[173]

Por conta disso, o autor, aproveitando-se da distinção – derivada da escola do positivismo lógico – entre proposições factuais (fatos) e proposições valorativas (valores), afiança que as primeiras podem ser testadas, a fim de se determinar se são verdadeiras ou falsas, ao passo que as segundas, ao contrário, pelo seu caráter abstrato e subjetivo, não comportam julgamento, em termos objetivos, sob o critério de certo ou errado (tudo ou nada). As decisões administrativas possuem, ao mesmo tempo, conteúdo ético e conteúdo factual, representando, por assim dizer, "uma conclusão tirada de um conjunto de premissas de fato e de valor".[174]

O panorama decisório apresentado por Simon é assaz importante para a compreensão dos mecanismos de controle que se apresentam nesta obra. A submissão da atividade administrativa pública a aspectos exclusivamente normativos exclui, do ponto de vista avaliativo, os aspectos factuais, tornando apequenada a visão que o controlador tem de toda a ambiência na tomada de decisões. A consideração da realidade vivenciada pelo tomador de decisões é essencial para a verificação justa e adequada do seu acerto, de seu equívoco ou da indiferença na tomada de decisões.

4.3 Escola Neoclássica

As anteriores escolas da ciência da administração preocupavam-se essencialmente com os meios de realização das tarefas administrativas e com as relações interpessoais e intersociais no ambiente organizacional. Trabalhavam sob a pressuposição de

[173] AZEVEDO, Lahir Short de. A evolução do processo decisório e as organizações. *Revista do Serviço Público*. v. 101, n. 3-4, 1968. Disponível em: https://revista.enap.gov.br/index.php/RSP/article/view/2689. Acesso em: 02 mar. 2020.

[174] *Idem*.

que os resultados administrativos seriam consequência natural do uso de seus métodos, da satisfação e do empenho dos indivíduos, no exercício do respectivo ofício. Pela abordagem neoclássica, "o trabalho deixou de ser considerado um fim e passou a ser encarado como um caminho necessário para se alcançarem determinadas metas e objetivos prefixados".[175]

Com efeito, as teorias neoclássicas revisitaram os princípios gerais da administração, atribuindo-lhes maior grau de flexibilidade na aplicação, segundo circunstâncias de tempo e espaço, padrões existentes, necessidades concretas e lógicas de razoabilidade. Nesse tipo de abordagem, "uma regra ou um princípio pode em certas ocasiões determinar a inaplicabilidade de outras regras ou princípios, sendo todos relativos e dependentes dos condicionalismos concretos, preponderando na sua aplicação o critério do bom senso e a ponderação das situações concretas em que aplicam".[176] Dentro da vertente mais moderna, neoclássica, da ciência da administração, duas são as abordagens a merecer destaque: a da administração sistêmica e a da administração por objetivos.

4.3.1 Administração sistêmica

A abordagem sistêmica da ciência é tendência que se consolida a partir do final da Segunda Grande Guerra, notadamente por meio das obras de Ludwig Von Bertalanffy, biólogo alemão que objetivou aplicar as suas teorias de sistemas abertos também às ciências sociais.

A influência da abordagem sistêmica está na proposta de se conceberem as organizações como sistemas abertos[177] em constante troca com o ambiente, numa visão relacionada das organizações e da sociedade. Enquanto Taylor, Fayol e Weber compreendiam a organização administrativa como um sistema fechado – da mesma forma que os positivistas clássicos compreendiam o ordenamento

[175] BRUXO. Administração..., *cit.*, p. 914.

[176] *Idem*, p. 908-909. Essa passagem de Bruxo poderia ser considerada um comentário sobre obras jurídicas que tratassem sobre a teoria dos princípios e de suas correlações com outros princípios ou regras de direito.

[177] A noção é idêntica à de constituição aberta aos valores da sociedade.

jurídico, os teóricos da abordagem sistêmica concebiam-na em contato direto com o ambiente.

De acordo com Kwasnicka, "as relações externas de uma organização incluem sua interação com aquelas organizações que recebem os benefícios das atividades desenvolvidas e também com aquelas que contribuem para o desenvolvimento dessas atividades, ou seja, as organizações supridoras de elementos para serem transformados em organizações que consomem bens e serviços. Esses elementos são chamados '*inputs*' e '*outputs*', elementos de entrada e saída do sistema, respectivamente".[178]

Também integrantes da escola sistêmica, Daniel Katz e Robert Kahn são exemplos de autores que superaram a tradicional abordagem comportamental e que desenvolveram a teoria dos sistemas no âmbito das organizações.[179] Para a análise que formularam esses autores, a dinâmica do sistema social é determinada por funções, valores e normas. As normas prescreveriam e sancionariam o comportamento dos membros da organização, fundamentalmente a partir dos valores compartilhados com a sociedade.[180]

Dita visão permite avaliar a conexão entre a estrutura organizacional e o ambiente externo como decorrência de uma integração sociopsicológica dos agentes administrativos e da sociedade. As organizações são, por assim dizer, sistemas abertos e complexos em busca de equilíbrio constante. Os sistemas caracterizam-se, pois, por se vincularem permanentemente a propósitos e objetivos, considerando como essenciais à organização o ambiente em que se inserem e os *inputs* e *outputs* que mutuamente cultivam. Para que uma organização sobreviva em um ambiente cada vez mais competitivo, dentro dessa perspectiva, ela deve se dar conta das mudanças exteriores e agir em concordância com elas.[181]

---

[178] KWASNICKA. *Teoria geral da administração*. 2. ed. são Paulo: Atlas, 1991. p. 130.

[179] A reboque ainda da teoria dos sistemas, Fremont Kast, James Rosenzweig e Richard Johnson desenvolveram a abordagem da organização administrativa. Para eles, estruturar uma organização não eliminaria a necessidade de manter as funções básicas anotadas por Fayol (planejar, organizar, dirigir, coordenar e controlar), a despeito de se exigir nova interpretação dessas funções em face da teoria sistêmica.

[180] *Idem*, p. 131.

[181] SEABRA, Sérgio Nogueira. A Nova Administração Pública e mudanças organizacionais. *Revista da Administração Pública (RAP)*, Rio de Janeiro, v. 35, n. 4, jul./ago. 2001. p. 19-43.

De se notar que a teoria sistêmica muito se assemelha à noção pós-positivista do direito, porquanto concebe as organizações a partir de suas constantes conexões com o ambiente social. Pede lugar a metáfora dos "vasos comunicantes" – desenvolvida a propósito do papel dos princípios dentro do ordenamento jurídico –, em ordem a demonstrar o intercâmbio que os valores sociais estabelecem com a pirâmide normativa (no âmbito do direito) e com as estruturas da Administração Pública (no âmbito organizacional).

4.3.2 Administração por objetivos

Peter Ferdinand Drucker, autor de *The practice of management* (1954), é considerado o pai da administração por objetivos. Nascido em Viena, na Áustria, fez carreira nos Estados Unidos da América, e a dimensão de sua obra para a ciência de administração é comparada, por alguns, à teoria econômica de Keynes para a economia.

A administração por objetivos originou-se da reação contra os métodos de administração por pressão, que sucederam, nos Estados Unidos da América e na Europa, à crise de 1929 e ao período do pós-guerra. A esse tempo, a produção diminuía e o controle aumentava.

A noção de administração por objetivos sustenta que as organizações (públicas e privadas) deveriam planejar suas atividades, identificar e quantificar os seus objetivos, notadamente em relação aos recursos disponíveis e necessários. Os reflexos dessa orientação espraiavam-se por todos os campos da organização, desde os financeiros (orçamento, obtenção de receitas e execução financeira), de pessoal (com ênfase no recrutamento, na formação profissional, na participação e na motivação), de planificação, de produção, até o controle de resultados.[182]

Com efeito, as bases conceituais da administração por objetivos pregam contra o enrijecimento dos métodos de controle, aludindo em favor da flexibilização, da descentralização, do autocontrole. Propõe-se a ampliação da técnica participativa na gestão mediante planejamento e avaliação coletiva dos aspectos prioritários da organização. Assim é que superiores e subordinados devem estabelecer conjuntamente os objetivos gerais e específicos a serem alcançados

---

[182] BRUXO. *Administração..., cit.*, p. 910.

em dado período, dimensionando as respectivas contribuições ao sucesso da organização (metas).[183]

O modelo de administração por resultados, a despeito de sua larga difusão, demonstrou limites quanto à sua eficiência prática. Os psicólogos organizacionais aludiram à ineficiência do autocontrole ao sustentarem que os indivíduos não conseguiriam modificar-se voluntariamente sem o auxílio de um mediador. Todo processo de mudança, diziam os críticos, exigiria a análise das limitações dos indivíduos (*behaviorismo*), a avaliação da estrutura à disposição (estruturalismo), a renovação de ideais e preconceitos e a ultrapassagem de métodos antiquados de gestão e controle.

4.4 Paradigma pós-burocrático de Administração Pública

A despeito das sucessivas escolas de administração e de um intercambiamento natural com o setor privado, o perfil predominantemente burocrático marcou a organização e o funcionamento das Administrações Públicas que se estruturaram nos moldes das escolas clássicas.[184] E isso se deu não só como realidade, mas também como um sistema de crenças, haja vista que a visão burocrática sobreviveu, ainda que não totalmente intacta, às mudanças políticas do Século XX (nos EUA e em países latino-americanos de maior expressão), e a uma série de esforços para tentar melhorar a Administração Pública, incluindo a análise de sistemas, a administração por objetivos, a avaliação de políticas e os orçamentos-programa e de base zero.[185]

[183] CHIAVENATO, Idalberto. *Introdução à teoria geral da administração*. 3. ed. São Paulo: McGraw-Hilll, 1983. p. 241-267.

[184] *"Por lo general, en la Administración pública las ideas se toman del mundo empresarial. El paradigma burocrático nos es excepción (...) Los conceptos empresariales vairam considerablemente em cuanto a la facilidade con que pueden transplantarse al sector público. El paradigma burocrático encontro suelo fértil. Funcionarios electos preocupados por perder el control conforme crecía el Gobierno se encontraban más confiados al saber que existían nuevos instrumentos de control a sua alcance."* ALTSHULER, Alan A. Prólogo à la edició en inglés de BARZELAY, Michael. Atravessado la burocracia: una nueva perspectiva de la Administración Pública. Fundo de Cultura Econômica: México, 1998, p. 23.

[185] BARZELAY, Michael. *Atravessado la burocracia*: una nueva perspectiva de la Administración Pública. Fundo de Cultura Econômica: México, 1998, p. 41. A técnica de orçamento base

Michael Barzelay, professor da *London School of Economics*, foi um dos precursores da *New Public Manegment* ainda em fins do século XX e início do século XXI. Sua abordagem crítica ao paradigma burocrático de Administração Pública gizou uma proposta de superação dos tradicionais conceitos de autoridade, controle e responsabilidade, que deveriam ser substituídos por noções como qualidade, valor, flexibilidade, inovação, delegação de autoridade e superação contínua.

Barzelay sustenta que as ideias que predominavam na prática da administração pública mantinham-se arraigadas à dicotomia política e administração, que constitui herança da reforma progressista havida nos EUA no início do século passado.

Essa dicotomia seria responsável por suportar um esquema mental infenso à noção de responsabilidade democrática, e que aceitou a burocracia como solução ao patrimonialismo partidarista e às intromissões *ad hoc* no governo.

Com efeito, a mentalidade burocrática atribui grande valor ao exercício impessoal da autoridade pública. Com esse fim, firma que o controle deve se basear na aplicação de regras e na ausência de liberdade de atuação dos agentes públicos, porque os grandes males a serem combatidos são a corrupção, a arbitrariedade e a discricionariedade.[186]

A crítica de Barzelay reside especialmente na ausência de discricionariedade, que poda o exercício inteligente e criativo das funções correspondentes, sendo necessário buscar novamente uma axiologia da ação, e não só a perfeição lógica dos conceitos. Um caminho em sentido contrário ao realizado pelos estudos sobre a burocracia feitos por Max Weber.[187]

---

zero (OBZ) consiste numa estratégia de planejamento financeiro que não considera os dados do ano anterior na fixação dos orçamentos, mas as necessidades estratégicas correntes da organização.

186 Esse panorama é irmanado com a noção positivista do direito, que considera a atividade de administrar como aplicação da lei de ofício, autorizando-se apenas ações que a lei autoriza.

187 BARZELAY, Michael. *Atravesando la burocracia*: una nueva perspectiva de la administración pública. Con la colaboración de Babak J. Armajani. Estudio introductorio de Héctor Martinez Reyes. México, D.F.: Fondo de Cultura Económica, 1998.

CRISE DO ESTADO INTERVENCIONISTA E EMERGÊNCIA DA ADMINISTRAÇÃO PÚBLICA CONSENSUAL

As décadas de 1960 e 1970 assistiram a um clima político e social de muita confiança nas formas de planejamento, regulação, direção, gestão e controle estatais. "Graças a elas, o Estado intervencionista por um lado dispunha de condições para amenizar tensões, neutralizar pressões e bloquear eventuais ameaças à legitimidade institucional; e, por outro, contava com a flexibilidade decisória necessária para estimular, promover, disciplinar, regular e planejar o crescimento, bem como enfrentar riscos de instabilidade conjuntural ou estrutural, podendo desta maneira preservar o processo econômico de problemas disfuncionais".[188]

A partir da década de 1970, entretanto, com o excessivo endividamento dos Estados, que usaram e abusaram da fórmula keynesiana de absorção de poupança e uso do crédito, teve início o período de crise: o Estado "se transformou na principal causa da redução das taxas de crescimento econômico, da elevação das taxas de desemprego e do aumento das taxas de inflação, que, desde então, ocorreram em todo o mundo".[189] Retornou-se à ideia do equilíbrio

---

[188] FARIA. *O Direito...*, *cit.*, p. 116.

[189] BRESSER PEREIRA, Luiz Carlos. A Reforma do Estado dos anos 90: lógica e mecanismos de controle. *Caderno MARE da Reforma do Estado*, n. 1. Disponível em: http://www.bresserpereira.org.br/documents/MARE/CadernosMare/CADERNO01.pdf. p. 1.

orçamentário, precisamente pela edição de normas tendentes a limitar os gastos públicos e aliviar o gigantismo das estruturas estatais, como forma de assegurar o equilíbrio econômico.

Desenhou-se a partir de então novo paradigma de Estado, que se pretendeu isento de participar das atividades de mercado. Pediram lugar os processos de privatização e de retirada da participação estatal no domínio econômico: *downsizing*. Paralelamente, verificou-se a estruturação de grandes conglomerados industriais e financeiros, que passaram a dominar o mercado e a influenciar as estruturas estatais e as decisões políticas dos países, em especial daqueles que não possuíam um alto grau de desenvolvimento. Diminuiu-se o Estado; aumentou-se o mercado; fortaleceram-se as companhias multinacionais.

As décadas de 1980 e 1990, impulsionadas pelos avanços tecnológicos, inauguraram a era global, cuja tendência foi a exploração de atividades econômicas pelas gigantes transnacionais, responsáveis primeiras pelo comando do fenômeno da globalização. O panorama se propagou com o advento da "era virtual": a velocidade das mutações conjunturais e a facilidade de transmissão de dados constituíram sua força motriz.

De fato, o fenômeno da globalização designou um movimento complexo de abertura de fronteiras econômicas e de desregulamentação, que permitiu às atividades econômicas capitalistas estenderem seu campo de ação no planeta. O aparecimento de instrumentos de telecomunicação extremamente eficientes viabilizou esse conceito, reduzindo as distâncias a quase nada.[190] Os reflexos dessa realidade são visíveis sobre as estruturas dos Estados capitalistas contemporâneos.

Nesse momento histórico, em que o Estado assumiu feições neoliberais (o chamado Estado pós-social), "ao contrário do Estado liberal clássico, com sua estrutura político-institucional assentada na centralidade e exclusividade da produção legislativa e na divisão dos poderes, e do Estado intervencionista ou 'providenciário', voltado à realização e consecução de um projeto sócio econômico bem definido, este Estado assume uma dimensão organizacional mais reduzida, enxuta ou compactada e passa a ser pautado e condicionado pelo

190 FERRANDÉRRY, Jean Luc *apud* MAGALHÃES, José Luiz Quadros de. *Direito constitucional*. Tomo I. Belo Horizonte: Mandamentos, 2000. p. 73.

mercado e por seus atores dominantes, conglomerados empresariais transnacionais, instituições financeiras internacionais, organismos supranacionais, entidades de classe, câmaras de comércio, associações de consumidores, corporações profissionais, institutos públicos, semi-públicos e privados, sindicatos (...) No âmbito do Estado neoliberal, em outras palavras, é a economia que, efetivamente, calibra, baliza e pauta tanto a agenda quanto as decisões políticas e jurídicas".[191]

Não se haveria de estranhar, pois, que a Administração Pública e o direito administrativo também se modificassem rapidamente nesse processo interativo, acompanhando a celeridade com que se vão alterando os fatos políticos, econômicos e sociais.[192] Hodiernamente, não só se constata que uma economia planificada é incapaz de realizar as *performances* requeridas pelas modernas sociedades de consumo, como o extenso aparelho organizacional da economia do bem-estar tende para o desenvolvimento de uma rigidez burocrática prejudicial à eficiência do Estado e da sua Administração. Ademais, a necessidade de se trabalharem lógicas de equilíbrio fiscal e controle inflacionário aponta para a introdução de mudanças significativas nas prioridades e metodologias da política econômica.[193]

No contexto da globalização, a crise do modelo tradicional de organização estatal intervencionista trouxe propostas de reforma e modernização administrativa. O processo exigiu a utilização de novas técnicas de atuação da Administração Pública, as quais, em sua maior parte, foram importadas das empresas privadas. "A situação de incerteza que caracteriza o mundo contemporâneo em todas as dimensões (política, econômica, social, cultural) e do cambiante contexto em que devem atuar as Administrações Públicas, estas, ademais de ter de se adaptar ao novo modelo e paradigma da gestão pública, pós-moderno, devem assumir e gerir a crise do modelo tradicional do setor público, assim como a escassez de recursos frente ao volume de demandas sobre si existentes, intentando obter os máximos resultados pelo menor custo possível".[194]

---

191 FARIA. *O Direito..., cit.*, p. 177-178.

192 MOREIRA NETO. *Mutações..., cit.*, p. 1.

193 SUORDEM. *O princípio..., cit.*, p. 157-158.

194 ALIENDE, José Manuel Canales; ÁLVARES, José Manuel Rodrigues. *Estudio preliminar a la obra Auditoría de Gestión y Modernización de La Administración*. Madrid: Boletim Oficial do Estado, 1999. p. XVIII.

Com efeito, as bases conceituais oriundas das empresas privadas serviram de alicerce para a incorporação ao ambiente estatal dos conceitos da *New Public Management* ou Nova Gestão Pública (NGP), que veio a se tornar, assim como o liberalismo econômico, o modelo hegemônico da Administração Pública ocidental já no final do século XX.[195]

A NGP emergiu em países como Estados Unidos da América, Inglaterra, Austrália, Nova Zelândia, tendo como pano de fundo o restabelecimento da primazia de princípios gerenciais (baseados em conceitos modernos de administração do setor privado) sobre o modelo burocrático tradicional das organizações estatais.[196]

No Brasil, já em meados da década de 1990, essa reforma foi introduzida e capitaneada pelo então Ministro da Administração e Reforma do Estado, Luiz Carlos Bresser Pereira, sob a denominação de Administração Pública Gerencial descortinada pelo Plano Diretor de Reforma do Aparelho do Estado (PDRAE/1995).

Sem embargo disso, "apesar de a literatura jurídica brasileira, especialmente na área do Direito Administrativo, vir dedicando atenção às mudanças ocorridas na Administração Pública nacional (as agências reguladora, por exemplo, são resultado dessas mudanças), há um quase completo e estranho silêncio nas obras brasileiras sobre a relação existente entre a Nova Gestão Pública e a reforma do aparelho de Estado no Brasil".[197] Essa, com efeito, é uma das razões pelas quais esta obra, que intenta estabelecer conexões de sentido entre Ciência de Administração e Direito Administrativo,

---

[195] DASSO JÚNIOR. Nova Gestão Pública... *cit.*, p. 3. A despeito dessa hegemonia, registra o autor que "é demasiado simplista definir a 'Nova Gestão Pública' como um modelo único da 'Teoria da Administração Pública'. As diversas variantes surgidas em diferentes países, com histórias e culturas absolutamente distintas fazem com que as práticas sejam distintas. Entretanto, alguns preceitos teóricos estão presentes em qualquer reforma que busca aplicar a NGP como modelo. Geoffrey Shepard e Sofia Valencia recordam que a NGP é um modelo que imita os métodos gerenciais do setor privado (1996, p. 108). Daí decorre a denominação 'reforma gerencial' para qualquer reforma da Administração Pública que esteja baseada na 'Nova Gestão Pública'" (DASSO JÚNIOR. Nova Gestão Pública..., *cit.*, p. 13).

[196] Nos EUA, a NGP tem início com a Lei de Reforma do Serviço Público, de 1978, no Governo Carter. Na Inglaterra, a principal referência concreta à NGP remonta à vitória de Margaret Thatcher, em 1979. Na Austrália, o marco legal do NGP é o *Public Service Reform Act*, de 1984. Na Nova Zelândia, foram as reformas capitaneadas pelo Partido Trabalhista, a partir de 1984, que marcaram a introdução dos conceitos da NGP (DASSO JÚNIOR. Nova Gestão Pública..., *cit.*, p. 7-12).

[197] *Idem*. p. 3.

teve a obrigação de mencionar a influência da NGP nos movimentos reformadores do final do século XX e duas primeiras décadas do século XXI no Brasil, fundamentalmente pela aposta de que princípios hauridos do setor privado são capazes de se talhar-se no âmbito da burocrática estrutura estatal.

No campo jurídico, o constitucionalismo alvissareiro do fim do século XX intentou promover um retorno do pêndulo aos valores compartilhados pela sociedade. Mercê de princípios jurídicos abrigados pela Constituição, a noção de legalidade é desavisadamente transposta nos diversos ordenamentos ocidentais pela noção de juridicidade;[198] [199] nesse sentido, a Constituição Portuguesa de 1976, a Espanhola de 1978 e a Brasileira de 1988.

Contudo, as promessas constitucionais necessitavam de meios materiais de execução, especialmente no Brasil. A distância entre o mundo do "dever ser" (a promessa) e a realidade (o real) não suportou por muito tempo esse "estado de coisas prometido". Não tardou para que mutações econômicas, tecnológicas, institucionais e políticas abalassem as ideias-chave em torno das quais se organizou – e não se conseguiu reformar plenamente – um aparato administrativo inchado e caro, instituído com olhos no retrovisor. "Somos confrontados com os bloqueios deste modelo de Estado – interventor, bloqueios esses que afetam a eficiência da Administração Pública concebida como uma espécie de '*longa manus*' do Estado Social".[200]

---

198 Os princípios fundamentais "assentam-se numa base antropológica comum – o homem como pessoa, como cidadão, como trabalhador –, o que aponta não apenas para o reconhecimento da dignidade humana e da autonomia individual perante o Estado (dimensão de Estado de direito), mas também para a inserção do homem livre num processo democraticamente comunicativo (princípio democrático) e para a garantia existencial do indivíduo nos planos econômico, social e cultural (princípio do Estado Social)" (CANOTILHO, Joaquim José Gomes; MOREIRA, Vital. *Fundamentos da Constituição*. Coimbra: Coimbra, 1991. p. 74).

199 Podemos afirmar que a norma jurídica é legítima – dotada de legitimidade – quando existir correspondência entre o comando nela consubstanciado e o sentido admitido e consentido pelo todo social, a partir da realidade coletada como justificadora do preceito normatizado. A norma jurídica, por outro lado, é legal – dotada de legalidade – quando criada conforme o procedimento previsto pela Constituição, não tendo sido posteriormente revogada, segundo o procedimento também previsto pela Constituição. Vê-se, desde logo, pois, que legalidade é termo de um conceito formal, ao passo que legitimidade é termo de um conceito material (GRAU, Eros Roberto. *Direito, conceitos e normas jurídicas*. São Paulo: Revista dos Tribunais, 1988. p. 38).

200 SUORDEM. *O princípio...*, *cit.*, p. 157-158. Nesse lanço, "não só se constata que uma economia planificada não é capaz de realizar as *performances* requeridas pelas modernas sociedades de consumo, como o extenso aparelho organizacional da economia do bem-estar tende

Esse novo perfil do Estado exige uma dimensão organizacional mais reduzida, enxuta e compacta, passando a ser pautado e condicionado pelo mercado, pela sociedade organizada e por seus atores principais e coadjuvantes.[201] A reconfiguração do modelo estatal produziu um recuo na configuração da Administração conformadora – que marcou a Europa do século XX e que até os dias atuais não se fez implementar satisfatoriamente no Brasil. Realmente, as últimas décadas revelaram transformações nos Estados democráticos de direito bastantes à configuração de um Estado pós-social.[202] O Brasil chegou a esse processo atrasado e com pressa...

Para acelerar e colocar mais um desafio imediato a esse câmbio estrutural e funcional do Estado, os primórdios do século XXI demandaram-lhe o ingresso na "era virtual" – impuseram a necessidade de adaptações rápidas e respostas instantâneas às demandas da sociedade –, e a transparência "*online*" abriu caminho para a cobrança "*online*", ampliando os desafios no arbitramento político das prioridades estatais.

Tecnicamente, pode-se dizer que a Administração contemporânea passou então a reclamar um diálogo institucionalizado entre o poder público e os particulares, bem como entre os diversos atores do aparato administrativo (concertação interorgânica), caracterizando um "novo estilo de administração", participativo, concertado e flexível,[203] marcado fundamentalmente pela noção

---

para o desenvolvimento duma rigidez burocrática prejudicial à eficiência do Estado e da sua Administração, como ainda a necessidade de resolver o problema da inflação aponta para a introdução de mudanças significativas nas prioridades e metodologias da política econômica" (SUORDEM. *O princípio..., cit.*, p. 157-158).

201 Tal como anota Bitencourt Netto, "o início do processo de retração da Administração prestadora se dá, na Europa, a partir da década de 1970, por diversas razões: limitações de ordem econômica (ROSANVALLON, 1981, p. 151), ou decorrentes de um 'limite tolerável de socialização de bens e serviços' (ROSANVALLON, 1981, p. 16-18), aliadas a outros fatores como a emergência da 'questão ecológica' (SILVA, 2009, p. 152) e a 'queda' do eixo central do mundo socialista, com o fim da União Soviética e da Europa comunista – que diminuiu a pressão social sobre o capitalismo. Trata-se sobretudo de transformações da realidade constitucional, sem ter havido significativas alterações dos textos constitucionais, sobretudo de seu substrato axiológico" (BITENCOURT NETO, Eurico. Transformações do Estado e da Administração Pública no século XXI. *Revista de Direito Econômico e Socioambiental*, Curitiba, v. 8, n. 1, p. 297).

202 SILVA. *Em Busca..., cit.*, p. 128.

203 BITENCOURT NETO, Eurico. *Administração Pública Concertada. In*: GOMES, Carla Amado; NEVES, Ana Fernanda; BITENCOURT NETO, Eurico. (Org.). A prevenção da corrupção e outros desafios à boa governação da Administração Pública. 1ed. Lisboa: ICJP/CIDP, 2018, v. 1, p. 10-44. p. 16.

de consensualidade – e pelo paradigma da Administração Pública consensual ou concertada.[204] [205]

Registrando essa tendência, Jean-Pierre Gaudin utilizou-se da expressão "governar por contratos" com o objetivo de fazer alusão à valorização do consenso nas relações administrativas, que se revelaria mediante formas de participação e consulta pública e formas de coordenação entre instituições e atores sociais que participam da ação pública.[206] [207]

Segundo Bonacorsi de Palma, o fenômeno da consensualidade no âmbito da Administração Pública contemporânea encontra-se sedimentado em rasgos de "democracia substantiva", "eficiência administrativa" e "contratualização".[208] Tem-se que a eficiência administrativa é um objetivo que se pretende alcançar com o uso da consensualidade, e não propriamente um de seus fundamentos. A Administração consensual traduz-se assim com os significados de (a) "dialogicidade" – abertura da Administração Pública ao diálogo

---

[204] SOUTO, Marco Juruena Villela. A era da consensualidade e o Ministério Público. *In*: RIBEIRO, Carlos Vinicius Alves (Org.) *Ministério Público*: reflexões sobre princípios e funções institucionais. São Paulo: Atlas, 2010.

[205] A atividade de consenso-negociação entre o Poder Público e particulares, mesmo informal, passa a assumir papel importante no processo de identificação de interesses públicos e privados, tutelados pela Administração. Esta não mais detém exclusivamente o estabelecimento do interesse público; a discricionariedade se reduz, atenua-se a prática de imposição unilateral e autoritária das decisões. A Administração volta-se para a coletividade, passando a conhecer melhor os problemas e aspirações da sociedade. A Administração passa a ter atividade de mediação para dirimir conflitos de interesses entre várias partes ou entre estas e a Administração. Daí decorre um novo modo de agir, não mais centrado no ato como instrumento exclusivo de definição e atendimento do interesse público, mas como atividade aberta à colaboração dos indivíduos (MEDAUAR, Odete. *O Direito Administrativo em Evolução*. 2. ed. São Paulo: Revista dos Tribunais, 2003. p. 210).

[206] GAUDIN, Jean-Pierre *apud* OLIVEIRA, Gustavo Justino; SCHWANKA, Cristiane. A Administração Consensual como nova face da Administração Pública no Séc. XXI: fundamentos dogmáticos, formas de expressão e instrumentos de ação. *Revista da Faculdade de Direito da Universidade de São Paulo*, v. 104, jan./dez. 2009. p. 309.

[207] Sobre a realidade latinoamericana, esclarece Gordillo: "*Los países de America Latina mejorarían su grado y calidad de participacíon y, por lo tanto, de vida democrática, si establecieran la norma de la necessaria información, consulta y debate público previos a la emissión de normas administrativas generales o la adoción de grandes proyetos publicos. Bién se advierte de qué poco valen los medios tradicionales de control de la administración pública se no se complementan y vivifican com estos otros instrumentos modernos de control ciudadano*" (GORDILLO. *El problema del control en la América Latina*. Madrid: Civitas, 1981. p. 28).

[208] PALMA, Juliana Bonarcosi de. *Atuação Administrativa Consensual*: estudos dos acordos substitutivos no processo administrativo sancionador. Dissertação de Mestrado. São Paulo: USP, 2010. p. 81 e segs. Disponível em: http://www.teses.usp.br/teses/disponiveis/2/2134/tde-18112011-141226/pt-br.php.

franco com o mercado, os cidadãos e a sociedade civil; (b) "contratualização" – a denotar a crescente utilização da técnica contratual em variados domínios da atuação administrativa.

Para o fim de alcançar tais desideratos, convém preconizar novas formas de controle na Administração Pública – controle de resultados (gestão) e controle social –, destacando-se mais modernamente preocupações ambientais, de sustentabilidade, de *compliance* e de governança coorporativa.

É nesse contexto que o controle consensual da Administração Pública tem espaço de revelação e de desenvolvimento, especialmente porque se preocupa em fazer prevalecer nesse sítio aspectos de eficiência *lato sensu.*

Em tempos de pandemia de covid-19 e seus reflexos, é hora de apostar fichas naquilo de que essencialmente este livro quer tratar, o diálogo e o consenso, a flexibilidade e o bom senso, fazendo com que as estruturas estatais e os atores do mercado e sociais busquem conjuntamente fórmulas adequadas para garantir desenvolvimento econômico ao país e direitos fundamentais aos cidadãos.

CAPÍTULO 6

CONTROLE DA ADMINISTRAÇÃO PÚBLICA

6.1 Considerações gerais

Lafayette Pondé afirma que a expressão controle "tem tamanha amplitude que a bem dizer a vida social – ela própria – não é senão um processo contínuo de interação e controle. Seu conceito é um instrumento necessário da ideia de ordem e organização. E até poderíamos dizer que ele surgiu no Paraíso com as primeiras palavras do Criador".[209]

Com efeito, a noção de controle é amplamente imbricada nas realidades da vida, encontrando-se presente nos objetos de investigação da ciência política, da ciência da administração e do direito. Como parte integrante das atividades administrativas nas organizações, a atividade de controle mereceu atenção mais específica da ciência da administração (pública), especialmente nos Estados Unidos da América (abordagem empirista),[210] e do direito administrativo, especialmente na Europa (abordagem jurídica).[211]

---

[209] PONDÉ, Lafayette. Controle dos atos da administração pública. *Revista de Direito Administrativo*, n. 212, abr./jun. 1998, p. 41.

[210] A ciência da administração se desenvolve impulsionada pela Revolução Industrial, subjacente à necessidade de substituir métodos experimentados nas relações de produção, na busca de maior eficiência – a manufatura pelo instrumento; o escravo pelo assalariado; o empirismo pela técnica.

[211] MOSHER; CIMMINO, *Ciencia...*, *cit.*, p. 34-63. Essa distinção de abordagem científica explica, em boa medida, os motivos pelos quais a atividade de Administração Pública – e via de consequência seus métodos de controle – terminou por ser desenvolvida também numa perspectiva eminentemente jurídica, com um prestígio expressivo angariado

Numa abordagem crítica, Mosher e Cimmino registram que "*predomina en los estudios administrativos de carácter jurídico, una preocupación essencial: la legalidad. Resulta, en cambio, totalmente olvidado el problem de la eficacia administrativa y de cualquier outro aspecto de orden técnico, lo que acarrea, como consecuencia, el abandono involuntario de un estudio metodológico del ars administrandi. Cualquier texto clássico de Derecho Administrativo lleva en sí mismo el signo de la visión unilateral del fenómeno administrativo, tanto más ignorado en su essencia cuanto más profunda se hace la investigación sobre la legalidad formal de los actos de la administración pública, sobre el contencioso-administrativo, sobre las práticas en general de las administraciones públicas*".[212]

Os autores apresentaram uma admoestação à visão unilateral e legalista do fenômeno administrativo público na Europa (via de consequência, nas nações de influência).[213] O apego exagerado do direito administrativo à legalidade fez, a bem da verdade, com que a Administração Pública desprezasse, ao longo do tempo, métodos inovadores de controle e as atuações informais.[214]

Deveras, a maioria dos estudos de direito administrativo, com raríssimas exceções, limita-se a tratar do controle dos atos administrativos (seus elementos vinculados ou discricionários), circunscritos à esfera judicial (ações judiciais de controle). Na realidade, sob os

---

pelo direito administrativo e seus profissionais na Europa e no Brasil: "*Una de las causas del desarrollo conseguido por el Derecho Administrativo en los países europeus se encuentra precisamente en el carácter que el fayolismo atribuye a la función administrativa, preocupándose exclusivamente de factores que garanticen a la gestión administrativa la eficacia de su trabajo (...) Evidentemente, estas ideas reducen e incluso olvidan los valores más significativos que presiden la actividad de la administración publica*" (p. 35).

212 MOSHER; CIMMINO, *Ciência...*, *cit.*, p. 57.

213 Em matéria de controle das atividades administrativas, uma visão desse tipo que promove a "supervalorização do direito (como técnica para ou inventário de solução dos diversos problemas sociais) favorece os bacharéis em direito, na medida em que os empodera. Afinal, eles se posicionam como oráculos, capazes de desvelar a determinação escondida e específica do ordenamento jurídico, da qual ninguém poderia se afastar licitamente. Mas ela é socialmente problemática, por afastar soluções igualmente possíveis de acordo com outra leitura razoável do direito, bem como por minimizar o *input* que outras expertises, não jurídicas, podem dar melhor aplicação às regras jurídicas" (JORDÃO, Eduardo. Acabou o romance: reforço do pragmatismo no direito público. Revista de Direito Administrativo, Rio de Janeiro: Fundação Getulio Vargas, 2018. Edição Especial, p. 67).

214 A atividade informal surge como um universo paralelo de formas *declinadas* das atuações típicas, gêmeas, imperfeitas e casualmente *light*, potencializadoras da celeridade e da consensualização (GOMES, Carla Amado. O Dom da Ubiquidade Administrativa: reflexões sobre a atividade administrativa informal. *Textos Dispersos de Direito Administrativo*, Lisboa: AAFDL, 2013. p. 375).

auspícios de uma Administração Pública meramente executora da lei, os métodos de controle e avaliação dos aparatos estatais não poderiam deixar de ser formalistas e atomizados. O fato de a construção teórica do direito administrativo ter sido sedimentada em torno da figura do ato administrativo manifestou repercussões também no sítio da atividade controladora.[215]

É verdade que os Estados, em geral, apresentaram alternativas mais amplas e técnicas para ampliação das atividades de controle da Administração Pública quando instituíram organismos especializados, alheios ao âmbito judicial (Tribunais de Contas, Ministérios Públicos, Controladorias Internas, Corregedorias).[216] Todavia, a despeito dessas iniciativas, não enfrentaram o pecado original do problema, que residia justamente na concepção eminentemente legalista e atomizada, que qualificava a visão antiga da atividade de Administração Pública.[217]

Deveras, "o controle tradicional baseado na mera comprovação das normas e dos procedimentos, assim como na detecção de possíveis erros, fraudes e delitos, tinha sentido e era útil dentro de um ambiente imutável e estável. Pelo contrário, hoje em dia, tratando-se de uma sociedade e de uma gestão pública dinâmica, mutável, complexa e incerta, o controle tradicional – formalista, regulamentarista e rotineiro – demonstra-se obsoleto e ineficaz; e por isso se reorienta o controle para a análise do nível e da forma de cumprimento dos objetivos, medindo os resultados (*performances*); mas também tendo em conta o nível de cumprimento e o respeito aos valores, princípios e códigos éticos de atuação dos organismos públicos e seus agentes".[218]

---

[215] Dentro de uma perspectiva eminentemente jurídica do tema, afigura-se simples visualizar e exercer a atividade de controle sobre a Administração Pública, porque a presença do ato de concretização da lei possibilita contraste imediato em face de todo um arcabouço legislativo preconcebido (a hipótese), independente das realidades vivenciadas pela Administração e pelo administrador.

[216] Conforme Gordillo: "*Todos saben que este control existe en doctrina, pero que no tiene verdadera vigencia real en la práctica. Quizás por ello sea, en parte, que muchos esfuerzos se vuelquen a crear controles sustitutivos de legalidad en un ámbito distinto al jurisdicional*" (GORDILLO, Agustin. El control de las empresas públicas en la America Latina, *Revista de Direito Público*, n. 66, p. 26).

[217] De se registrar, com base nas lições de Gianinni, que, para a ciência da administração, "a figura predileta é o controle de gestão ou de eficiência, vendo-se com desfavor o controle de legalidade e o controle de mérito, porque limitados a atos isolados e, portanto, pouco profundos e com resultados demorados" (MEDAUAR, Odete. *Controle da administração pública*. São Paulo: Revista dos Tribunais, 1992. p. 49).

[218] ALIDENDE, *Auditoría...*, p. XXVI.

Nesse cenário, novas fórmulas e métodos de controle devem ser propostos, partir do reconhecimento de uma relação dinâmica, legítima e concertada entre controladores e controlados, tendo como fundamento a noção de consensualidade. Vislumbra-se o desenvolvimento de métodos de controle que, ao invés de reprimir o administrador público em todo momento, o estimulem a tomar decisões acertadas e criativas, desde que no exercício de uma administração legítima e transparente, voltada a capitanear os melhores e mais executáveis interesses societários.

A proposta de implantação do controle consensual da Administração Pública surge, portanto, como apta a propiciar a integração entre os novos paradigmas da juridicidade e da Administração consensual, permitindo que a atividade de controle não se sujeite exclusivamente a uma visão maniqueísta, do tipo "crime-castigo", assumindo contornos de um diálogo consciente, forjado na busca da maximização dos objetivos fundamentais e dos fundamentos do Estado democrático de direito.

É que, na lógica do controle-sanção, não há meio termo: ou a conduta do controlado é conforme as regras e procedimentos ou não é; neste último caso, deve-se penalizar o sujeito, independentemente das circunstâncias práticas por ele vivenciadas na ocasião e das consequências futuras, às vezes negativas para o próprio funcionamento da máquina administrativa.

Obviamente, não se cogita a extinção das formas tradicionais de controle com viés repressivo e sancionatório. Busca-se complementaridade – a utilização de métodos que se insiram no contexto do direito e da Administração Pública para revelar tendências controladoras que estimulem transparência, eficiência, economicidade, eficácia e efetividade.

A ideia fundamental subjacente está na alteração da lógica dos mecanismos de controle, que deixam de ser visualizados numa vertente estritamente sancionatória para se afirmarem como meio de pacificação negociada das controvérsias na ordem interna, em conformidade com o que preceitua o preâmbulo da Constituição Brasileira de 1988.[219] Também no art. 4º, VII, da Constituição, que

[219] Nós, representantes do povo brasileiro, reunidos em Assembleia Nacional Constituinte para instituir um Estado Democrático, destinado a assegurar o exercício dos direitos sociais

impõe ao Estado brasileiro, como princípio, buscar a solução pacífica dos conflitos.

6.2 Taxinomia dos controles da Administração Pública

Conforme acentuado nos capítulos anteriores, existem profundas razões políticas e jurídicas que justificam a presença da atividade de controle nas searas estatais em seus diferentes matizes. O controle, tratado como atividade que fecha o ciclo da atividade administrativa, impõe-se como dever irresistível para assegurar legitimidade ao exercício da função do Estado.

Os autores brasileiros e estrangeiros que se dedicam ao tema, via de regra, apresentam uma classificação para facilitar a compreensão das formas (tipos) pelas quais a atividade de controle tem aplicação – é o que se denomina tipologia ou taxinomia. Deveras, "da mesma forma que no âmbito das ciências biológicas e médicas, especialmente, o estudioso do Direito habitua-se às enumerações, classificações ou taxinomias dos diversos institutos nos vários ramos do conhecimento jurídico. Além das finalidades didáticas, informativas, as enumerações e taxinomias propiciam melhor apreensão do instituto ou figura jurídica que se examina, visão panorâmica da sua extensão e reflexão mais aprimorada sobre as diversas facetas com que se apresenta e, mesmo, sobre sua essência".[220]

Peculiaridades à parte, existe um núcleo comum entre as classificações, o que permite extrair caminhos gnosiológicos para subsidiar a propositura de uma particular categorização dos controles da Administração Pública. Os autores escolhidos para exame das respectivas taxinomias são: Hely Lopes Meirelles, Jorge Silva Censio, Roberto Dromi, Javier Indalecio Barraza e Fabiana Haydeé Schafrik, e Odete Medauar.

---

e individuais, a liberdade, a segurança, o bem-estar, o desenvolvimento, a igualdade e a justiça como valores supremos de uma sociedade fraterna, pluralista e sem preconceitos, fundada na harmonia social e comprometida, na ordem interna e internacional, com a solução pacífica das controvérsias, promulgamos, sob a proteção de Deus, a seguinte CONSTITUIÇÃO DA REPÚBLICA FEDERATIVA DO BRASIL.

[220] MEDAUAR. *Controle...*, *cit.*, p. 23.

6.2.1 Taxinomia de Hely Lopes Meirelles

Hely Lopes Meirelles, na clássica obra *Direito Administrativo Brasileiro*, menciona que os tipos e formas de controle podem variar segundo o poder (órgão ou autoridade), o fundamento, o modo e o momento de sua efetivação.

Quanto ao poder (órgão ou autoridade), o controle se classifica como administrativo (ou executivo), legislativo (ou parlamentar) e judiciário (ou judicial), a depender do órgão que está a exercitá-lo, respectivamente, Poder Executivo, Poder Legislativo e Poder Judiciário.

Relativamente aos fundamentos, o controle pode ser hierárquico – decorrência automática das relações que se estabelecem nos órgãos executivos, pressupondo as faculdades de supervisão, coordenação, orientação, fiscalização, aprovação, rescisão, avocação – ou finalístico – estabelecido legalmente para entidades autônomas, objetivando a verificação do enquadramento das atividades por elas desenvolvidas conforme o programa geral do governo e acompanhamento dos atos dos dirigentes (tutela).

Controles interno e externo são referentes ao modo. O controle interno é realizado pela própria entidade ou órgão (Administração) responsável pelo ato controlado, e o controle externo[221] é realizado por órgão estranho, não pertencente à Administração responsável pelo ato controlado.

Quanto ao momento, o controle pode ser prévio, concomitante ou subsequente. Controle prévio é o que antecede à conclusão ou operatividade do ato, revelando-se como requisito para sua eficácia. Controle concomitante é o que acompanha a realização do ato para verificação da regularidade de sua formação. Controle subsequente (ou corretivo) é o que se efetiva após a conclusão do ato controlado.

Por fim, no que tange ao aspecto controlado, o autor discorre que o controle pode ser de legalidade (ou legitimidade), que objetiva verificar a conformação do ato ou do procedimento administrativo com as normas legais que o regem, como também controle de mé-

---

[221] As edições posteriores ao falecimento do professor Hely Lopes Meirelles apontam uma subclassificação: o controle externo popular, previsto no art. 31, §3º, da CF (*Direito Administrativo Brasileiro*. 20. ed. São Paulo: Malheiros, 1995, p. 570 *et seq.*).

rito, que consiste na comprovação da eficiência, dos resultados, da conveniência ou oportunidade do ato controlado.

A classificação apresentada por Hely Lopes Meirelles é singela e insuficiente para explicar todas as nuanças do atual estágio de desenvolvimento da atividade de controle da Administração Pública. Coaduna-se mais com a perspectiva da administração meramente executora da lei, o que se comprova pela fusão num só grupo dos controles de legalidade, legitimidade e resultado.

De fato, tal como aponta Jorge Silva Censio, "aos mecanismos clássicos se agrega uma variada gama de procedimentos que aparecem nos últimos anos como necessidade imperiosa frente ao desenvolvimento crescente da atividade estatal".[222] Como consequência disso, apresenta-se como fundamental o aprofundamento do estudo das variadas formas de manifestação da atividade controladora do Estado, logicamente ambientadas aos tempos mais modernos e às diversas formas de expressão.

6.2.2 Taxinomia de Jorge Silva Censio

A taxinomia proposta por Jorge Silva Censio distingue o controle da Administração Pública segundo o órgão, a natureza jurídica do ato de controle, o objeto desse ato, a oportunidade em que se efetivar e as formas para se movimentar o aparato controlador.

Segundo o objeto, o autor anota controles sobre as pessoas e sobre as atividades. O primeiro refere-se à conduta dos agentes que desempenham tarefas de administração, podendo recair sobre uma só manifestação ou sobre um conjunto de atos. O segundo abarca a generalidade da gestão, podendo, contudo, restringir-se a determinado ato ou fato realizado pela Administração. Ainda segundo o objeto, o autor aponta controle de legalidade, controle de oportunidade (ou conveniência) e controle de ambos os "objetos" (legalidade e oportunidade).

No que toca à oportunidade (ou momento) para o respectivo exercício, o controle é classificado por Censio, a exemplo de Hely

[222] CENSIO, Jorge Silva. El control de la administración. *Revista de Direito Público*, n. 39-40. jul./dez. 1976.

Lopes Meirelles, em preventivo, concomitante ou posterior. De acordo com a forma como se movimenta, propõe Censio, o controle pode ser de ofício – quando o órgão fiscalizador, entendendo-o conveniente, inicia o procedimento –, à instância de parte – quando o interessado tem que tomar a iniciativa – ou obrigatório – quando o procedimento se inicia no momento oportuno, em cumprimento das normas legais aplicáveis, sem a necessidade de manifestação de vontade do órgão controlador ou do interessado.

Jorge Silva Censio considera que a classificação mais importante é a que leva em conta os órgãos que atuam na função de controle. Citando Dromi, subdivide a atividade de controle em horizontal e vertical. A primeira compreende a vinculação que guardam entre si, órgãos em igualdade de situação (*v.g.*, Poderes). A segunda, derivando da vinculação hierárquica, tanto política quanto administrativa, a envolver os fenômenos político-administrativos do federalismo, regionalismo, centralização, descentralização e delegação.

O controle horizontal pode se subdividir em intraorgânico – que opera dentro da estrutura jurídico-administrativa do órgão –, interorgânico – referente ao mútuo e recíproco controle que têm, a propósito do exercício do poder, os órgãos dos Poderes Executivo, Legislativo e Judiciário – e extraorgânico – que se verifica fora de uma relação orgânica, compreendendo tanto o controle dos órgãos do poder como dos órgãos "extrapoder" e, ainda, dos demais sujeitos auxiliares do Estado (partidos políticos e associações).

A taxinomia de Censio, apesar de extensa, não é por demais clara. Não se justificam duas classificações quanto ao objeto, tampouco a distinção entre controle sobre pessoas e sobre atividades, pois os agentes públicos somente podem ser controlados em face de seus atos ou em face das atividades que desempenham em prol da Administração, ainda que se reconheça a importância do comportamento dos agentes para fins de responsabilização (elementos subjetivo da conduta).[223]

De igual modo, parece não se justificar a inclusão num mesmo grupo, o do controle sobre a atividade, do controle da gestão e

---

[223] Vale destacar, na esteira dos ensinamentos de Mary Parker Follet, que o comportamento das pessoas no momento da prática desses atos não pode ser indiferente ao controle.

do controle sobre atos e fatos isoladamente considerados. Não se vislumbra, ademais, o porquê da distinção entre controle de ofício e controle obrigatório, posto que ambos podem ser resumidos ao primeiro tipo.

Quanto ao controle extraorgânico, não se pode imaginar sua realização compreendendo o controle dos próprios órgãos do poder, como também se afigura difícil admitir a existência de órgãos "extrapoder" – os órgãos, como unidades despersonalizadas, exercem parcela de poder estatal ou são exteriores ao aparato do Estado.

6.2.3 Taxinomia de Roberto Dromi

A taxinomia apresentada pelo argentino Roberto Dromi[224] é semelhante à de Censio. Refere-se o autor a controle administrativo, legislativo e judicial; preventivo (ou antecipado), concomitante, repressivo (ou posterior); de ofício e a "*la instancia de parte*"; horizontal e vertical; intraorgânicos, interorgânicos e extraorgânicos; de legitimidade e de oportunidade.

Dissentem Censio e Dromi, no fundamento do controle tripartido (administrativo, legislativo e judicial), que, para o último, residiria no princípio constitucional da separação dos poderes; como também na reunião em grupo único dos controles horizontal e vertical, intraorgânicos, interorgânicos, extraorgânicos, separados por Dromi, respectivamente, os dois primeiros (horizontal e vertical), no grupo intitulado de controle quanto à situação do órgão controlador e, os demais (intraorgânicos, interorgânicos, extraorgânicos), no grupo controle em razão da modalidade de articulação que os órgãos guardam entre si; discordam, enfim, na inexistência de apartação entre controle de ofício e obrigatório.

A taxinomia de Dromi também é extensa e pouco clara, cabendo, em virtude da similitude, a mesma sorte de críticas apresentadas à classificação de Jorge Silva Censio. Também não se vê uma ambientação mais moderna da atividade administrativa, o que justifica buscar as orientações mais contemporâneas sobre o tema.

---

[224] DROMI, Roberto. *Derecho administrativo*. 5. ed. Buenos Aires: Ciudad Argentina, 1996. p. 673-677.

6.2.4 Taxinomia de Javier Indalecio Barraza e Fabiana Haydeé Schafrik

A taxinomia desses autores, desenvolvida na obra *El Control da La Administracíon Pública*,[225] a despeito do enfoque voltado para o controle orçamentário, é apresentada de forma genérica e merece referência.

O controle classifica-se: pelo órgão que o leva a cabo (controle administrativo, legislativo e jurisdicional); pelo alcance (controle de legalidade, de mérito e de gestão – apesar de não especificarem o que é controle de gestão); pela posição dos diferentes órgãos (controle interno e controle externo); pelo momento em que se leva a cabo (controle preventivo, simultâneo – ou concomitante – e controle posterior – ulterior ou crítico); pelo objeto (controle financeiro, patrimonial e de custos); pela continuidade do mesmo (controle alternado, sistemático, periódico – ou eventual); de acordo com a intensidade (controle analítico ou sintético); segundo a via escolhida (controle direto ou indireto); segundo os efeitos (controle positivo ou negativo); segundo a forma (revisional ou escritural).

As quatro primeiras classificações apresentadas por Barrazza e Schafrik não constituem propriamente novidade; as outras, sim. Tirante a taxinomia quanto ao objeto, as demais nada têm de jurídicas, mais se aproximando de formas técnicas de revelação da atividade controladora. Concernente ao objeto, a redução do controle aos aspectos financeiros, patrimoniais e de custos somente se justifica em face da especificidade do trabalho, que, conforme aduzido, é referida ao controle do orçamento.

6.2.5 Taxinomia de Odete Medauar

Odete Medauar apresenta robusta taxinomia a propósito do controle da Administração Pública, vinculando-se ao critério do agente controlador (órgão, ente, instituição pública). Chama a atenção para

[225] BARRAZA, Javier Indalecio; SCHAFRIK, Fabiana Haydeé. *El Control de La Administración Pública*. Buenos Aires: Abeledo-Perrot, 1995.

o fato – bem observado – de que as modalidades de controle não são excludentes, sendo possível "aventar a hipótese de um mesmo agente realizar controle concomitante e sucessivo, controle de mérito e de legalidade, controle de ofício e por provocação e assim por diante".[226]

Segundo o critério adotado pela autora, se o agente controlador integra a própria Administração (órgãos e entidades), tem-se controle interno (autocontrole, controle hierárquico, a tutela administrativa, inspetorias, supervisões, ouvidores); se, por outro lado, ele não a integra, tem-se controle externo (controle pelas instituições políticas, técnicas e jurídicas – controle pelo Poder Judiciário). A par dos controles interno e externo, há referência também ao que se denomina controle extraorgânico ou "quase controle" a ser realizado pelo povo, partidos políticos e imprensa.

O controle exercido pelo agente pode se revestir das seguintes formas, segundo a autora: quanto ao aspecto da atuação em que incide (controle de legalidade genérica, de legalidade contábil-financeira, de mérito e de "boa administração" – eficiência, gestão e produtividade); quanto ao momento de exercício (controle prévio, concomitante e sucessivo); quanto à amplitude (controle a incidir sobre atos especificados e a incidir sobre um conjunto de condutas e comportamentos); quanto ao modo de se desencadear (controle de ofício, por provocação ou compulsório).

A taxinomia de Medauar segue padrões tradicionais da doutrina, conquanto inova em aspectos importantes. Dentre as espécies de controle interno, a autora destaca o autocontrole – que é realizado pela autoridade que editou o ato sobre si mesma –, diferenciando-o do controle hierárquico – que consiste na verificação que o superior hierárquico realiza sobre os atos dos subordinados. Essa distinção é bastante interessante pelos rasgos essenciais que cada uma delas assume no âmbito do exercício da atividade controladora. Observa-se que a fiscalização efetivada pelos agentes "extra-administração" não traduz propriamente atividade de controle estatal, preferindo denominá-la "quase controle".

De igual modo, chama a atenção para a possibilidade de exercício dos controles de gestão, de eficiência e de produtividade.

---

[226] MEDAUAR. *Controle..., cit.*, p. 34.

Percebe-se, enfim, a distinção existente entre o controle sobre atos administrativos e o sobre as atividades de mesma natureza.

Da classificação proposta por Medauar, convém destacar a distinção entre controle sobre atos e sobre atividades administrativas (classificação quanto à amplitude), haja vista que os enfoques, num e noutro tipo, deveras são distintos: um focaliza o ato administrativo isoladamente considerado; o outro tem como destinatária a própria atividade desempenhada.

Contudo, cabe ressaltar, pelo menos em princípio, que inexiste justificativa para a distinção entre controle de legalidade genérica e legalidade contábil-financeira – o controle é sempre de legalidade em sentido amplo (juridicidade), a revelar diversos matizes de conteúdo jurídico, estando aí incluídas, especialmente após a Constituição e a EC nº 19/98, as noções de eficiência e boa administração, que serão objetos de tratamento específico mais adiante.

De igual modo, critica-se a expressão controle de gestão qualificado como espécie de controle quanto ao aspecto da atuação em que incide. A expressão parece mais bem empregada como sinônimo de controle de atividade, ou seja, como controle sobre a atuação global da Administração, dentro de uma perspectiva da nova gestão pública.

Pensa-se ser desnecessário, ademais, distinguir, quanto ao modo de desencadear-se, controle de ofício e controle compulsório, posto que ambos podem ser, sem prejuízo do essencial, resumidos ao primeiro tipo; afinal, a competência, o exercício oficioso de função, não é faculdade, mas dever.[227]

Por fim, ressalta-se discordância quanto à expressão "quase controle" para designar controle que a própria sociedade exerce sobre a Administração. A noção de controle social revela-se mais adequada, para além de homenagear, sem favor algum, atributos típicos de democracia participativa.

---

[227] Assevera Celso Antônio Bandeira de Melo: "Existe função quando alguém está investido no dever de satisfazer dadas finalidades no interesse de outrem, necessitando, para tanto, manejar poderes requeridos para supri-las. Logo, tais poderes são instrumentais ao alcance das sobreditas finalidades. Sem eles, o sujeito investido na função não teria como desincumbir-se do dever posto a seu cargo. Donde quem os titulariza maneja, na verdade, 'deveras-poderes', no interesse alheio" (MELLO. *Curso...*, *cit.*, p. 29).

CAPÍTULO 7

NOVA PROPOSTA PARA A TAXINOMIA DOS CONTROLES DA ADMINISTRAÇÃO PÚBLICA BRASILEIRA

O ordenamento jurídico brasileiro é rico em matéria de instrumentos para o controle – a Constituição de 1988 e a legislação infraconstitucional consagram variada sorte de meios para o seu exercício. A noção subjacente a essa gama de instrumentos é a de que o recrudescimento dos mecanismos de controle se afigura solução para décadas de patrimonialismo e obscuridade – o que não deixa de contribuir para a difusão de uma cultura de controle formalista e sancionatória.

Com efeito, é preciso conceber a atividade de controle em outra dimensão, como instrumento de mudança cultural e de busca dialógica de excelência na ação governamental. Propõem-se as seguintes taxinomias: (a) quanto ao momento em que se efetiva (controle prévio, concomitante e posterior); (b) quanto à forma de instauração (controle de ofício ou mediante provocação); (c) quanto ao posicionamento dos órgãos ou agentes controlado e controlador (controle interno, autocontrole e controle externo); (d) quanto ao órgão estatal ou grupo social que o exercita (controle parlamentar – direto e indireto –, controle executivo, controle judiciário, controle pelo Ministério Público e pelo Tribunal de Contas, controle social); (e) quanto ao aspecto sindicado (controle de juridicidade); (f) quanto ao foco (controle sobre atos e controle sobre gestão); (g) quanto à consequência jurídica (controle sancionatório e controle consensual).

7.1 Controle quanto ao momento em que se efetiva

7.1.1 Controle prévio

Controle prévio é o que se perfaz antes que o ato ou atividade objeto do controle venha a produzir os seus efeitos. É o que se efetiva, por exemplo, com as autorizações que proferem as casas legislativas para determinados atos do Executivo (*v.g.*, autorização, por parte do Senado Federal, para as operações externas de natureza financeira dos entes da federação e territórios – art. 52, V, da CF/88) e com o controle de constitucionalidade realizado pelas comissões próprias das casas legislativas, na forma regimental, com a liquidação das despesas públicas (art. 63 da Lei nº 4.320/64). O controle prévio afigura-se o mais eficaz para prevenir desvios no âmbito da Administração Pública. Todavia, é visto como instrumento que emperra o funcionamento da máquina administrativa, de sorte que as hipóteses de sua ocorrência são exceções no sistema normativo brasileiro.

7.1.2 Controle concomitante

O controle concomitante acompanha a realização do ato ou atividade visando verificar a regularidade de sua formação. Como exemplo, devem ser citadas as auditorias sobre a execução orçamentária (art. 71, IV, da Constituição) e a fiscalização da execução de contratos administrativos (art. 71, §1º, da Constituição). O controle concomitante tem se mostrado ferramenta eficaz para a correção de desvios no âmbito da Administração Pública. Detém o mérito de se mostrar aberto a adaptações e necessita de maior incremento por parte dos órgãos competentes.

7.1.3 Controle posterior

Controle posterior é o que se perfaz após a conclusão do ato ou atividade controlados visando sanar defeitos, declarar nulidades e propor providências para o futuro. Citem-se como exemplos o controle jurisdicional dos atos administrativos e o ato de homologação das licitações e concursos públicos.

A grande maioria das espécies de controle da administração é realizada *a posteriori*. Se, por um lado, esse tipo de controle não impede que a Administração se impulsione de ofício, de outro ele inibe ações corretivas, pois se direciona quase exclusivamente à fixação de responsabilidades. Faz-se autópsia ao invés de se fazer biópsia.[228]

Consoante assevera Gordillo, em excerto já citado nesta obra, *"el control existe en la medida en que resulta posible pasar de la detección de la falta de legalidad (...) a acciones correctivas. De no ser así, no se há cumplido el fin perseguido y el problema es más bien de responsabilidad por hecos que resultan irreparables"*.[229]

7.2 Controle quanto à forma de instauração

7.2.1 Controle de ofício

Controle de ofício é o que se instaura independentemente de provocação do interessado, de entidade não estatal, da sociedade ou de qualquer outro órgão pertencente à estrutura do poder público. Pode efetivar-se tanto no cumprimento das competências funcionais do órgão de controle quanto por expressa imposição normativa que determine sua instauração.

Serve de exemplo o controle do Tribunal de Contas quando realiza inspeções e auditorias de ofício (art. 71, IV, da Constituição) e quando julga, por expressa imposição constitucional, as contas de administradores e demais responsáveis por dinheiros, bens e valores públicos (art. 71, II, da Constituição).

A crítica que se tem dirigido ao controle de ofício diz respeito à inoperância dos órgãos responsáveis por sua realização. Nem sempre a possibilidade de uma ação *ex officio* é motivo suficiente a que se instale efetivamente a atividade controladora a cargo do órgão competente. É necessário relembrar que quem exerce função está adstrito a uma finalidade cogente, porquanto desempenha atividade em nome de outrem (a sociedade).

---

[228] MOTTA, Fabrício. *Congresso paranaense de direito administrativo*. Curitiba, nov. 2002.

[229] GORDILLO. *Problemas del control...*, *cit.*, p. 119.

7.2.2 Controle mediante provocação

Controle mediante provocação é aquele que se instaura por intermédio de requerimento do interessado, do cidadão, de entidade não estatal ou de outro órgão detentor de legitimidade. Serve de exemplo para esse tipo o controle exercido pelo Poder Judiciário acerca dos movimentos ou da inércia da Administração Pública, posto que o Judiciário, por excelência, é inerte, não age de ofício, necessitando ser provocado para controlar atos administrativos. O controle mediante provocação tende a se incrementar com a evolução dos meios de controle social, porquanto, à medida que a sociedade toma ciência das ações e omissões administrativas, existe tendência natural a que os canais de comunicação entre a sociedade e os órgãos de controle se ampliem, alcançando a necessária repercussão no seio da Administração Pública.

7.3 Controle quanto ao posicionamento do órgão ou agente controlado e controlador

7.3.1 Controle interno e autocontrole

Controle interno é, segundo Debbasch, *o exercido pela Administração sobre si mesma*.[230] Instaura-se sempre por ocasião da edição de atos administrativos (por qualquer dos órgãos do Estado) e decorre da noção de hierarquia. Pode se dar por iniciativa do órgão controlado (autocontrole), mediante supervisão de ofício, ou quando provocado pelo interessado, mediante a interposição de recursos administrativos (controle hierárquico). Outro meio para despertar seu exercício é direito de petição (art. 5º, XXXIV, "a", da Constituição).

Contudo, a expressão "controle interno" (como sistema ou organismo de controle) – utilizada pelo constituinte no art. 74 da Constituição – não é sinônima da expressão "controle interno", utilizada pela doutrina para designar essa atividade controladora que um órgão administrativo realiza sobre si mesmo – e que se encontra

[230] DEBBASCH, Charles *apud* MEDAUAR. *Controle..., cit.*, p. 39.

fundada nas súmulas nº 346 e 473 do Supremo Tribunal Federal e nas leis de processos administrativos.

É para a finalidade de apartá-los, evitando confusões, que a preferência é utilizar a expressão *autocontrole* para designar que a "administração deve anular seus próprios atos, quando eivados de vício de legalidade, e pode revogá-los por motivo de conveniência ou oportunidade, respeitados os direitos adquiridos" (ver o art. 53 da Lei nº 9.784/99).

Como efeito, a expressão "controle interno" no contexto da Constituição designa os organismos (e respectivas atividades) incumbidos de realizar, em harmonia com os órgãos de controle externo (tribunais de contas e poderes legislativos), a fiscalização financeira, contábil, orçamentária, operacional e patrimonial da Administração Pública em amplo sentido (art. 70 c/c 74 da Constituição). Tais órgãos detêm competência *ratione materiae* parelha à dos órgãos de controle externo, mas não possuem atribuições típicas de julgamento administrativo e de coerção.

O art. 74 dispõe que os Poderes Legislativo, Executivo e Judiciário manterão, de forma integrada, sistema de controle interno com a finalidade de: avaliar o cumprimento de metas previstas no plano plurianual e a execução dos programas de governo e dos orçamentos da União; comprovar a legalidade e avaliar os resultados, quanto à eficácia e eficiência da gestão orçamentária, financeira e patrimonial dos órgãos da Administração Federal, da aplicação de recursos públicos por entidades de direito privado; exercer o controle das operações de crédito, avais e garantias, dos direitos e haveres da União; e apoiar o controle externo no exercício de sua missão institucional.

Ao versar sobre os sistemas de controle interno, a Constituição não deixa margem para que as entidades federativas, ou melhor, seus respectivos Poderes tenham a liberdade de instituir os respectivos órgãos com as competências de fiscalização típicas. É que a expressão de que se vale o constituinte – a propósito, "manterão" – demonstra que a instituição do sistema de controle interno de cada Poder é obrigação, e não faculdade. E isso se justifica pela necessidade de órgãos de controle com atuação mais próxima dos fatos diários da administração pública, mantendo convergência funcional com órgãos de controle externo, notadamente tribunais de contas.

Bem por isso, o inciso IV do art. 74 da Constituição afirma ser uma das finalidades (competências) dos órgãos de controle interno "apoiar o controle externo no exercício de sua missão institucional" e prescreve o §1º do mesmo preceito responsabilidade solidária dos seus agentes pela ausência de comunicação ao Tribunal de Contas de qualquer irregularidade ou ilegalidade de que tiverem conhecimento no exercício de sua função.

Os representantes do controle interno, a despeito dos laços de responsabilidade com os tribunais de contas, interpretam as normas e precedentes aplicáveis a fim de emitir juízos conclusivos sobre os diversos temas que analisam. Não há empecilho a que a opinião do controle interno divirja do administrador e até mesmo da opinião final do próprio Tribunal de Contas. Há diferença substancial entre o dever de comunicar irregularidades e ilegalidades e a possibilidade de se formar convicção própria sobre questões administrativas que lhe sejam submetidas.

Deveras, "quem pode aferir, em primeiro momento, se a irregularidade é formal ou não e se há ou não grave violação da norma legal com repercussão para o erário é a autoridade responsável pelo controle interno, todavia não pode (...) deixar de comunicar ao controle externo a ocorrência de qualquer irregularidade", posto que "aquilo que para ele [controle interno] é formal poderá aos olhos da Casa de Contas, ser grave e causador de prejuízo ao erário".[231]

Note-se, que, sem embargo do dever de comunicação, reconhece-se aos integrantes do controle interno a possibilidade de interpretações dissonantes relativamente a posições assumidas *a posteriori* pela Corte de Contas, sem que isso lhes transfira responsabilidade solidária. Note-se também que a Constituição não fixa o momento da comunicação das ilegalidades ou irregularidades ao Tribunal de Contas, supondo-se que a legislação infraconstitucional o fará, respeitando-se, obviamente, critérios de razoabilidade.

De todo modo, consolida-se o entendimento de que o controle externo "somente deve ser acionado após o esgotamento das providências administrativas internas"; vale dizer, "uma vez verificada a ilegalidade e sanada internamente, não há porque acionar o Tri-

---

[231] TCMG – Consulta nº 751.297, Sessão de 24.09.08, Rel. Cons. Eduardo Carone Costa.

bunal", porquanto "se o controle interno, exercendo a sua função, apura um fato e consegue revertê-lo, ele não tem que acionar. Só deve acionar se não tiver êxito".[232]

O desenho orgânico e a distribuição das competências previstas nos incisos do art. 74 da Constituição ao controle interno são questões que dependem da lei – e, muitas vezes, de atos administrativos normativos –, observada a iniciativa respectiva em cada caso. Os órgãos de controle interno são normalmente estruturados para terem como agente hierárquico máximo um servidor ocupante de cargo comissionado, nomeado pelo Chefe do Poder respectivo e demissível *ad nutum*, o que por si só não lhe retira a oportunidade do exercício escorreito da função, mas deixa ver a fragilidade do vínculo para com o Estado e a sociedade.

Pioneiramente, assentou-se a ausência de subordinação hierárquica entre o controlador interno e os membros dos Tribunais de Contas,[233] posição chancelada em julgamento recente do Supremo Tribunal Federal, proferido na ADI 5705/SC. Na ocasião, a Corte julgou parcialmente procedente a ação para, com redução de texto, afastar do art. 61, I, da LC nº 202/2000, do Estado de Santa Catarina, a expressão "por determinação do Tribunal de Contas do Estado", reconhecendo que a vinculação funcional do controle interno ao Tribunal de Contas viola a autonomia técnica assegurada pelo art. 74 da Constituição. Destaca-se, nesse sentido, o voto do Ministro Relator:

> Nestes termos, verifica-se que o texto constitucional reserva ao sistema de controle externo (art. 71 a 73) e ao sistema de controle interno (art. 74), regras, procedimentos, órgãos e instituições próprias, determinando a cada qual o exercício de suas respectivas atribuições, a serem exercidas dentro de suas correspondentes áreas de atuação. Há, portanto, coexistência e cooperação – não hierarquia – entre os sistemas externo e interno de controle.

Nesse particular, sustenta-se que os órgãos de controle interno (que se estruturarão, o quanto possível, em carreiras para as funções

---

[232] TCMG – Consulta nº 751.297, Sessão de 24.09.08, Rel. Cons. Eduardo Carone Costa.

[233] A esse respeito, *vide*: FERRAZ, Luciano. A César o que é de César – Contornos e Perspectivas do Controle Interno da Administração Pública. *In:* FORTINI, Cristiana; MABEL, Miriam (Org.). *Mecanismos de controle interno e sua matriz constitucional*. 1. ed. Belo Horizonte: Fórum, 2012, v. 1, p. 41-47.

que não sejam de cúpula) deveriam ser encabeçados por agentes públicos detentores de prerrogativas especiais – independência funcional –, nomeados pelos Chefes de Poder para mandatos fixos, e não coincidentes com os deles, a exemplo do que acontece com os dirigentes das agências reguladoras no Brasil. A independência funcional garantida pela proposta dos mandatos fixos reforçaria o papel técnico do controle interno, até porque seus integrantes não deveriam ser classificados como típicos agentes políticos: "(...) controladores do Município [da União e dos Estados] não são agentes políticos, uma vez que (...) não representam a 'vontade superior do Estado', não participando, portanto, das decisões políticas do Governo, sendo escolhidos por sua aptidão técnica profissional".[234]

A estrutura do sistema de controle interno de cada entidade federativa dependerá da vontade político-administrativa – a distribuição de suas competências depende de lei e, muitas vezes, de atos administrativos normativos – de se conceber um verdadeiro sistema de controle, sendo certo que "o efeito da atuação do controle interno tem estreita ligação com o grau de liberdade que lhe seja dado ter, conferindo-lhe, assim, não só a possibilidade de controlar a despesa, mas, também, a otimização da utilização dos recursos com resultados para toda a Administração Pública, e, por consequência, para a sociedade em geral".[235]

Tudo isso deve ser aquilatado levando-se em conta que cabe precipuamente ao controle interno "a função de acompanhar a execução dos atos, indicando, em caráter opinativo, preventiva ou corretivamente, ações a serem desempenhadas visando ao atendimento da legislação".[236]

Essa peculiaridade preventiva e corretiva do controle interno permite concluir que sua atuação repressiva constitui *ultima ratio*, na medida em que o que lhe é fundamental é contribuir para a regularidade e a eficiência e a efetividade da Administração Pública, propondo atuações coercitivas apenas nos casos cuja reprovabilidade da conduta efetivamente o exija.

---

[234] TCMG – Consulta n. 811.245, Sessão de 24.02.10, Rel. Cons. Adriene Andrade.

[235] TCMG – Consulta nº 640.465, Sessão de 19.09.2001, Rel. Cons. Eduardo Carone Costa.

[236] TCMG – Consulta nº 640.465, Sessão de 19.09.2001, Rel. Cons. Eduardo Carone Costa.

7.3.2 Controle externo

O controle externo é o exercido por órgão diverso, não pertencente à estrutura do responsável pelo ato controlado, como, por exemplo, o controle que o Poder Judiciário pode vir a realizar sobre os atos do poder público, o controle (direto ou indireto) a cargo do Congresso Nacional e o que é realizado diretamente pelo Tribunal de Contas.

O constituinte, sob o signo do "controle externo", também designa peculiar forma de controle da Administração, as fiscalizações contábil, financeira, orçamentária, operacional e patrimonial, que ficam a cargo do Poder Legislativo e do Tribunal de Contas, conformadas nos artigos 70 a 75 da Constituição.

Tem-se defendido que o controle externo é gênero a abarcar duas espécies – controle parlamentar indireto e o controle diretamente exercido pelos tribunais de contas. É que o Poder Legislativo, quando realiza tarefa de controle externo, o faz com o auxílio do Tribunal de Contas, que, por sua vez, recebeu do constituinte competências que lhe são exclusivas, exercitáveis sem qualquer participação do Legislativo.

7.4 Controle quanto ao órgão estatal ou grupo social que o exercita

Pela expressão aguda desse tipo de classificação da atividade controladora, opta-se por realizar uma análise mediante itens separados a fim de facilitar a compreensão e a importância de cada tipo de controle apresentado.

7.4.1 Controle executivo ou administrativo

O controle executivo ou administrativo é exercido por todos os órgãos sobre suas respectivas administrações com o objetivo de assegurar a observância do direito e a satisfação das necessidades coletivas e dos interesses individuais. Trata-se de decorrência do princípio da autotutela, que se consubstancia nas leis que regulam o processo administrativo e nos verbetes das Súmulas nº 346 – "a Administração Pública pode declarar a nulidade dos seus próprios atos" – e 473 do Supremo Tribunal Federal – "a Administração Pública pode anular os seus próprios atos, quando eivados de vícios que os tornem ilegais, porque deles não se originam direitos, ou revogá-los por motivo de conveniência ou oportunidade, respeitados os direitos adquiridos e ressalvada, em todos os casos, a apreciação judicial".

Esse controle pode efetivar-se mediante fiscalização hierárquica e recursos administrativos na Administração direta, supervisão ministerial na Administração indireta (artigos 19 a 26 do Decreto-Lei nº 200/67) e, ainda, por outras formas descritas em lei, como é o caso da prestação de contas (art. 74 da Constituição).

Esse tipo de controle não raro recai sobre os atos administrativos, conquanto possa e deva dirigir-se à própria gestão do órgão controlado, de acordo com os modernos paradigmas de gestão e controle.

7.4.2 Controle judiciário

Desde o surgimento do Estado moderno, tem-se discutido, agudamente, o problema do controle jurisdicional da Administração Pública. Diversas interpretações da doutrina da separação dos poderes propiciaram o surgimento de diferentes sistemas: o anglo-americano e o francês. O primeiro é organizado sob a tecla na unidade da jurisdição, competindo ao Poder Judiciário a tarefa de dirimir conflitos de maneira geral, inclusive aqueles que envolvam a Administração Pública. O segundo é o sistema de dualidade de jurisdição, subdividido em jurisdição comum (para, grosso modo, conhecer e julgar litígios entre os particulares) e jurisdição administrativa (para, da mesma forma, julgar litígios a envolver o exercício pela Administração Pública no exercício do seu mister administrativo).

O Brasil adota, desde a Constituição de 1891, o sistema judiciário anglo-americano, de jurisdição una, apesar de o direito administrativo pátrio ter buscado inspiração na doutrina francesa, edificada pela interpretação das decisões do Conselho de Estado daquele país (órgão de cúpula da jurisdição administrativa). A

Constituição de 1988 mantém essa tradição unitária no art. 5º, XXXV, inovando apenas no que concerne à possibilidade de instauração do controle jurisdicional pela simples ameaça de lesão, e não somente quando esta concretamente se efetive.

Quanto aos comportamentos da Administração Pública, pode-se afirmar que os atos comissivos e omissivos, materiais e jurídicos, unilaterais e bilaterais do Poder Executivo e da administração dos demais Poderes do Estado, seus órgãos e entidades, e, ainda, os atos legislativos se submetem a controle jurisdicional. "Em princípio, cabem contra a Fazenda Pública todos os procedimentos judiciais contenciosos aptos a impedir ou reprimir a ilegalidade da Administração, a invalidar o ato ilegal ou abusivo e propiciar a reparação do dano patrimonial causado ao administrado. Mas há ações especiais, adequadas para coibir determinadas ilegalidades ou abusos de autoridade e, até mesmo, invalidar a lei em tese quando inconstitucional (...)".[237]

Para que se realize o controle judiciário da Administração, nos termos do art. 5º, XXXV, da Constituição, é desnecessário – à exceção da regra do art. 217, §1º – o esgotamento da esfera administrativa. Ademais, o controle judiciário somente se exerce mediante provocação dos interessados (e legitimados) no exercício do direito de ação.

Tais remédios têm previsão na própria Constituição e estão regulados na legislação infraconstitucional: mandado de segurança individual e coletivo (art. 5º, LXIX e LXX, e Lei nº 12.016, de 7 de agosto de 2009); ação popular (art. 5º, LXXIII, e Lei nº 4.717, de 29 de junho de 1995); ação civil pública (art. 129, III, e Lei nº 7.347, de 24 de julho de 1985); ação civil pública de improbidade administrativa (Art. 37, §4º da Constituição e Lei nº 8.429, de 2 de junho de 1992); ação civil pública e improbidade empresarial ou anticorrupção empresarial (Lei nº 12.846, de 1º de agosto de 2013); mandado de injunção (art. 5º, LXXI, e Lei nº 13.300, de 23 de junho de 2016); *habeas corpus* (art. 5º, LXVIII, e art. 647 e segs. do Código de Processo Penal); *habeas data* (art. 5º, LXXII, "a" e "b", e Lei nº 9.507, de 12 de novembro de 1997); ações diretas de inconstitucionalidade por

237 MEIRELLES. *Direito..., cit.*, p. 614.

ação e omissão (art. 102, I, "a", e §2º c/c art. 103 da Constituição, e a Lei nº 9.868, de 10 de novembro de 1999); ação declaratória de constitucionalidade (art. 102, I, "a", e 103, §4º, da Constituição, e Lei nº 9.868, de 3 de novembro de 1999); ação de descumprimento de preceito fundamental (art. 102, §1º, da Constituição, e Lei nº 9.882, de 03 de dezembro de 1999); reclamações constitucionais (art. 102, I, "l", da Constituição, Lei nº 11.477, de 19 de dezembro de 2006, e artigos 988 a 993 do Código de Processo Civil).

A nota característica desse tipo de controle reside na definitividade de que se revestem as decisões do Poder Judiciário mediante a emergência da coisa julgada material ou a extirpação da lei inconstitucional nas ações de controle concentrado de constitucionalidade. Se o Poder Judiciário controla um ato, declarando-o jurídico ou antijurídico, e esta decisão transita em julgado, cristaliza-se de modo definitivo a controvérsia e, tirante a hipótese de ação rescisória, não poderá ser objeto de alteração.[238]

O controle judiciário é sempre voltado para o ato administrativo – o tema será retomado no tópico relativo ao controle sobre o ato –, porquanto não se vislumbra no ordenamento jurídico brasileiro a possibilidade de sua incidência sobre a gestão pública, e possui característica repressiva. Talvez sejam essas as razões que, juntas, permitam explicar sua pouca efetividade.

Conforme Gordillo, "*todos saben que este control existe en doctrina, pero que no tiene verdadera vigencia real en la práctica. Quizás por ello sea, en parte, que muchos esfuerzos se vuelquen a crear controles sustitutivos de legalidad en un ámbito distinto al jurisdiccional*".[239]

---

[238] Não obstante, a jurisprudência possui precedentes que permitem a revisão do conteúdo da coisa julgada fora do âmbito da ação rescisória. PROCESSO CIVIL E TRIBUTÁRIO. COISA JULGADA. EFEITOS E LIMITES. LEI Nº 7.689/88. APLICAÇÃO. 1. Pode haver cobrança de tributo a cada fato gerador nos períodos supervenientes à coisa julgada pela presença de relações jurídicas de trato sucessivo. 2. Os Tribunais de qualquer grau podem declarar a inconstitucionalidade de lei ou ato normativo do poder público, mas com efeito meramente declaratório, sem qualquer carga de executabilidade, mesmo que alcance a coisa julgada. 3. Há limites a serem impostos à segurança jurídica, em face de regras postas na Carta Maior como o de que ela, quando construída pelo direito formal, não pode se impor sobre os princípios constitucionais. 4. Recurso especial provido (STJ, RESP nº 233.662/GO, Rel. Min. José Delgado, DJ 08.03.2000. p. 86).

[239] GORDILLO, Agustín. El control de las Empresas Publicas en America Latina. *Revista de Direito Público*, n. 66, p. 26.

7.4.3 Controle parlamentar

O Parlamento tem como funções prioritárias participar do processo legislativo e exercer o controle da Administração Pública. Todavia, não se deve olvidar que *"dado su carácter político y la influencia del régimen de partidos, este controlador de la Administración está muy venido a menos y nunca podría cubrir, en forma sistemática, las necesidades de una gran administración moderna, cuya complejidad y tecnicismo escapan a la competencia y a las posibilidades de trabajo de los parlamentarios, absorbidos por su quehacer legislativo y político"*.[240]

Com efeito, a visível preponderância do Poder Executivo sobre o Poder Legislativo reduz os instrumentos de controle parlamentar a uma perspectiva política e formalista. Como acentua Medauar, "a deterioração da atividade legislativa, a submissão cega ao Executivo propiciam a inoperância da função de controle [do Legislativo], em vez de acentuá-la".[241]

O controle parlamentar da administração subdivide-se em duas categorias: controle parlamentar direto, exercido pelo próprio Poder Legislativo sem a colaboração de outro órgão estatal, e controle parlamentar indireto, efetivado pelo Poder Legislativo, com o auxílio do Tribunal de Contas.

7.4.3.1 Controle parlamentar direto

Na Constituição de 1988, o controle parlamentar direto tem previsão para se efetivar, sobretudo, sobre os atos do Poder Executivo. É controle político e técnico. O art. 49, X, dá ao Congresso Nacional competência genérica para fiscalizar e controlar, diretamente ou por qualquer de suas Casas, os atos do Poder Executivo, incluídos os da Administração indireta.

A expressão máxima desse tipo de controle no Brasil é a possibilidade de perda do mandato pelo presidente da República, vice-presidente da República, ministros de Estado, ministros

---

[240] REAL, Alberto Ramon. El control de la administración. *Revista de Direito Público*, n. 32. p. 8.

[241] MEDAUAR. *Controle..., cit.*, p. 91.

do Supremo Tribunal Federal, procurador-geral da República e advogado-geral da União por prática de crimes de responsabilidade (arts. 51, I, 52, I, 85 e 86 da Constituição), instrumento que, na recente história política brasileira, ocorreu duas vezes: nos mandatos dos presidentes Fernando Collor de Mello e Dilma Rousseff.

O *caput* e o §2º do art. 50 da Constituição tratam, respectivamente, da possibilidade conferida à Câmara, ao Senado ou a qualquer de suas Comissões de convocar ministros de Estado ou titulares de órgão diretamente subordinado à presidência da República para prestarem pessoalmente informações sobre assuntos previamente determinados, importando em crime de responsabilidade a ausência sem justificação adequada, e do encaminhamento, por parte da Mesa da Câmara ou do Senado, de pedidos escritos de informações às mesmas autoridades, ensejando crime de responsabilidade a recusa, o não atendimento no prazo de trinta dias, bem como a prestação de informações falsas.

O art. 49, V, da Constituição atribui competência ao Congresso Nacional para promover a sustação dos atos normativos do Poder Executivo que exorbitem do poder regulamentar ou extrapolem o âmbito da delegação legislativa. O art. 58, §3º, trata das comissões parlamentares de inquérito, controle que tem sido utilizado com frequência pelo Congresso Nacional. Além disso, há um elenco de aprovações (posteriores) e autorizações (prévias) que competem ao Congresso (art. 49, I, II, IV, XII, XIII, XIV, XVI, XVII) ou ao Senado Federal (art. 52, III, IV, V, VI, VII, VIII, IX, XI).

7.4.3.2 Controle parlamentar indireto

O controle parlamentar indireto tem previsão no art. 70, *caput*, da Constituição. Engloba a fiscalização contábil, financeira, orçamentária, patrimonial e operacional da Administração Pública. Para sua realização, o constituinte prescreveu ao Parlamento o auxílio do Tribunal de Contas, que, como órgão técnico responsável pelo controle das finanças em geral, dá a ele o suporte necessário para o exercício da atividade.

O controle parlamentar indireto tem na Constituição explícitas possibilidades de ocorrência: (a) julgamento das contas anuais prestadas pelos chefes do Poder Executivo (contas de governo) após a emissão de parecer prévio pelo Tribunal de Contas (art. 49, IX c/c art. 71, I); (b) solicitação pelas casas legislativas, comissão técnica ou de inquérito para a realização de auditorias e inspeções de natureza contábil, financeira, orçamentária, operacional e patrimonial nas unidades administrativas de quaisquer dos Poderes (art. 71, IV); (c) sustação de contratos administrativos após comunicação do Tribunal de Contas (art. 71, §1º); (d) sustação, pela Comissão Mista Permanente de Orçamento, prevista no art. 166, §1º, de despesa não autorizada que possa causar dano irreparável à economia pública, depois de ouvido o Tribunal de Contas (art. 72).

De toda sorte, a efetividade do controle parlamentar (direto ou indireto) passa pelo fortalecimento e pela real independência do Poder Legislativo. Enquanto os parlamentos se quedarem inertes no exercício da atividade controladora, prevalecerá a advertência de Gordillo, para quem *"este tipo de control, en el estado actual de los sistemas políticos latino-americanos, en muchos casos non existe y notros es de todos modos muy reducido"*.[242]

Em recente decisão do STF no Brasil, contrariando as expectativas sistêmicas do controle constitucional das finanças públicas, aquela Corte apreciou a ADPF 576, atribuindo a possibilidade de julgamento direto das contas de governo do Poder Executivo pelo legislativo, diante da mora extraordinária do exercício da competência própria pelo parlamento. De acordo com o precedente vinculante:

> Arguição de descumprimento de preceito fundamental. Tribunal de Contas. Apreciação das contas anuais do Chefe do Poder Executivo estadual. Parecer prévio. Exaurimento, há muito, do prazo a que se refere o art. 71, I, da Constituição Federal. Frustração das competências próprias do Poder Legislativo. Pedido julgado improcedente. I. Caso em exame 1. Arguição de descumprimento de preceito fundamental proposta em face de decretos legislativos da Assembleia Legislativa do Estado de Alagoas, que aprovaram as contas anuais prestadas pelo Governador do Estado. II. Questão em discussão 2. A questão em exame depende do enfrentamento das três preliminares suscitadas pela Assembleia Legislativa do Estado de Alagoas no sentido de que (i) os dispositivos tidos como violados não consubstanciariam preceitos

---

[242] GORDILLO. *El control..., cit.*, p. 26.

fundamentais; (ii) não se revelaria possível impugnar atos de efeitos concretos; (iii) não teria sido preenchido o requisito da subsidiariedade. 3. A questão de mérito em discussão consiste em saber se é possível o Poder Legislativo estadual proceder à apreciação das contas anuais do Chefe do Poder Executivo estadual, tendo em vista o exaurimento, há muito, do prazo constitucional para emissão do parecer prévio a que se refere o art. 71, I, da Constituição Federal, pelo Tribunal de Contas pertinente. III. Razões de decidir 4. Primeira preliminar. O procedimento de controle político-administrativo de prestação das contas anuais do Chefe do Poder Executivo estadual faz parte do sistema de freios e contrapesos, inerente à separação dos poderes (CF, art. 2º), o que demonstra a qualificação dos preceitos indicados como fundamentais (CF, art. 71, I, c/c art. 75). 5. Segunda preliminar. Os atos impugnados – Decretos Legislativos que aprovaram as contas anuais do Chefe do Poder Executivo estadual – podem ser subsumidos ao conceito de ato do poder público, que não se circunscreve apenas aos atos de caráter normativo, sendo admissível, nos termos da jurisprudência desta Corte, a utilização da ADPF para questionar atos de efeitos concretos. 6. Terceira preliminar. Não há, no caso, outros meios processuais ágeis e eficientes a solucionar, de forma homogênea, a ofensa aos preceitos fundamentais indicados, de modo que cabível a presente ADPF. 7. Mérito. A competência do Tribunal de Contas para emissão do parecer prévio a que se refere o art. 71, I, da Constituição Federal, quando extrapolado, em muito, o prazo constitucionalmente imposto, não tem o condão de obstruir a competência do Poder Legislativo estadual para julgar as contas anuais do Chefe do Poder Executivo estadual. 8. Mérito. Admitir que o Tribunal de Contas do Estado, após superado, de forma irrazoável, o prazo mencionado, pode impedir o exercício de atribuição própria do Poder Legislativo estadual significa – além de menosprezar esse Poder, diminuindo, de forma inconstitucional, seu âmbito de atuação e de afetar sua própria dignidade enquanto elemento fundamental da ordem constitucional – submetê-lo ao órgão (Tribunal de Contas) que, nessa específica matéria – julgamento das contas anuais do Chefe do Poder Executivo –, tem função meramente auxiliar ao próprio Poder Legislativo. 9. Mérito. Permitir que a inércia do Tribunal de Contas impeça o julgamento das contas anuais do Governador do Estado inibiria que, as forças políticas contemporâneas no seio do Poder Legislativo, exercessem, por meio da relevante função atribuída ao Parlamento, controle direto sobre os atos praticados pelo Chefe do Poder Executivo estadual na execução orçamentária, o que certamente tem elevado potencial de causar danos irreparáveis aos freios e contrapesos e, portanto, de transgredir a separação dos poderes (CF, art. 2º). IV. Dispositivo 10. Pedido julgado improcedente (STF – ADPF 366, Relator(a): GILMAR MENDES, Tribunal Pleno, julgado em 24.02.2025, PROCESSO ELETRÔNICO DJe-s/n. DIVULG, 05.03.2025. PUBLIC 06.03.2025).

A decisão há de ser tratada com um caráter excepcional e pouco usual, sob pena de aniquilar uma das principias competência dos Tribunais de Contas e rescendendo a temática sobre sua subordinação funcional ao Poder Legislativo.

7.4.4 Controle pelo Ministério Público

O Ministério Público teve suas competências francamente ampliadas com a Constituição de 1988 e exerce relevante papel na defesa da ordem jurídica, do regime democrático e dos interesses sociais e individuais indisponíveis. Certamente, o Ministério Público foi o órgão institucionalizado do Estado brasileiro que mais ampliou seus poderes desde então, tendo sabido eficazmente canalizar anseios de resposta à sociedade. O controle que o Ministério Público exerce sobre os movimentos da Administração Pública está previsto no art. 129, III, da Constituição e, entre outras, na Lei 7.347, de 24 de julho de 1985, que lhe outorgam competência para promover o inquérito civil e a ação civil pública para a proteção do patrimônio público e social, do meio ambiente e de outros interesses difusos e coletivos. Dispõe, portanto, o Ministério Público de meios judiciais e extrajudiciais de controle da atividade administrativa.

As ações judiciais de controle, cuja legitimidade cabe ao Ministério Público, são a ação civil pública ordinária (Lei nº 7.345/85), a ação civil pública de improbidade administrativa (Lei nº 8.429/92) e a ação civil pública de improbidade empresarial ou anticorrupção empresarial (Lei nº 12.846/13). Por vezes, duas são ajuizadas cumulativamente (cumulação de pedidos), o que, no caso das duas últimas, pode ensejar um *bis in idem*. Entretanto, por dependerem do acionamento do Poder Judiciário, não se afiguram propriamente formas de controle pelo *parquet*, senão formas de provocação do controle judiciário da Administração Pública. O verdadeiro instrumento de controle e correção a cargo do Ministério Público, em âmbito civil, reside no Inquérito Civil Público e nos instrumentos que dele podem, consensualmente, ser produzidos (v.g., acordos de não persecução e termos de ajustamento de conduta).

No âmbito da Administração Pública, a utilização da ação civil pública ordinária é usual, inclusive com o escopo de controlar políticas públicas. O escopo é buscar a nulidade de atos administrativos, impor obrigações de fazer e não fazer ao Poder Público, bem assim fixar a responsabilidade pecuniária dos agentes públicos e dos destinatários do ato, se for o caso.

7.4.5 Controle pelo Tribunal de Contas

A Constituição de 1988 – a exemplo de todas as constituições republicanas[243] [244] –, reservou espaço ao Tribunal de Contas, cujo controle tem previsão nos artigos 70 a 75. Ampliou consideravelmente o leque de competências das cortes de contas, dotando-o de modernos instrumentos de fiscalização (*v.g.*, inspeções e auditorias) e até mesmo sancionatórios (*v.g.*, multas).[245]

De acordo com o *caput* do artigo 70 e do artigo 71, compete ao Poder Legislativo, com o auxílio do Tribunal de Contas, a titularidade do que se convencionou chamar "controle externo" da Administração Pública. Contudo, as competências arroladas nos incisos do art. 71 e no art. 72 são atribuídas exclusivamente ao Tribunal de Contas, o que permite afirmar a existência de uma seara de movimentos da Administração Pública, cujo controle compete tão somente a este órgão.

---

[243] A origem do Tribunal de Contas brasileiro está, em princípio, associada à criação do órgão congênere em Portugal. Segundo nos aponta José Tavares, as origens do Tribunal de Contas português "remontam aos primórdios do Séc. XIII, sedimentando-se, porém, no século XIV (Reinado de D. Dinis), com a Casa dos Contos (...), que viria a ter vida longa até 1761, ano em que foi criado o Erário Régio" (TAVARES, José. *Tribunal de Contas*: do visto, em especial. Lisboa: Almedina, 1998. p. 26).

[244] Durante o governo provisório de Deodoro da Fonseca, sob influência direta de Rui Barbosa, foi criado o Tribunal de Contas no Brasil, mediante o Decreto nº 966-A, de 7 de novembro de 1890: "(...) corpo de magistratura intermediária à sua administração e à sua legislatura que, colocado em posição autônoma, com atribuições de revisão e julgamento, cercado de garantias contra quaisquer ameaças, pudesse exercer as suas funções vitais no organismo constitucional, sem risco de converter-se em instituição de ornato aparatoso e inútil" (BARBOSA, Rui. *Obras completas*, v. XVIII, Tomo III, 1891). A instalação, contudo, somente se daria em época posterior à Constituição de 1891, em 17 de novembro de 1893, em cerimônia sob a presidência do Ministro da Fazenda Serzedelo Corrêa, que felicitou "o País e a República pelo estabelecimento de uma instituição que será a garantia de boa administração e o maior embaraço que poderão encontrar os governos para a prática de abusos, no que diz respeito a dinheiros públicos".

[245] Sobre os tipos de sanção pecuniária que os tribunais de contas podem aplicar, ver FERRAZ, Luciano. Poder de Coerção e Poder de Sanção dos Tribunais de Contas, Competência Normativa e Devido Processo Legal. *Fórum Administrativo – Direito Público*, v. 2, n. 14, abr. 2002.

O controle a cargo dos tribunais de contas envolve emissão de pareceres prévios, processos de prestação e tomada de contas (julgamento de contas),[246] registro de atos de admissão de pessoal, aposentadoria, reforma e pensão, inspeções e auditorias, fiscalização de contratos, convênios, ajustes e instrumentos congêneres, e denúncias.

As funções exercidas pelo Tribunal de Contas, mesmo as concernentes aos processos de prestação e tomada de contas, sem embargo do dissídio doutrinário existente,[247] possuem natureza eminentemente administrativa, porquanto suas decisões são despidas do caráter de definitividade que caracteriza os provimentos jurisdicionais.

A despeito da nítida evolução do sistema de controle externo desempenhado pelas cortes de contas no Brasil após a Constituição de 1988, ainda se encontram em muitos aspectos ligados ao formalismo e aos vezos da burocracia, ao princípio da legalidade estrita e ao ato administrativo (falta de empenhos prévios, liquidações, exames formais de licitações e contratos, atos de aposentadorias, auditorias de regularidade), descurando da real competência que lhes é outorgada: a de controlar a legitimidade e a economicidade da gestão pública.

A ênfase dada ao controle posterior, notadamente aos processos de julgamento de contas, aliada à prática sancionatória da atividade de controle, não permite que se evolua da detecção das faltas para as ações corretivas. Daí porque se vislumbra a adoção, pelos tribunais de contas, de expediente assemelhado aos termos de ajustamento de conduta com o objetivo de "contratualizar" com os administradores alternativas e metas para a melhoria do desempenho dos órgãos, entidades e programas. Esse contrato assumirá contornos de verdadeiro "contrato de gestão", e o Tribunal de Contas desempenhará o papel de árbitro entre a sociedade e os agentes encarregados de lidar com a *res publica*. Esse tema será particularmente tratado em momento específico desta obra.

---

[246] O alcance e os limites da competência julgadora dos tribunais de contas têm sido objetos de constantes debates na doutrina e na jurisprudência. Sobre o tema, ver FERRAZ. *Controle...*, *cit.*, p. 143-152.

[247] Sobre a divergência acerca da natureza da decisão do Tribunal de Contas que julga as contas dos administradores e demais responsáveis por bens dinheiros e valores públicos, ver FERRAZ. *Controle...*, *cit.*, p. 165-174.

A competência para iniciativas desse jaez, não obstante encontrar guarida numa leitura sistêmica do art. 71, IX, da Constituição e do alerta previsto no art. 59, §1º, V, da Lei Complementar nº 101/2000 (LRF) e na teoria dos poderes implícitos, é da própria essência dos tribunais administrativos, que devem assumir condição distinta em relação aos tribunais judiciais, a seguir-se a doutrina de Gordillo: "(...) *El tribunal judicial, que asegura su independencia a través de su distancia de la administración, no puede precisamente por ello actuar como componedor o arbitrador; el tribunal administrativo, por su mayor proximidad, al menos aparente de la administración, puede en cambio obrar con mayor latitud buscando soluciones intermedias que mejor conjuguen ambos intereses en juego*".[248]

7.4.6 Controle social

A sociedade é que mais tem autoridade e legitimidade para controlar a Administração Pública. A *res publica* lhe pertence, e a modernidade lhe proporciona um impulso irresistível em prol da participação: o povo quer democracias genuínas em que realmente possa intervir e controlar seu destino.[249]

Deveras, conforme acentua Jair Santana, "quanto mais se caminha rumo ao aprimoramento democrático, mais parece que as técnicas da democracia direta e da democracia representativa estão a se fundir; o cidadão, por exigência dos atuais ambientes políticos, não se cinge à estática figura espectadora; a época atual reclama a participação direta e efetiva do cidadão no governo".[250]

Ao influxo dessa participação do cidadão, o controle social tem se mostrado importante meio – quiçá, o mais importante – de conscientização dos agentes públicos no exercício da nobre missão que desempenham, haja vista que os controles institucionais (formais) nem sempre se exercem orientados pelos objetivos maiores da democracia.

---

[248] GORDILLO. *El Problema del control...*, *cit.*, p. 52-53.

[249] KLINKSBERG, Bernardo. El rediseño del Estado para el desarrollo socioeconómico y el cambio: una agenda estratégica para la discusión. *Revista del CLAD Reforma y Democracia*, n. 2, jul. 1994. p. 1.

[250] SANTANA, Jair Eduardo. *Democracia e cidadania*. Belo Horizonte: Del Rey, 1995. p. 155.

Sua atual conformação transborda a ideia de participação direta no processo eleitoral e dos instrumentos de participação no processo legislativo (referendo, plebiscito, iniciativa popular de leis). "O controle social pertence ao campo da *accountability*.[251] Propõe a participação imediata da sociedade no controle do Estado e inclui-se nas diversas dimensões da participação social na formulação e implementação de políticas públicas, tendo como finalidade aumentar a eficiência da atividade governamental, a transparência e a publicização dos atos da administração pública e a democratização do sistema político".[252]

O controle social pode ser exercido diretamente pelos cidadãos mediante a participação da sociedade civil organizada em conselhos deliberativos e na realização de audiências públicas e na participação em consultas públicas. É tendência que se consolida no direito positivo brasileiro a de se consagrar a participação popular na gestão administrativa.

A modo de exemplo, a Constituição do Estado de Minas Gerais, por influência do professor Paulo Neves de Carvalho, contemplou o controle direto, notadamente no inciso III, §2º, do artigo 73, ao lado dos controles interno e externo. O controle direto é exercido "pelo cidadão e associações representativas da comunidade, mediante amplo e irrestrito exercício do direito de petição e representação perante órgãos de qualquer Poder e entidade da administração indireta". De fato, nos termos da Constituição Mineira, a sociedade tem direito de se manter correta e oportunamente informada de ato, fato ou omissão, imputáveis a órgão, agente público, servidor público ou empregado público e de que tenham resultado ou possam resultar em ofensa à moralidade administrativa, ao patrimônio público e aos demais interesses legítimos, coletivos ou difusos; pela prestação de serviço público insuficiente, tardia ou inexistente; por propaganda enganosa do Poder Público; pela inexecução ou

---

251 *Accountability*, segundo Kernaghan e Langford, "*is an enduring value not only in government but in society generally. Indeed, accountability is often treated as na ethical principle, that is, as rule which provides a guide for ethical behaviour*" (PYPER, Robert. *Aspects of Accountability in the British System of Government*. London: Tudor, 1996. p. 1).

252 LEVY, Evelyn *apud* PEREIRA, Paulo Olinto; VARELA, Patrícia Siqueira. Controle Social do Orçamento Programa: um enfoque à Administração Pública Municipal. *Revista Contabilidade Vista e Revista*, Belo Horizonte, v. 11, n. 3. 2000, p. 46.

execução insuficiente ou tardia de plano, programa ou projeto de governo; ou por ofensa a direito individual ou coletivo consagrado nessa Constituição.

O controle social pode ainda ser exercido de forma indireta quando o cidadão, os organismos de classe, as organizações não governamentais, as associações, a imprensa provocam os órgãos estatais para o exercício formal do controle. Diversos são os meios aptos a essa provocação, tais como o exercício do direito de petição, a ação popular, a ação civil pública, as reclamações relativas à prestação de serviços públicos e a publicação de notícias acerca de desvios na condução da Administração Pública.

Com efeito, o descrédito da sociedade nas fórmulas tradicionais (formais) de exercício do controle do poder sobre o poder demonstra a necessidade de incremento desses novos canais participativos de controle social, pois o robustecer do regime democrático depende da recuperação do déficit de legitimidade da ação estatal, o que é alcançado não somente pela melhora do desempenho da máquina pública, mas, sobretudo, pela redefinição da relação com a sociedade mediante a criação de canais de negociação, tornando acessíveis as informações e transparentes as ações governamentais.[253] [254]

Conforme leciona Gordillo: "*Los países de America Latina mejorarían su grado y calidad de participación y, por lo tanto, de vida democrática, si establecieran la norma de la necesaria información, consulta y debate público previos a la emisión de normas administrativas generales o la adopción de grandes proyectos publicos. Bién se advierte de qué poco valen los medios tradicionales de control de la administración pública se no se complementan y vivifican con estos otros instrumentos modernos de control ciudadano*".[255]

---

253 PEREIRA; VARELA. *Controle..., cit.*, p. 46.

254 Nesse sentido, Michael Barzelay: "*Esta 'responsabilidad democrática' supone la existencia de sistemas político-administrativos com un alto grado de legitimidad política y eficiencia administrativa. En nuestro país, desafortunadamente, las prácticas institucionales para evaluar la responsabilidad de los funcionarios públicos se reducen a mecanismos tradicionales de control, como los utilizados por la Sedocam; no si 'rienden cuentas' a la ciudadanía, sino tan sólo hacia el interior del mismo aparato administrativo e, en el mejor le los casos, ante los representantes políticos de los ciudadanos*" (BARZELAY, Michael. *Atravessando la burocracia*: una nueva perspectiva de la administración pública. México: Fundo de Cultura Economica, 1998. p. 12).

255 GORDILLO. *El problema del control..., cit.*, p. 28.

7.5 Controle quanto ao aspecto sindicado: controle de juridicidade

Quanto ao aspecto sindicado, o controle é de juridicidade: "A constitucionalização dos princípios gerais do Direito ocasionou o declínio do princípio da legalidade, que durante muito tempo reinou sozinho e absoluto, ao passo em que propiciou a ascensão do princípio da juridicidade da Administração, o que conduziu à substituição da ideia do Direito reduzido à legalidade pela noção de juridicidade, não sendo mais possível solucionar os conflitos com a Administração Pública apenas à luz da legalidade estrita".[256]

Como se vê, a evolução dogmática do direito administrativo vem a reboque da contemporânea afirmação do constitucionalismo: "Um constitucionalismo não apenas como foi classicamente concebido, restrito a declarar liberdades, direitos e garantias, organizar poderes estatais e a estabelecer metas programáticas, instituidor de um Estado de Direito, mas um constitucionalismo expandido, desenvolvido para instilar valores e processos legitimatórios e prestigiar a cidadania em todas as suas manifestações e sob todos os seus aspectos, inclusive entronizar a licitude do comportamento público como valor constitucional, para instituir também, nesse novo processo, um Estado Democrático".[257]

Essa evolução permite que o direito administrativo deixe de ser encarado como direito de regras para também assumir a feição de direito por princípios. Permite, ainda, que a regência da atividade de Administração Pública passe a ser realizada não mais em face do princípio da legalidade estrita, mas em face do princípio da juridicidade, cuja abrangência axiológica possibilita a fusão, num único conceito, de diversos outros princípios vetores da atividade administrativa (legalidade, moralidade, boa-fé, razoabilidade, economicidade, eficiência, eficácia, efetividade), os quais, criteriosamente ponderados à vista dos casos concretos,

---

[256] MORAES. *Controle...*, *cit.*, p. 23-24.

[257] MOREIRA NETO. *Mutações...*, *cit.*, p. 16.

podem mesmo levar à preponderância de um deles sobre a legalidade.[258]

7.6 Controle quanto ao foco

7.6.1 Controle sobre o ato

A taxinomia que se apresenta tem como base o objeto em si da ação controladora. Conquanto se aproxime da tipologia intitulada controle quanto à amplitude preconizada por Medauar, apresenta-se com nomenclatura diversa, pois que o vocábulo "foco" – a significar ponto de convergência – melhor traduz a ideia que se pretende transmitir.

O fato de a construção teórica do direito administrativo ter sido sedimentada em torno da figura do ato administrativo, da decisão jurídico-autoritária pertencente à administração, que determina ante o cidadão, no caso concreto, o que para ele deve ser o direito, obviamente trouxe repercussões para o âmbito da sua atividade controladora. Os diversos estudos sobre direito administrativo, notadamente sobre o controle da Administração Pública, não raro se limitam a tratar do controle dos atos administrativos (seus elementos vinculados ou discricionários).

---

[258] A jurisprudência brasileira tem dado exemplos da prevalência de princípios constitucionais sobre o princípio da legalidade, tendência que se verifica no julgamento do RESP nº 249.026/PR, Rel. Min. José Delgado, DJ 26-06-2000, p. 138, assim ementada: "FGTS. LEVANTAMENTO. TRATAMENTO DE FAMILIAR. PORTADOR DO VÍRUS HIV. POSSIBILIDADE. RECUSO ESPECIAL DESPROVIDO. 1. É possível o levantamento do FGTS para fins de tratamento de portador do vírus HIV, ainda que tal moléstia não se encontre elencada no art. 20, XI, da Lei 8.036/90, pois não se pode apegar, de forma rígida à letra fria da lei, e sim considerá-la com temperamentos, tendo-se em vista a intenção do legislador, mormente perante o preceito maior insculpido na Constituição Federal garantidor do direito à saúde, à vida e à dignidade da pessoa humana, e, levando-se em conta o caráter social do Fundo, que é justamente, assegurar ao trabalhador o atendimento de suas necessidades básicas e de seus familiares". Também no julgamento do MS nº 7.765/DF, Rel. Min. Paulo Medina, DJ de 28-04-2003, p. 265, que traz em ementa: "ADMINISTRATIVO. MANDADO DE SEGURANÇA. ATO OMISSIVO. AUTORIZAÇÃO. EXECUÇÃO DE SERVIÇOS DE RADIOFUSÃO COMUNITÁRIA. 1 – O exercício da atividade administrativa está submetido ao princípio da eficiência, nos termos do art. 37, *caput*, CF/88. 2 – Configura-se ofensiva ao princípio da eficiência a conduta omissiva da autoridade competente, que deixa transcorrer longo lapso temporal sem processar pedido de autorização de funcionamento de rádio comunitária. 3 – Ordem parcialmente concedida".

Com efeito, dentro de uma perspectiva jurídica do tema, é simples visualizar e exercer a atividade de controle sobre o ato administrativo. Sua concreção possibilita contraste imediato em face de todo um arcabouço legislativo preconcebido (a hipótese) – o ato administrativo, já o dizia Kelsen, é norma jurídica individual –, gerando consequências punitivas para o agente que o praticou em descordo. Só essa constatação é capaz de explicar o prestígio dado pela doutrina aos institutos tradicionais, como a anulação, a revogação e a convalidação dos atos administrativos.

7.6.1.1 Anulação

A anulação não é propriamente forma de controle dos atos administrativos, senão a consequência advinda dessa atividade. A anulação é medida que deverá ser determinada pelo órgão ou entidade praticante do ato (autocontrole), como também pelo Poder Judiciário, mediante ações judiciais apropriadas (heterocontrole).

Discute-se há bastante tempo até que ponto o Poder Judiciário pode interferir para anular o ato administrativo, notadamente os que traduzem exercício de competência discricionária. Sustenta-se que ao Judiciário é vedado substituir o administrador para analisar todo conteúdo dos atos administrativos, porquanto haveria nele uma seara indevassável, reportada a um juízo de conveniência e oportunidade (mérito administrativo), que impediria a interferência jurisdicional.[259]

Pela moderna concepção do direito por princípios, imperioso reconhecer que o administrador público está adstrito não só à incidência do princípio da legalidade, mas também a outras dimensões jurídicas, traduzidas em princípios, que vinculam a ação do administrador. É a noção de juridicidade.

Bem por isso, parece mais correto sustentar que o mérito do ato não "é o campo de liberdade suposto na lei", mas o campo de

[259] O mérito do ato, segundo aponta Celso Antônio Bandeira de Mello, "é o campo de liberdade suposto na lei e que efetivamente venha a remanescer no caso concreto, para que o administrador, segundo critérios de conveniência e oportunidade, decida-se entre duas ou mais soluções admissíveis perante a situação vertente, tendo em vista o exato atendimento da finalidade legal, ante a impossibilidade de ser objetivamente identificada qual delas seria a única adequada" (MELLO. *Curso...*, 10. ed., p. 589).

liberdade juridicamente suposto, e que enseja ao administrador, em face do caso concreto, mais de uma opção razoável para dar cumprimento à finalidade pública a que está adstrito.

Com efeito, não merece adesão o posicionamento[260] – minoritário, é bem de ver – segundo o qual o mérito, a conveniência e a oportunidade do ato administrativo quedam-se totalmente devassáveis pelo Poder Judiciário.

Somente a "grave inoportunidade", que reconduz, em última análise, ao conceito de irrazoabilidade, é suficiente para deslegitimar um ato administrativo.[261] Assim sendo, embora se reconheça que o administrador público deve orientar suas ações para a busca do melhor, do ótimo, apenas a violação ao princípio da razoabilidade permite o desfazimento judicial da conduta. Esta visão – jurídica – corresponde àquela defendida no âmbito da ciência da administração por Herbert Simon, para quem o homem administrativo não é otimizante, mas satisfaciente.[262]

Com efeito, a tese que sustenta que a atuação não ótima do administrador permite em todo e qualquer caso a correção jurisdicional do ato administrativo é carregada do pré-conceito típico da análise do fenômeno administrativo numa perspectiva estritamente normativa e focada no ato administrativo isoladamente considerado. Em outras palavras, somente o ato administrativo desarrazoado, canhestro, insensato, o ato péssimo e "incapaz de

[260] O chileno Eduardo Soto Kloss defende esta posição: "*Sí el órgano administrativo actúa en el ejercicio de potestades públicas utilizando sus poderes en decisiones incovenientes o inoportunas, parece igualmente insensato afirmar que tales decisiones inconvenientes o inoportunas son legales.*". "*La oportunidad, pues, no es un agregado a la legalidad (...) oportunidad, conveniencia, merito, son elementos que integran la potestad jurídica misma que el legislador ha conferido al administrador*" (KLOSS, Eduardo Soto *apud* GORDILLO. *El control..., cit.*, p. 15).

[261] Após a primeira edição deste livro, sob a influência das alterações trazidas pela Lei nº 13.655/18 na LINDB, o Instituto Brasileiro de Direito Administrativo – IBDA editou uma série de enunciados, convindo nesta nota destacar o seguinte: "Diante da indeterminação ou amplitude dos conceitos empregados pela lei, se, no caso concreto, a decisão do administrador mostrar-se razoável e conforme o direito, o controlador e o juiz devem respeitá-la, ainda que suas conclusões ou preferências pudessem ser distintas caso estivessem no lugar do gestor" (Enunciado 16 do IBDA).

[262] O homem administrativo proposto por Herbert Simon não se preocupa com o "*the best way*", a melhor maneira de fazer um trabalho, mas apenas com a "maneira satisfatória". O comportamento administrativo é satisfaciente, não otimizante. Por isso, o homem administrativo toma decisões sem procurar todas as possíveis alternativas. Ele não procura o máximo lucro, mas o lucro adequado, não o preço ótimo, mas o preço razoável (LODI, *História..., cit.*, p. 205).

passar com sucesso pelo crivo da razoabilidade" poderá ser anulado pelo Poder Judiciário.[263] [264] [265]

---

263 Após a primeira edição deste livro, tive acesso à excelente obra de Eduardo Jordão. O autor, embora com foco na atividade estatal de regulação, alude à doutrina Chevron, do direito americano (*Chevron U.S.A. Inc. versus Natural Resources Defense Council*, Inc., 467 U.S. 837 (1984)), responsável pelo desenvolvimento de uma teoria sobre a "deferência judicial" às interpretações da legislação realizadas por autoridades administrativas especializadas. O caso citado na obra tratava de interpretação conferida pela agência de proteção ambiental americana (*Environmental Protection Agency/EPA*) para expressão "fontes fixas" (*stationary source*), constante de uma das emendas do *Clean Air Act* de 1977. Estas emendas impunham obrigações para os Estados que não houvessem atingido os níveis de qualidade do ar estabelecido pela EPA. Nestes casos, eles deveriam estabelecer um programa de licenciamento que regulasse todas as "fontes fixas" de poluição do ar novas ou modificadas. Em 1981, a EPA emitiu regulação para implementar a concessão das licenças, permitindo que os Estados adotassem uma definição da expressão "fontes fixas" que levasse em consideração a integralidade de uma planta industrial. Assim, uma indústria que contivesse diversos aparelhos poluentes poderia instalar ou modificar uma peça de equipamento sem violar as condições para a concessão da licença, desde que estas medidas não produzissem um aumento no total das emissões da planta industrial. Este raciocínio permitia que todos os aparelhos poluentes dentro de uma mesma planta industrial fossem considerados como uma única fonte poluidora, como se ela fosse uma bolha (eis aí o chamado *bubble concept of stationary source*). O caso chegou à Suprema Corte Americana, que entendeu que as exigências do EPA eram válidas, porque estabeleciam razoável compromisso entre indicações legislativas conflitantes. De acordo com o precedente, o poder concedido a uma agência requer a formulação de políticas públicas e a elaboração de regras para preencher as lacunas deixadas, intencionalmente ou não, pelo Poder Legislativo. Estabeleceu-se, com isso, um teste bifásico de controlabilidade dos atos das autoridades administrativas – controle de permissibilidade. Nesse sentido, caberia aos tribunais, num primeiro passo, identificar se a legislação oferecia uma solução clara às questões trazidas a lume. Se a resposta fosse positiva, bastaria aos tribunais aplicar esta solução – a única cabível no caso concreto, sob pena de nulidade. A segunda etapa do teste de Chevron teria lugar quando o legislador não tivesse solucionado claramente a questão, permanecendo como ambígua a interpretação. Nestas hipóteses, não caberia aos tribunais interpretar diretamente a ambiguidade legislativa, adotando uma solução que lhes parecesse a mais adequada, senão "apenas julgar se a solução adotada pela autoridade administrativa seria permissível (razoável)" (JORDÃO, Eduardo. *Controle judicial de uma Administração Pública Complexa: a experiência estrangeira na adaptação da intensidade do controle*. São Paulo: Malheiros, 2016. p. 290-292). Em recentes decisões, nos casos *Relentless v. Department of Commerce and Loper Bright Enterprises v. Raimondo*, a Suprema Corte Americana votou pela superação (*overruling*) do precedente, nos seguintes termos: "*The Administrative Procedure Act requires courts to exercise their independent judgment in deciding whether an agency has acted within its statutory authority, and courts may not defer to an agency interpretation of the law simply because a statute is ambiguous; Chevron is overruled.* p. 7–35". Reconheceu, assim, que "a corte revisora deve decidir todas as questões de direito relevantes, interpretar provisões constitucionais e legais, e determinar o sentido e aplicabilidade dos termos de qualquer ação da agência"; e que o precedente superado (Chevron) estaria a inibir a controlabilidade dos atos administrativos pelo Poder Judiciário, sem amparo no *Administrative Procedure Act* (APA), *Section* 10, (e).

264 A jurisprudência dos tribunais superiores tem precedentes neste sentido. Veja-se o STJ: "É inerente ao poder hierárquico da Administração a prerrogativa de rever seus atos praticados por seus subordinados, consoante enuncia a nova ordem constitucional. O ato impeditivo da apresentação de todos os documentos pela entidade social, no ato da habilitação, decorreu de força maior e do extravio destes documentos de seu acervo. A autoridade coatora, ao prover o recurso hierárquico, agiu de forma razoável e sensata

É óbvio que a prerrogativa que possuem a Administração Pública e o Poder Judiciário para anular atos administrativos não pode ser infinita. O princípio da segurança jurídica não raro era levado pela doutrina à ponderação com o princípio da legalidade para afastar a possibilidade de anulação. A propósito, Miguel Reale, com esteio na lição de Frederico Marques, sustentava que "a subordinação do poder anulatório a um prazo razoável pode ser

ao sopesar a justificativa da CUT, que naquela oportunidade apresentou os documentos faltantes" (STJ, MS nº 8.358/DF, Rel. Min. Laurita Vaz, DJ 16.12.2002. p. 321). Também do STJ: "O Código de Trânsito Brasileiro permite que o administrador, no exercício do poder de polícia, insindicável pelo Judiciário, regular a velocidade considerando o local e o horário de tráfego de polícia que fixa limites, porquanto a razoabilidade ou proporcionalidade da velocidade admitida é fruto da técnica do administrador, cuja aferição escapa ao poder judicante na esfera do recurso especial, quer pela invasão da matéria fática, quer pela intromissão indevida no âmbito do administrador" (STJ, RESP nº 451.242/RS, Rel. Min. Luiz Fux, DJ 10.03.2003, p. 113). "CONSTITUCIONAL E ADMINISTRATIVO. CONCURSO PÚBLICO. FIXAÇÃO DE LIMITE MÁXIMO DE IDADE. RAZOABILIDADE. PREVISÃO EM LEI. POSSIBILIDADE. A egrégia Sexta Turma desta Corte consolidou entendimento no sentido da razoabilidade da fixação de um patamar mínimo de idade para provimento de certos cargos públicos, cuja natureza das atribuições e da ocupação imponham tal exigência, desde que haja previsão em lei, sendo incabível a sua fixação apenas no edital do certame" (STJ, ROMS, nº 14.154/RJ, DJ de 28-04-2003). O STF também prestigia o princípio da razoabilidade. A Súmula nº 400/STF dispõe "decisão que deu razoável interpretação à lei, ainda que não seja o melhor, não autoriza recurso extraordinário pela letra a do art. 101, III, da Constituição Federal; veja-se a ementa: "SERVIDORES INATIVOS. GRATIFICAÇÃO DE FÉRIAS. ALEGADA CONTRARIEDADE AOS ARTS. 7º, XVII; E ART. 4º, DA CONSTITUIÇÃO FEDERAL. Tendo o Supremo Tribunal Federal afirmado a ausência de razoabilidade no pagamento do terço salarial de férias a servidor aposentado, não há falar em revisão de julgado do Tribunal a quo que decidiu nesse sentido. (STF, RE 300337 AGR/SP, Rel. Min. Ilmar Galvão)"; "decisão que deu razoável interpretação à lei, ainda que não seja o melhor, não autoriza recurso extraordinário pela letra a do art. 101, III, da Constituição Federal. Súmula 400.

265 Esta tem sido a orientação dos Tribunais Brasileiros: "Na aplicação das Súmulas 346 e 473 do STF, tanto a Suprema Corte, quanto este STJ têm adotado, com cautela, a orientação jurisprudencial inserida nos seus enunciados, firmando entendimento no sentido de que o poder de a Administração Pública anular ou revogar seus próprios atos não é tão absoluto, com às vezes se supõe, eis que em determinadas hipóteses, hão de ser inevitavelmente observados os princípios constitucionais da ampla defesa e do contraditório. Isso para que não se venha a fomentar a prática de ato arbitrário ou a permitir o desfazimento de situações regularmente constituídas, sem a observância do devido processo legal ou de processo administrativo, quando cabível. O princípio de que a administração pode anular (ou revogar) os seus próprios atos, quando eivados de irregularidades, não inclui o desfazimento de situações constituídas com aparência de legalidade, sem observância do devido processo legal e da ampla defesa". (STJ, ROMS n. 10123/RJ, Rel. Min. Demócrito Reinaldo, DJ de 27.09.1999, p. 46). O STF, com o mesmo fundamento, apreciou o RE nº 594.296, rel. min. Dias Toffoli, P, j. 21.9.2011, DJE 146 de 13.2.2012, e editou o Tema 138: "Ao Estado é facultada a revogação de atos que repute ilegalmente praticados; porém, se de tais atos já tiverem decorrido efeitos concretos, seu desfazimento deve ser precedido de regular processo administrativo".

considerado requisito implícito no princípio do *due process of law* [de modo que] se a decretação de nulidade é feita tardiamente, quando a inércia da Administração já permitiu se constituíssem situações de fato revestidas de forte aparência de legalidade, a ponto de fazer gerar nos espíritos a convicção de sua legitimidade, seria deveras absurdo que, a pretexto da eminência do Estado, se concedesse às autoridades um poder-dever indefinido de autotutela".[266]

Ao depois, sobreveio a regra do art. 54 da Lei nº 9.784/99, prevendo prazo decadencial de cinco anos para os atos administrativos ampliativos de direito, salvo comprovada má-fé. O dispositivo é imbuído do espírito de que, embora seja dever da Administração Pública rever seus próprios atos quando eivados de ilegalidade (autotutela)[267] – conforme classicamente se reconhece[268] –, não raras vezes esta revisão, sobre não ser realizada a tempo e modo[269]– seja porque se desconhece a ilegalidade cometida, seja porque se julga legítima a interpretação do direito perpetrada na ocasião –, permite que situações fáticas irreversíveis ou reversíveis, porém a custos juridicamente intoleráveis, se constituam, tornando-se, pois, merecedores da salvaguarda do ordenamento jurídico.

É claro que medidas desse jaez não deixam de causar arrepios aos mais achegados ao princípio da legalidade – partidários da autotutela sem limites –, que acreditam – até hoje – ser possível aprisionar a atividade administrativa dentro de uma "camisa de

---

[266] REALE. *Revogação...*, *cit.*, p. 85-86.

[267] Cf. Súmulas nº 346 e 473 do STF e art. 53 da Lei nº 9.784/99.

[268] O art. 114 da Lei nº 8.112/90 dispõe: "A Administração deverá rever seus atos, a qualquer tempo, quando eivados de ilegalidade". Tal dispositivo, conquanto anteriormente já pudesse ser questionado à luz da aplicação dos princípios da segurança jurídica/proteção à confiança e da boa-fé (mediante ponderação), agora indiscutivelmente sofreu o impacto da regra do art. 54 da Lei nº 9.784/99. Não há que se falar aqui que a Lei nº 8.112/90 é especial e a Lei nº 9.784/99 é geral: a densidade normativa de ambos os preceitos – em termos de generalidade – é a mesma e, se assim não fosse, a preconizada aplicação subsidiária da Lei nº 9.784/99 (art. 69) aos processos administrativos regidos por leis próprias tornar-se-ia letra morta. É possível sustentar, portanto, que o art. 54 da Lei nº 9.784/99 revogou em parte o art. 114 da Lei nº 8.112/90 (cf. SILVA, *O princípio...*, *cit.*, p. 30) ou que estão excluídos da incidência deste último (art. 114) os atos atingidos pela decadência (art. 54).

[269] Hoje é praticamente pacificado o entendimento de que a regra para a anulação de atos administrativos é a garantia do contraditório e da ampla defesa prévios (cf., por todos, STF – RE nº 158.543/RS, Marco Aurélio). Excepcionalmente, quando se imponham medidas urgentes de preservação de valores superiores, esse contraditório poderá ser diferido, mas assim mesmo será fundamental respeitá-lo.

força legislativa". É preciso ter sensibilidade para perceber que o direito – e sua perspectiva – mudou.

Já na metade do século XX, na Alemanha, consoante anota Bachof, nenhum outro tema despertou maior interesse do que este na doutrina e na jurisprudência, preconizando-se a substituição do princípio da possibilidade de anulação pela impossibilidade de anulação, em homenagem à boa-fé e à segurança jurídica.[270]

Sob enfoque semelhante, a jurisprudência e a doutrina francesa desenvolveram a teoria do funcionário de fato[271] – de aplicação universal – para salvaguardar efeitos de atos praticados por agentes incompetentes (irregularmente investidos) que exerciam suas funções com aparência de legalidade, relativamente aos terceiros de boa-fé.

Ainda na mesma linha, no Brasil, teve lugar a teoria do fato consumado, utilizada rotineiramente pelos tribunais superiores[272] para preservar situação jurídica de terceiros que, por força de decisões judiciais não definitivas, ostentaram *status* que, ao final, não se confirmava nas decisões de mérito. Assim se passou, por exemplo, no caso de cursos de ensino superior (que funcionavam com autorizações provisórias), cujos currículos foram, tempos depois, considerados insuficientes para garantir a legalidade dos atos.[273]

---

270 BACHOF, Otto. *Verfassungsrecht, Verwaltungsrecht, Bundesverwaltungsgerichts, Tübigen* 1966; 3. Auflafe, v. I, p. 257 e segs.; v. II, 1967, p. 339 e segs., citado pelo Min. Gilmar Mendes no MS nº 24.833-5-DF, DJ 19.4.2004.

271 Sobre a figura do funcionário de fato na França, a doutrina de Bonnard: "*La qualité de fonctionnaire de fait est donc essentiellement affaire de circonstance. Elle doit être appréciée pour chaque cas particulier et c'est au juge qu'il appartiendra de feire cette appréciation*" (BONNARD, Roger. *apud* SEABRA FAGUNDES, Miguel. *O Controle dos Atos Administrativos pelo Poder Judiciário*. 4. ed. Rio de Janeiro: Forense, 1967. p. 70, nota 5). Entre nós, o próprio Seabra Fagundes registra: "Se o funcionário exerce a função em época normal, e é por todos aceito como serventuário legítimo, os seus atos podem ser tidos por válidos quando praticados de boa-fé. Razões de utilidade pública aconselham isso. (...) A aparência de regularidade da investidura, manifesta nas próprias condições de exercício da função (local, aquiescência da chefia de serviço etc.), faz certa a boa-fé do público em geral e de cada um de per si no tratar com o agente. Pouco importa este ciente da irregularidade da sua situação, pois o interesse público, em cujo nome se erige a teoria do funcionário de fato, não se compadece com essa interferência, consciente e deliberada da vontade individual" (SEABRA FAGUNDES. *O Controle..., cit.*, p. 70-71). Em nota de rodapé, reproduzindo a lição de Geny, continua o autor: "Esta teoria é formulada de ponto de vista tal que todos elementos de introspecção subjetiva não tem razão de ser. A teoria da aparência é construída em relação ao público, no interesse público, e seria contraditório fazer depender a aplicação ou a não-aplicação desta teoria de um elemento concernente à disposição de espírito subjetiva do pseudofuncionário" (SEABRA FAGUNDES. *O Controle..., cit.*, p. 71, notas 9 e 10).

272 A fundamentação legal das decisões em regra é o art. 462 do CPC.

273 Cf., por todos, STJ – AgRg no REsp nº 1.049.131/MT, 2ª Turma. Humberto Martins, DJ de 25.06.2009.

Também no caso de alunos transferidos de escola mediante liminares que posteriormente não restavam confirmadas no julgamento de mérito.[274]

O escorço apresentado deixa ver que, mercê da necessidade de aplicação justa do ordenamento jurídico, o direito administrativo caminhou da declaração de nulidade dos atos administrativos sem reservas (visão estritamente legalista do tema) para a irretroatividade sob certas condições (*v.g.*, aplicação das teorias do funcionário de fato e do fato consumado), a ponto de hoje sustentar-se a necessidade de segmentação entre atos restritivos e ampliativos de direito, para o fito de considerar que, "nos atos unilaterais restritivos da esfera jurídica dos administrados, se eram inválidos, todas as razões concorrem para que sua fulminação produza efeitos *ex tunc*, exonerando por inteiro quem fora indevidamente agravado pelo Poder Público das consequências onerosas. Pelo contrário, nos atos unilaterais ampliativos da esfera jurídica do administrado, se este não concorreu para o vício do ato, estando de boa-fé, sua fulminação só deve produzir efeitos *ex nunc*, ou seja, depois de pronunciada".[275]

De toda sorte, é preciso perceber que, nas hipóteses destacadas, conquanto presente a incidência dos princípios da segurança jurídica/proteção à confiança e da boa-fé, o foco das discussões é direcionado à eficácia do ato administrativo (seus efeitos), e não propriamente à validade (obediência ao ordenamento jurídico). É nisso que elas se diferem da convalidação e da decadência do ato administrativo.[276]

As incursões conduzem à análise da regra do art. 54 da Lei nº 9.784/99, segundo o qual "o direito da Administração Pública de anular os atos de que decorram efeitos favoráveis para os destinatários decai em cinco anos, contados da data em que foram praticados, salvo comprovada má-fé".

---

[274] Cf., por todos, STJ – AgRg no Ag nº 946.069/RS, 1ª Turma, Luiz Fux. DJ de 18.02.2009.

[275] Cf., por todos, STJ – AgRg no Ag nº 946.069/RS, 1ª Turma, Luiz Fux. DJ de 18.02.2009.

[276] Convalidação e decadência encontram-se atualmente disciplinadas pelos arts. 55 e 54 da Lei nº 9.784/99, respectivamente: na convalidação a Administração Pública pratica novo ato (o de convalidação), cujo objeto é corrigir defeito do ato primitivo (o convalidado), em ordem a lhe sanar os vícios (quando sanáveis) e, via de consequência, preservar-lhes os efeitos. Já na decadência, o transcurso do prazo previsto na lei cristaliza o vício (se houver) constante do ato, tornando-o válido e imune à desconstituição.

A partir do teor do dispositivo, suscitam-se questões que nesta sede devem ser enfrentadas: a) constitucionalidade; b) natureza do prazo previsto (decadencial ou prescricional); c) funções estatais atingidas (administrativa e jurisdicional); d) atos abrangidos pela regra; e) ausência de má-fé.

Sobre a constitucionalidade do dispositivo, descabe maior vagar diante da sua aplicação generalizada pelo Supremo Tribunal Federal[277] e pelo Superior Tribunal de Justiça.[278] Nada obstante, interessa dizer que, à medida que o preceito homenageia o princípio da segurança jurídica/proteção à confiança, que decorre da cláusula constitucional (princípio) do Estado de Direito (art. 1º da Constituição da República), difícil não afirmar sua constitucionalidade.

O prazo quinquenal[279] aludido no art. 54 é decadencial e não prescricional: o que se extingue, pelo decurso dele, ausente a má-fé do interessado, é o próprio direito da Administração Pública federal de anular o ato administrativo.[280] Esse direito à invalidação não possui pretensão (jurídica) que lhe corresponda, tal como se dá no caso de prescrição,[281] pois "nada há exigir no comportamento da outra parte [administrado], como também nenhum dever jurídico correspondente ao direito a invalidar".[282]

Com efeito, a prescrição é "a extinção de uma ação ajuizável em virtude da inércia de seu titular, durante um certo lapso de tempo, na ausência de causas preclusivas de seu curso". Já a decadência "é a extinção do direito pela inércia de seu titular, quando sua eficácia foi, de origem, subordinada à condição de seu exercício dentro de um prazo prefixado, e este se esgotou sem que esse exercício se tivesse verificado".[283]

---

277 Cf., por todos, STF – MS nº 26.628/DF, Tribunal Pleno, César Peluso, DJ de 22.02.2008.

278 Cf., por todos, STJ – MS nº 13.407/DF, 3ª Seção, Felix Fischer, DJ 02.02.2009.

279 É preciso registrar que o prazo de cinco anos é tradicionalmente prescrito no direito brasileiro como limite ao exercício de direito em prol e contra a Fazenda Pública. Assim, a modo de exemplo, art. 1º do Decreto nº 20.910/32; art. 21 da Lei nº 4.717/65; artigos 173 e 174 do CTN; art. 142 da Lei nº 8.112/90; art. 23 da Lei nº 8.429/92, Lei nº 9.783/99.

280 SILVA. *O Princípio...*, *cit.*, p. 31-32.

281 Os prazos prescricionais, justamente porque ligados à pretensão, na maioria das vezes são regidos pelo princípio da *actio nata*.

282 SILVA. *O Princípio...*, *cit.*, p. 32.

283 CÂMARA LEAL, Antônio Luiz da. *Da prescrição e da decadência*. 2. ed. Rio de Janeiro: Forense, 1959. p. 26.

Dessa forma, é particularmente inconteste que o art. 54 da Lei nº 9.784/99 é de decadência: o quinquênio, uma vez iniciado, não se interrompe, nem se suspende, e a verificação do termo final liquida o próprio direito (dever) à invalidação. A natureza decadencial do prazo previsto no art. 54 da Lei nº 9.784/99 afasta conceitualmente a tese que pretende limitar sua incidência à esfera administrativa.[284] A possibilidade de se buscar a invalidação do ato pela via judicial também é fulminada pela decadência, conforme reiteradamente têm se pronunciado nossos tribunais. Aliás, se no curso da ação o juiz verificar que se trata de hipótese de decadência, deve pronunciá-la de ofício, nos termos do art. 210 do Código Civil, extinguindo o processo com resolução do mérito.

Note-se que, ao se referir à anulação dos atos administrativos, a regra não faz distinção relativa à natureza dos vícios que podem atingi-los: tanto os atos que a doutrina costuma classificar como anuláveis quanto os classificáveis como atos nulos são tocados pela decadência do art. 54 da Lei nº 9.784/99. Imunizam-se da decadência apenas aqueles atos "inconstitucionais ou ilegais, marcados por vícios ou deficiências gravíssimas, desde logo reconhecíveis pelo homem comum, e que agridem em grau superlativo a ordem jurídica (...) A contrariedade deve ir além da equivocada interpretação e ser insuportável para o ordenamento jurídico, desse modo ferido no mais alto grau, a tal ponto que ninguém seria capaz de reconhecer força vinculativa ao ato administrativo assim exarado".[285]

Para que se reconheça essa exceção extraordinária à caducidade, além da canhestra incompatibilidade do ato administrativo com a ordem jurídica, será necessário que o vício seja evidente (teoria da evidência). Repita-se: não é por conta do vício do ato de *per se* – se

---

[284] Nesse sentido, cf. FORTINI, Cristiana; PEREIRA, Maria Fernanda Pires de Carvalho; CAMARÃO, Tatiana Martins da Costa. *Processo Administrativo*: comentários à Lei nº 9.784/1999. Belo Horizonte: Fórum, 2008. p. 196.

[285] SILVA. *O Princípio..., cit.*, p. 59 e 42. Os exemplos citados pelo autor são os da licença de funcionamento de uma casa de prostituição infantil ou da aposentadoria, como servidor público, de quem nunca foi servidor público. Em relação ao segundo exemplo citado pelo autor – aposentadoria de quem nunca foi servidor –, deve-se interpretá-lo com cautela. Não seria este o caso, por exemplo, de funcionários de fato e de outros servidores que, embora ingressos ou mantidos com vício no serviço público, recolheram de boa-fé para os sistemas previdenciários do Poder Público, logrando reunir todos os requisitos para a aposentação.

de índole constitucional ou legal, se violador de direitos ou não, se causador de prejuízos ao erário ou não – que se exclui a incidência do prazo decadencial. Para tanto, será necessário que se agreguem: a) a extremidade do vício – qualquer que seja ele; b) a instantânea percepção (evidência) desse grave vício;[286] c) o caráter absurdo da manutenção do ato no ordenamento jurídico.

Assim mesmo, a aplicação desse raciocínio impeditivo da decadência em casos extremos não estará infensa à análise da situação concreta revelada pelo ato hostilizado, porquanto por vezes a declaração de nulidade do ato, se causadora de expectativa legítima no destinatário de boa-fé, poderá lhe gerar direito à indenização. É o que se passa, por exemplo, no caso de licença para desmatamento sem reservas, concedida por delegado de polícia (que, à vista d'olhos, não é competente para o mister), mas que induz no particular a certeza de sua higidez, de modo que ele – particular – destine recursos no objetivo de concretizar a ação autorizada pelo ato. Nesse caso, admitir-se-ia a não incidência do prazo decadencial, mas o destinatário teria o direito de vindicar indenização.

O Superior Tribunal de Justiça, a partir do julgamento do MS nº 8.843/DF, 1ª Seção, Eliana Calmon, assentou orientação no sentido de que "a Lei 9.784/99, ao estabelecer no seu art. 54 o prazo de decadência de cinco anos para que a Administração pudesse revogar [anular] os seus próprios atos, afastou a indefinição temporal de que falam as Súmulas 346 e 473/STF. A vigência do dispositivo mencionado, dentro da lógica interpretativa, tem início a partir da publicação da Lei 9.784/99, não sendo possível retroagir a norma para limitar a Administração em relação ao passado, computando-se o termo inicial a partir da vigência do diploma legal (1º/02/99)".[287]

---

[286] No mesmo sentido, Miguel Reale distingue a natureza dos vícios, entre os petrificáveis pelo tempo e os não petrificáveis: "Não é admissível, por exemplo, que nomeado irregularmente um servidor público, visto carecer, na época, de um dos requisitos complementares exigidos por lei, possa a Administração anular seu ato, anos e anos volvidos, quando já constituída uma situação merecedora de amparo e, mais que isso, quando a prática e a experiência podem ter compensado a lacuna originária. Não me refiro, é claro, a requisitos essenciais, que o tempo não logra por si só convalescer, – como seria, por exemplo, a falta de diploma para ocupar cargo reservado a médico –, mas a exigências outras que, tomadas no seu rigorismo formal, determinariam a nulidade do ato" (REALE, Miguel. *Revogação e anulação do ato administrativo*. 2. ed. São Paulo: Forense. p. 70-71).

[287] LEXSTJ, v. 213. p. 16.

A seguir-se a orientação do STJ acerca da transitividade direta da Lei Federal de Processo Administrativo às demais esferas (na ausência de legislação específica), assim se passa também relativamente aos estados e municípios. Se tiverem leis processuais anteriores à Lei nº 9.784/99 o prazo de decadência contará da data da vigência das leis respectivas. Por outro lado, se não as tiverem ou se elas forem posteriores à lei federal, o prazo de decadência contará a partir de 1º de fevereiro de 1999, por força da aplicação subsidiária da Lei nº 9.784/99.

A referida decisão é ajustada à natureza decadencial do art. 54 da Lei nº 9.784/99. Contudo, é preciso perceber que a anulação de atos praticados antes da vigência da lei, mas que há anos produziram efeitos em favor de seus destinatários, mercê do princípio da segurança jurídica/proteção à confiança de *per se*, não poderá de igual modo ocorrer.

Explica-se: embora os atos praticados antes da vigência da lei passem a se submeter ao prazo decadencial previsto no art. 54 a partir de 1º de fevereiro de 1999, o interregno transcorrido antes de sua vigência há de ser computado para a verificação da situação concreta criada pelo tempo, em ordem a ponderar a aplicação direta do princípio da segurança jurídica/proteção à confiança (e boa-fé) ao caso, impedindo, destarte, a desconstituição do ato, ainda que nascido com pecado original.

Negar eficácia jurídica ao transcurso do prazo anterior à vigência da lei (fato) é desprestigiar a normatividade autônoma dos princípios jurídicos e desmerecer ainda a força normativa dos fatos – *normative Kraft des Faktischen*, a que alude Jellinek.[288]

Logo, se em determinado caso concreto, desde a origem do ato hostilizado – e antes que a Lei nº 9.784/99 completasse o quinquênio de vigência – já transcorreu o prazo de cinco anos ou mais, ausente má-fé do destinatário, de se reconhecer a impossibilidade de anulá-lo, não por conta da aplicação da decadência do art. 54, mas pela aplicação direta, autônoma e ponderada do princípio da segurança jurídica (proteção à confiança).[289]

---

[288] JELLINEK, Georg. *Teoria General del Estado*. 2. ed. Tradução de Fernando de Los Rios. México: Fondo de Cultura Econômica, 2000. p. 319. Citado por Eros Grau na ADI nº 2.240/BA, Tribunal Pleno.

[289] Esse raciocínio não diverge na essência do que realizou o STF no julgamento do MS nº

Note-se que o art. 54 da Lei nº 9.784/99 somente alude à decadência quinquenal dos atos que geraram efeitos favoráveis aos destinatários (no caso dos atos com efeitos patrimoniais, o prazo é contado a partir da percepção do primeiro pagamento), deixando aberta a possibilidade de revisão, depois do prazo de cinco anos, de atos que geraram efeitos desfavoráveis aos destinatários.[290]

Contudo, certo é que, embora em tese seja possível, de ofício, declarar-se a nulidade desses atos restritivos, o art. 6º do Decreto nº 20.910/32 dispõe que o direito à reclamação administrativa que não tiver prazo fixado em disposição de lei prescreve em um ano, a contar da data do ato ou fato do qual a mesma se originar, e o art. 1º desse normativo dispõe que todo e qualquer direito ou ação contra a Fazenda Pública prescreve em cinco anos contados da mesma forma.[291] Ausente a *actio nata* a tutelar pela via judicial o direito do administrado ofendido pelo ato restritivo (cujo prazo de prescrição se verificou), dificilmente a Administração Pública anularia *motu proprio* o ato viciado.

A noção jurídica de boa-fé apresenta-se como um dos temas de grande relevância no direito público contemporâneo.[292] Cada vez mais, a vertente objetiva da boa-fé é valorizada a fim de vedar

---

22.357/DF, Tribunal Pleno, Gilmar Mendes, tampouco no julgamento da ADI nº 2.240/BA, Tribunal Pleno, Eros Grau.

[290] De se reconhecer, ainda, a existência de atos administrativos com eficácia mista.

[291] Há de se distinguir na aplicação do art. 1º do Decreto nº 20.910/32 a prescrição que atinge o fundo do direito da prescrição que atinge apenas as prestações devidas e vencidas antes do quinquênio anterior à propositura da ação. Para tanto, é necessário verificar se houve ato (legislativo ou administrativo) que autorizasse a negativa do Poder Público ao direito vindicado pelo interessado. Se a reposta for positiva, a prescrição atingirá o fundo do direito; se a resposta for negativa, a prescrição atinge apenas as parcelas (Súmula nº 85 do STJ). A propósito, manifesta-se a doutrina: "Se há qualquer comportamento em que esteja evidenciada a negativa pública, tem-se aí o início do prazo prescricional do fundo do direito (e não apenas das parcelas que possam do mesmo decorrer). Isto porque, neste caso, não se trata do recebimento de parcelas, mas do não-reconhecimento de situação jurídica fundamental (...) Em outras circunstâncias, no entanto, não se identifica comportamento legislativo ou administrativo do qual decorra concreta e expressamente a recusa estatal em observar o direito integrante do patrimônio de terceiro. Neste caso, tratando-se de obrigações de trato sucessivo, entende-se que o fundo do direito permanece incólume, sendo atingidas tão somente as prestações anteriores ao qüinqüênio que antecedeu o ajuizamento da ação. Isto significa que, se não foi indeferido, claramente, pelo Poder Público, o direito reclamado, prescrevem somente as prestações anteriores ao qüinqüênio que precede o ajuizamento da demanda" (CARVALHO. *Curso...*, *cit.*, p. 504-505).

[292] Tal afirmação não desconsidera a vertente que analisa a segurança jurídica como fundamento do próprio ordenamento jurídico, de modo que não haveria se falar em "segurança do contribuinte", "do administrado" ou do "jurisdicionado".

a prática de comportamentos contraditórios e imprevisíveis. Muito difundido nas relações privatistas, notadamente no âmbito das relações contratuais, o princípio jurídico da boa-fé objetiva é expresso no art. 231, §6º, da Constituição da República.

O art. 54 da Lei nº 9.784/99, ao condicionar o reconhecimento da decadência em desfavor da autotutela administrativa e da heterotutela judicial à ausência de má-fé, não especifica o sujeito de que o elemento anímico se cogita – se o destinatário do ato ou se o agente que praticou o ato. Parece-me claro que o legislador se refere à ausência de má-fé do destinatário do ato; é dizer que o que deseja a regra é que "o destinatário não tenha contribuído [ou influído], com sua conduta, para a prática do ato administrativo ilegal".[293]

Embora no direito alienígena haja certa divergência quanto à contribuição do destinatário à prática do ato e seus efeitos,[294] no Brasil a legislação tradicionalmente exige que a irregularidade do ato seja imputável ao beneficiário.[295]

Note-se que, para o reconhecimento da decadência, o legislador não exige boa-fé do agente. O dispositivo alude a "ausência de má-fé" (do agente), e essa menção, sobre ser mera discussão semântica, traz repercussões importantes no que toca ao ônus de prova do elemento anímico para divisar a incidência ou não da decadência.

Com efeito, se a lei tivesse referido à expressão "salvo comprovada boa-fé", o ônus de demonstrá-la – a boa-fé – seria do destinatário do ato, mas, ao optar pela expressão "salvo comprovada má-fé", deixou ver que o ônus de provar a inexistência de boa-fé é da Administração Pública, sendo certo que esta (boa-fé) é sempre presumida e que a má-fé somente deve ser proclamada *beyond all reasonable doubt* (além de qualquer dúvida razoável).

---

293 SILVA. *O princípio..., cit.*, p. 48. A mim me parece pouco importar à estabilização das relações jurídicas entre Administração Pública e administrados o ânimo do agente público no momento da prática. Este – se tiver praticado ato indevido – responderá conforme seu espectro típico de responsabilidades.

294 Na Alemanha, o conhecimento por parte do destinatário da ilegalidade do ato ou seu desconhecimento por grave negligência são excludentes da aplicação do princípio da proteção à confiança. Na França, as investigações acerca da boa-fé se esgotam na apuração da existência de manobras fraudulentas do interessado para a obtenção do ato administrativo que o beneficiou (cf. SILVA. *O princípio..., cit.*, p. 48-49).

295 Nesse sentido, o art. 49, parágrafo único, do revogado Decreto-Lei nº 2.300/86 e o art. 59, parágrafo único, da Lei nº 8.666/93.

Bem de ver que, independentemente da previsão do art. 54 da Lei nº 9.784/99, sustenta-se haver hipóteses em que o passar dos anos – vários anos – sepultará, mercê da incidência direta do princípio da segurança jurídica, a possibilidade em si de comprovar-se a má-fé do destinatário do ato (para evitar a decadência) e mesmo do agente que o praticou (para responsabilizá-lo), cristalizando em definitivo os vícios eventualmente existentes.[296]

Deveras, não se coadunaria com a cláusula do Estado de Direito a possibilidade infinda e perpétua de persecução do vício (qualquer que seja ele) de atos ou condutas administrativas, sob pena de desestabilizacão das relações jurídicas – a vertente objetivada do princípio da segurança jurídica: o tempo há de ser remédio para todos os males da vida (*dormientibus non sucurrit jus*).

Nesses casos, o que a aplicação do princípio da segurança jurídica inviabiliza é a própria pretensão de se comprovar a má-fé do destinatário do ato. Afasta-se, para o império do princípio, a possibilidade de se buscar, por conta da comprovação do elemento anímico do destinatário, a anulação (administrativa ou judicial) do ato.

Veja-se que não se trata aqui de proteger atos ou sujeitos que tenham agido de má-fé no passado – isso é efeito reflexo –, senão de afastar a possibilidade em si de sindicar o elemento subjetivo da conduta do beneficiário do ato, por conta da necessidade societária de estabilidade das relações jurídicas. O passar de largo tempo desde a prática do ato impede que se cogite a presença de má-fé ou boa-fé no momento de sua prática: "a poeira é varrida para debaixo do tapete".

A sustentação que ora se realiza não destoa, no essencial, do voto do Min. Gilmar Mendes, no julgamento do MS nº 24.268/MG, Ellen Gracie, contra ato do TCU que determinara, sob o argumento de ocorrência de fraude, a cassação de pensão de beneficiária de servidor, dezoito anos após a concessão. Naquela ocasião, conquanto

---

[296] O STF reconheceu a aplicação direta do princípio da segurança jurídica na solução de questões administrativas, no julgamento, sob a sistemática da repercussão geral, do Recurso Extraordinário nº 636553, Rel. Min. Gilmar Mendes, j. 19.02.2020. O Tema 445, oriundo desse julgamento, registra que: "Em atenção aos princípios da segurança jurídica e da confiança legítima, os Tribunais de Contas estão sujeitos ao prazo de 5 anos para o julgamento da legalidade do ato de concessão inicial de aposentadoria, reforma ou pensão, a contar da chegada do processo à respectiva Corte de Contas".

o processo tenha sido resolvido com base na ausência de garantia do contraditório e da ampla defesa (art. 5º, LV, da CR), registrou sua excelência – o Min. Gilmar Mendes – que, embora não estivesse seguro da possibilidade de invocação do art. 54 da Lei nº 9.784, de 1999 [certamente por conta da possível presença de má-fé], a ele parecia inegável a existência, *in casu*, de um *quid* relacionado com a segurança jurídica, que recomendava, no mínimo, maior cautela: "É possível, pois, que no caso em apreço fosse até de se cogitar da aplicação do princípio da segurança jurídica, de forma integral, de modo a impedir o desfazimento do ato".

É óbvio que não se poderia sustentar, em hipóteses dessa natureza, que o prazo razoável para o reconhecimento da incidência direta do princípio da segurança jurídica fosse o mesmo prazo previsto no art. 54 da Lei nº 9.784/99 (cinco anos). Sugere-se, pois, na ausência de prazo mais elástico em regras de direito público, a utilização do prazo prescricional de dez anos do art. 205 do Código Civil – o maior prazo prescricional das ações de natureza pessoal[297] – como norte para o reconhecimento da impossibilidade de anulação. Assim, como regra geral,[298] uma vez ultrapassados dez anos desde a prática do ato que se pretende desfazer, a incidência direta do princípio da segurança jurídica há de ser considerada impeditiva da medida por inviabilizar a cogitação do elemento anímico do destinatário do ato.[299]

[297] Anoto que o Código Civil, em pelo menos dois dispositivos, reconhece a possibilidade de usucapião, independentemente de boa-fé: o art. 1.238 (relativamente aos bens imóveis) e o art. 1.260 (relativamente aos bens móveis). O primeiro estabelece o prazo de 15 anos para a usucapião, mas admite, no parágrafo único, a redução desse prazo para 10 anos se o possuidor houver estabelecido no imóvel a sua moradia habitual ou nele tiver realizado obras de caráter produtivo. O segundo estabelece o prazo de 5 anos a usucapião dos bens móveis, independentemente de boa-fé. Assim, parece-me razoável o prazo de 10 anos defendido neste artigo para o império da segurança jurídica.

[298] Diz-se, via de regra, porquanto a depender da situação fática, dita incidência direta do princípio poderá ocorrer mesmo antes desse prazo, haja vista a possibilidade de ponderação do princípio da legalidade com o princípio da segurança jurídica e outras circunstâncias de fato. Do mesmo modo que os vícios canhestros e evidentes, cuja manutenção se afigura incompatível em si com ordenamento jurídico, não caducam, conforme registrei anteriormente neste trabalho.

[299] Note-se que não se defende a aplicação do prazo prescricional do art. 205 do Código Civil – até porque a hipótese seria de decadência –, mas do balizamento da aplicação do princípio da segurança jurídica (independentemente do elemento anímico envolvido) pelo prazo nele previsto.

7.6.1.2 Convalidação

A convalidação consiste em ato administrativo praticado pela própria Administração, referido expressamente a um ato precedente viciado, no intuito de suprir-lhe o defeito, resguardando os efeitos deflagrados. Na concisa e precisa definição de Celso Antônio Bandeira de Mello, "é o suprimento da invalidade de um ato com efeitos retroativos".[300]

O italiano Pietro Virga trata do tema da convalidação, sob a nomenclatura de "*convalescenza*" do ato administrativo, identificando, precisamente, três tipos de manifestação: a) "convalida", b) "ratifica", c) "sanatoria".

A "convalida" é manifestação de vontade emitida pela mesma autoridade administrativa da qual emanou o ato portador de vício. Trata-se de um provimento novo e autônomo, de caráter constitutivo, que se reporta ao ato convalidado, com o fim de manter os efeitos emanados desde aquele ato (eficácia *ex tunc* da convalidação).

A "ratifica" é a convalidação de um ato que apresenta vício de competência mediante a apropriação (posterior) de um ato que fora emitido por um órgão incompetente por parte do órgão competente. Ela também sana o ato portador com vício de competência com eficácia *ex tunc*, sustentando os efeitos produzidos desde a respectiva emissão.

Já a "sanatoria" não consiste propriamente na emanação de provimento (ato) novo ou autônomo, "*ma puó verificarsi per fatto che, sucessivamente alla emanazione dell' atto invalido, sia intervenutto Il pressupposto mancante ovvero si sia compiuto postumamente um ato omesso del procedimento*".[301]

Podem distinguir-se duas hipóteses de "sanatoria": (a) pela superveniência póstuma de um requisito omisso que era pressuposto para a prática válida do ato no curso do procedimento; (b) pelo cumprimento sucessivo e posterior de um ato omisso do procedimento (*autorizzazione, nulla osta*). Essa autorização ou *nulla osta*, em princípio, devem ter lugar antes da emissão do ato final, mas, tendo em conta o fato de que são postas em prática no exercício de

---

300 MELLO. *Curso..., cit.*, 7. ed. São Paulo: Malheiros, 1997. p. 277.

301 Em tradução livre: "Mas isso pode ocorrer devido ao fato de que, após a prática do ato inválido, houve uma intervenção para suprir postumamente a falta omitida no curso do procedimento".

uma função de supervisão e proteção, admite-se que elas podem ser emitidas retrospectivamente.

A lição de Virga acerca dos tipos possíveis de convalidação, conquanto mais cirúrgica e específica para o caso em exame, não discrepa, em essência, da doutrina brasileira sobre convalidação. Entre nós, os vícios de procedimento podem ser convalidados "na falta de ato ou atos da Administração, desde que sua prática posterior não lhe retire a finalidade".

No âmbito da convalidação prevista no direito brasileiro encontra-se albergada a "*sanatoria*" proposta por Virga, que terá lugar, nos termos do art. 55 da Lei nº 9.784/99, correspondente ao art. 66 da Lei Mineira nº 14.184/02, desde que não acarrete lesão ao interesse público ou prejuízo a terceiros. Assim é que os atos que apresentarem defeitos sanáveis poderão – leia-se deverão – ser convalidados pela própria Administração quando, mediante decisão fundamentada, restar demonstrado que não acarretam lesão ao interesse público, nem prejuízo a terceiros (art. 55 da Lei nº 9.784/99).[302]

Consoante apregoa Weida Zancaner, a utilização do instituto não se dá em todo e qualquer caso. Há vícios que não se prestam à convalidação, bem como há hipóteses em que ela não tem guarida. Os atos convalidáveis são os portadores de vício de competência, formalidade e procedimento (este quando a convalidação não lhe desvirtue a finalidade); os não convalidáveis são atos que se referem ao motivo, ao objeto, à finalidade, bem assim os que já se encontram impugnados pelo destinatário ou atingidos pelo advento da prescrição (ou pela decadência).[303] Neste último caso, contudo, Sérgio Ferraz e Adilson Dallari, que, mesmo quando haja impugnação do interessado, a convalidação deve ser perseguida, desde que a ela não se contraponham o princípio finalístico e o interesse público.[304]

---

[302] No particular, o legislador federal segue a moderna vertente do direito administrativo, que contempla, para além das formas clássicas de desfazimento do ato (revogação e anulação), o instituto da convalidação. Entendemos que devam os demais entes federativos seguir a mesma orientação, aplicando-se, à falta de lei específica a respeito, os preceitos da lei federal, por interpretação extensiva.

[303] ZANCANER, Weida. *Da Convalidação e da invalidação dos atos administrativos*. 2. ed. São Paulo: Malheiros, 1993. p. 59-77.

[304] DALLARI, Adilson; FERRAZ, Sérgio. *Processo administrativo*. São Paulo: Malheiros, 2000. p. 46-7.

7.6.1.3 Revogação

A revogação é também forma de desfazimento dos atos (e procedimentos) administrativos a envolver questões atinentes ao mérito administrativo (juízo de conveniência e oportunidade). Não se presta a retirar do sistema atos que comportem vício, pressupondo, portanto, a licitude do ato revogado, eis que se fundamenta em razões de interesse público. Diversamente da anulação, a revogação opera efeitos sempre para o futuro (*ex nunc*), podendo gerar direito a eventuais indenizações, se comprovadamente tiver resultado em prejuízos. O fundamento para tais indenizações reside na possibilidade de responsabilização do Estado também por atos lícitos.[305]

A revogação somente pode ser declarada pela própria Administração Pública, de ofício e a qualquer momento, não cabendo ao Poder Judiciário, ou a quem quer que seja, a sorte de fazê-lo. Para a validade do ato revogador, é fundamental verificar a motivação apontada e os aspectos de legalidade do próprio ato, eis que não se autoriza a prática de ato revogador inválido.

No âmbito da doutrina, controvérsias se instalaram acerca dos limites de mudança no juízo discricionário que subsidia a decisão sobre revogação ou manutenção dos atos administrativos. Discute-se se essa modificação fica ao talante da Administração ou se depende de alterações supervenientes na realidade fática. No primeiro caso, haveria competência implícita e contínua para que a Administração pudesse, a qualquer tempo, revisitar o juízo de mérito sobre a vida ou a morte do ato administrativo. No segundo caso, seria indispensável uma mudança posterior no estado das coisas, em ordem a suportar um novo juízo de mérito sobre a manutenção do ato. Esta última solução, por exemplo, foi positivada pelo art. 49, *caput* da Lei nº 8.666/93.[306]

Convém verificar, contudo, que o dispositivo da lei de licitações reconhece a necessidade da superveniência de fatos posteriores à deflagração do certame para a justificativa do ato de revogação, ato

---

[305] Sobre o tema, ver FERRAZ. Luciano. Responsabilidade do Estado por omissão legislativa: o caso do art. 37, X da Constituição. *In*: FREITAS, Juarez (Org). *Responsabilidade Civil do Estado*. São Paulo: Malheiros, 2006. p. 208-225.

[306] CARVALHO. *Curso...*, *cit.*, p. 422-424.

este que se fundamenta, portanto, no texto do dispositivo legal[307] e não no reconhecimento de que o ato se subordina a essa condição de revogabilidade. Com base nesse detalhe, extremamente relevante, sustenta-se a possibilidade da existência de situações fáticas capazes de justificar a revogação excepcional da licitação, sem qualquer fato superveniente, com alicerce em outros princípios jurídicos diversos da legalidade.

Por outras palavras, o ato de revogação tem como motivo determinante um juízo a qualquer tempo de conveniência e oportunidade acerca da permanência ou não do ato no mundo jurídico, sendo que quando a lei exige fatos supervenientes para a medida esta regra deve ser observada, salvo em situações excepcionalíssimas que justifiquem, na técnica da ponderação, a "derrotabilidade" da regra (princípio da legalidade) por outros princípios jurídicos (v.g. economicidade). Obviamente que o motivo ensejador da revogação não pode ser inexistente ou incapaz de justificar a medida, o que tornaria o ato revogador de *per se* inválido.

Além disso, para o exercício da prerrogativa da revogação unilateral dos atos administrativos, havendo reflexos no espetro de direitos dos destinatários ou de terceiros, será de rigor a observância dos princípios do contraditório e da ampla defesa (art. 5º, LV da Constituição), a despeito da existência de decisões judiciais divergentes sobre o tema, especificamente no âmbito dos desfazimentos de licitações inconclusas ou concluídas porém ausentes de firmação dos respectivos contratos.[308]

Não há propriamente um limite temporal para que a haja a revogação de atos administrativos, posto que em jogo exclusivamente atos válidos. Há, entretanto, limites à revogação dos atos administrativos: (a) atos que a lei declare irrevogáveis; (b) atos já exauridos ou que cujo objeto material já tenha sido executado; (c) atos vinculados, por não compreenderem juízo de conveniência e

---

[307] Cf., por todos, RMS 23360/PR, Rel. Min. Denise Arruda, 1ª Turma, DJe 17.12.2008, RSTJ vol. 213. p. 66.

[308] No âmbito do STJ, encontram-se arestos favoráveis (RMS 10.673/RJ, Rel. Min. Francisco Falcão, 1ª Turma, DJ 26.06.2000. p. 137, RSTJ vol. 137, p. 111) e contrários (RMS 30.481/RJ, Rel. Min. Eliana Calmo, 2ª Turma, Dje 02.12.2009 e RESP 1731246/SE, Rel. Min. Herman Benjamin, 2ª Turma, Dje 26.11.2018) à obrigatoriedade do contraditório prévio à revogação de certames licitatórios.

oportunidade; (d) meros atos como atestados, certidões ou votos; (e) atos que precluem com o advento de um ato subsequente no procedimento; (f) atos complexos, que demandam a manifestação de vontade de diferentes órgãos para sua formação; (g) atos que geraram direitos adquiridos (Súmula 473 do STF).[309] O prestígio que os aludidos institutos (anulação, convalidação, revogação) assumem dentro da perspectiva de uma Administração Pública que elege o ato administrativo como foco exclusivo de sua atuação contribui para a difusão de uma cultura administrativa de controle, que privilegia o erro em detrimento do acerto; que privilegia a legalidade em detrimento da eficiência, da eficácia, da efetividade.

Donald Savoie comenta que "a administração pública opera em um ambiente político que está sempre na busca de erros e que demonstra níveis extremamente baixos de tolerância com as falhas; no mundo dos negócios não importa muito que você se equivoque 10% do seu tempo, desde que você apresente lucro no final do ano. No governo não importa muito que você esteja certo 99% do seu tempo porque a atenção será dirigida aos 1% de tempo em que você esteve errado".

Na jurisprudência e na legislação brasileira, existem importantes julgados e disposições acerca da aplicação da teoria das nulidades dos atos administrativos, porém numa perspectiva mais contemporânea e ponderada, com preocupações direcionadas fundamentalmente à segurança das relações jurídicas. Além da convalidação dos atos administrativos (que depende da prática de ato administrativo posterior que conserte o vício do ato precedente), tem-se acolhido a ideia de superação dos vícios em nome da segurança jurídica e do interesse público.

No Supremo Tribunal Federal, colhe-se, por exemplo, a decisão da ADI nº 2.240 e, no Superior Tribunal de Justiça, a decisão do REsp nº 950.489/DF.

Na ADI nº 2.240, o Plenário do Supremo Tribunal Federal (STF) declarou inconstitucional a Lei Baiana nº 7.619/00, sem, contudo, pronunciar a nulidade do ato (mantendo a vigência por 24 meses). O relator da ação, ministro Eros Grau, admitiu que a lei

---

309 NOHARA, Irene Patrícia. *Direito Administrativo*, 5. ed. São Paulo: Atlas, 2015. p. 233.

baiana era contrária ao disposto no artigo 18, §4º, da Constituição Federal, mas afirmou que o município foi efetivamente criado, assumindo existência de fato, como ente federativo dotado de autonomia (força normativa dos fatos) e ressaltou que eventual declaração de inconstitucionalidade traria graves consequências. O princípio da segurança jurídica deve ser considerado, nesse caso, em benefício da preservação do município. "Estamos diante de uma situação excepcional não prevista pelo direito positivo, porém instalada pela força normativa dos fatos", afirmou o relator.

Após pedido de vista, o ministro Gilmar Mendes concordou com os argumentos apresentados pelo relator, tanto em relação ao princípio da segurança jurídica quanto à necessidade de preservação do município, que já existiria como ente federativo. Gilmar Mendes ressaltou a importância do tema, já que a situação discutida interessaria também a outras entidades que foram criadas em desconformidade com o disposto no artigo 18, §4º, da Constituição Federal. Enfatizou que as consequências de se declarar a inconstitucionalidade da lei questionada, com a pronúncia de sua nulidade, poderiam gerar um verdadeiro caos jurídico. A questão então haveria de ser definida "na maior medida possível, menos gravosa à realidade concreta, fundada sobre a nova entidade federativa". A solução proposta pelo ministro Gilmar Mendes seria que o Tribunal, "focando toda sua atenção na necessidade de se assegurar realidades concretas que não podem mais ser desfeitas, e, portanto, reconhecendo plena aplicabilidade ao princípio da segurança jurídica, deixasse de contemplar, na devida medida, o princípio da nulidade da lei inconstitucional". O ministro disse estar convicto de que é possível atender a ambos os princípios pela aplicação ao caso do artigo 27 da Lei nº 9.868/99, que regulamenta o julgamento de ADI pelo Supremo, abstendo-se de emitir um juízo de censura, declarando a constitucionalidade de leis manifestamente inconstitucionais, quando essa declaração ortodoxa envolvesse o sacrifício de segurança jurídica ou de outro valor constitucional, materializável sobre a forma de interesse social. Para ele, conquanto a nulidade deva continuar a ser regra, o afastamento de sua incidência, mercê de um severo juízo de ponderação, deve se basear na ideia de segurança jurídica ou de outro princípio constitucionalmente relevante. "A não aplicação do princípio da nulidade não se há de basear em consideração de política judiciária, mas em fundamento constitucional próprio". O Tribunal seguiu a tese de Gilmar Mendes, inclusive o relator (que ajustou seu voto), pela procedência da ação, sem, contudo, pronúncia da nulidade, vencido o ministro Marco Aurélio. O ministro Marco Aurélio votou pela procedência, porém com a pronúncia da nulidade da lei baiana. Os demais ministros presentes à sessão acompanharam o voto de Gilmar Mendes.[310]

No mesmo sentido, a 1ª Turma do Superior Tribunal de Justiça apreciou o REsp nº 950.489/DF, rel. ministro Luiz Fux, julgado em 03.02.2011, e disponibilizado no DJe 23.02.2011. A ação civil pública pedia a decretação de nulidade do contrato celebrado com a empresa vencedora da licitação – realizada pela Companhia Urbanizadora da Nova Capital do Brasil (NOVACAP) – para a Concessão de Serviços Públicos Precedido de Obra Pública sobre Imóvel do Distrito Federal nº 01/2002 (administração dos cemitérios do DF), ao argumento de que a inobservância do capital social mínimo exigido do edital de licitação não configurava mera irregularidade, ao revés, constituiria vício grave capaz de revelar a nulidade do contrato administrativo, mercê de violar o disposto no art. 55, incisos VI e XIII, da Lei nº 8.666/93. Nos termos da decisão do ministro Fux, "os princípios que norteiam os atos da Administração Pública, quando em confronto, indicam deva prevalecer aquele que mais se coaduna com o da razoabilidade. No balanceamento dos interesses em jogo, entre anular o contrato firmado para a prestação de serviços de recuperação e modernização das instalações físicas, construção de ossuários, cinzários, crematório e adoção de medidas administrativas e operacionais, para a ampliação da vida útil dos 06 (seis) cemitérios pertencentes ao Governo do Distrito Federal, ou admitir o saneamento de uma irregularidade contratual, para possibilitar a continuidade dos referidos serviços, *in casu*, essenciais à população, a última opção conspira em prol do interesse público. O princípio

---

[310] Na sequência, foram apreciadas duas ações sobre o mesmo tema: a ADI nº 3.316, que questionava a Lei nº 6.983/98, do estado de Mato Grosso, que criou o município de Santo Antônio do Leste, a partir do desmembramento do município de Novo São Joaquim; e a ADI nº 3.489, proposta contra a Lei Estadual de Santa Catarina nº 12.294/02, que anexou ao município de Monte Carlo a localidade Vila Arlete, desmembrada do município de Campos Novos.

da legalidade convive com os cânones da segurança jurídica e do interesse público, por isso que a eventual colidência de princípios não implica dizer que um deles restará anulado pelo outro, mas, ao revés, que um deles será privilegiado em detrimento do outro, à luz das especificidades do caso concreto, mantendo-se, ambos, íntegros em sua validade".

Na trilha desses precedentes, a Lei nº 13.655, de 25 de abril de 2018, que introduziu disposições (artigos 20 a 30) no corpo da Lei de Introdução às Normas do Direito Brasileiro (LINDB) – Decreto-Lei nº 4.657/42 – sobre segurança jurídica, consensualidade e eficiência.[311] A lei é uma resposta à disseminação no seio da sociedade brasileira de um sentimento equivocado de que todo administrador público, até prova em contrário, é desonesto. Essa percepção tem provocado uma inexata compreensão da realidade da gestão pública no país, rebaixando qualquer administrador público ao "grau de desinvestimento" e, com isso, "a gestão pública no Brasil encontra-se fragilizada e até acuada, muitas vezes por conta de avaliações apressadas e superficiais".[312]

Os impactos mais significativos da legislação se dão no campo do controle, porquanto suas disposições produzem uma espécie de amortecimento na pronúncia de nulidade dos atos administrativos, inserindo ingredientes de "pragmatismo" (força normativa dos fatos) e consequencialismo (avaliação concreta dos efeitos da decisão administrativa, controladora ou judicial). Com isso, a LINDB propõe uma aproximação entre "ser" e "dever ser" jurídicos, imbricando os planos da validade e da eficácia dos atos administrativos, exatamente na esteira do que propunham há tempos os teóricos humanistas da ciência da administração.

Dentre as principais disposições da LINDB relativamente ao controle dos atos administrativos, arrola-se o art. 20, *caput*, se-

---

[311] A Lei nº 13.655/18 é originária do PL nº 7.448/17, apresentado pelo Senador Antônio Anastasia, professor de Direito Administrativo licenciado na UFMG. Contou com a participação dos professores Carlos Ari Sundfeld, Floriano de Azevedo Marques Neto e Flávio Unes Pereira. Foi regulamentada em nível federal pelo Decreto nº 9.830, de 10 de junho de 2019.

[312] SUNDFELD, Carlos Ari. *Uma lei geral inovadora para o Direito Público*. Disponível em: https://www.jota.info/opiniao-e-analise/colunas/controle-publico/uma-lei-geral-inovadora-para-o-direito-publico-01112017. Acesso em: 14 fev. 2019.

gundo o qual "nas esferas administrativa, controladora e judicial, não se decidirá com base em valores jurídicos abstratos sem que sejam consideradas as consequências práticas da decisão",[313] [314] e seu parágrafo único, "a motivação demonstrará a necessidade e a adequação da medida imposta ou da invalidação de ato, contrato, ajuste, processo ou norma administrativa, inclusive em face das possíveis alternativas".[315]

De igual modo, o art. 21, *caput*, a dizer que "a decisão que, nas esferas administrativa, controladora ou judicial, decretar a invalidação de ato, contrato, ajuste, processo ou norma administrativa deverá indicar de modo expresso suas consequências jurídicas e administrativas", e seu parágrafo único, consoante o qual "a decisão a que se refere o *caput* deste artigo deverá, quando for o caso, indicar as condições para que a regularização ocorra de modo proporcional e equânime e sem prejuízo aos interesses gerais, não se podendo impor aos sujeitos atingidos ônus ou perdas que, em função das peculiaridades do caso, sejam anormais ou excessivos".[316]

Ainda, o art. 22, que obriga que, na interpretação de normas sobre gestão pública, sejam "considerados os obstáculos e as dificuldades reais do gestor e as exigências das políticas públicas a seu cargo, sem prejuízo dos direitos dos administrados", e o §1º, que prescreve que, "em decisão sobre regularidade de conduta ou validade de ato, contrato, ajuste, processo ou norma administrativa,

---

[313] "A avaliação das consequências práticas, jurídicas e administrativas é indispensável às decisões nas esferas administrativa, controladora e judicial, embora não possa ser utilizada como único fundamental da decisão ou opinião" (Enunciado 5 do IBDA).

[314] "As 'consequências práticas' às quais se refere o art. 20 da LINDB devem considerar, entre outros fatores, interferências recíprocas em políticas públicas já existentes" (Enunciado 4 do IBDA).

[315] "A abertura a distintas 'possíveis alternativas', prevista no parágrafo único do art. 20, é imposta a todos os destinatários da LINDB. Os controles administrativo e judicial devem considerar o cenário vivenciado pela Administração ao tempo da decisão ou opinião, reservando-se a possibilidade de indicação pelo controlador, sem juízo de invalidação ou reprovação, de alternativas administrativas mais adequadas para o futuro" (Enunciado 3 do IBDA).

[316] "Na expressão 'regularização' constante do art. 21 da LINDB estão incluídos os deveres de convalidar, converter ou modular efeitos de atos administrativos eivados de vícios sempre que a invalidação puder causar maiores prejuízos ao interesse público do que a manutenção dos atos (saneamento). As medidas de convalidação, conversão, modulação de efeitos e saneamento são prioritárias à invalidação" (Enunciado 7 do IBDA).

serão consideradas as circunstâncias práticas que houverem imposto, limitado ou condicionado a ação do agente".[317]

Esses novos dispositivos trazem impactos relevantes para a teoria das nulidades dos atos administrativos, em favor da modulação dos efeitos de sua pronúncia em cada caso. Agora, é a lei – e não mais apenas os princípios jurídicos – que se predica à compreensão de que a utilização de uma fórmula geral – *one size fits all* – deve ser abandonada, prenunciando a superação da lógica da invalidação com efeitos *ex tunc* ou *ex nunc* – ou a simples preservação do ato inválido praticado – para impor a avaliação por parte da Administração Pública, dos órgãos de controle e do Poder Judiciário da necessidade de adoção em cada caso de um regime de transição em favor da adequada acomodação dos direitos e deveres dos administrados.[318]

Nesse sentido, a Lei 14.133/21 (Licitações e Contratos Administrativos da Administração Direta, Autárquica e Fundacional) segue a trilha da mudança. Dispõe o seu art. 147 que, uma vez constatada irregularidade no procedimento licitatório ou na execução contratual, caso não seja possível o saneamento da nulidade, a decisão sobre a suspensão ou anulação do contrato somente será adotada na hipótese em que se revelar medida de interesse público, com avaliação, entre outros, dos seguintes aspectos: a) impactos econômicos e financeiros decorrentes do atraso na fruição dos benefícios do objeto do contrato; b) riscos sociais, ambientais e à segurança da população local decorrentes do atraso na fruição dos benefícios do objeto do contrato; c) motivação social e ambiental do contrato; d) custo da deterioração ou da perda das parcelas executadas; e) despesa necessária à preservação das instalações e dos serviços já executados; f) despesa inerente à

[317] Enunciado 11 do IBDA (Instituto Brasileiro de Direito Administrativo): "Na expressão 'dificuldades reais' constante do art. 22 da LINDB estão compreendidas carências materiais, deficiências estruturais, físicas, orçamentárias, temporais, de recursos humanos (incluída a qualificação dos agentes) e as circunstâncias complexas, a exemplo da atecnia da legislação, as quais não podem paralisar o gestor".

[318] SILVEIRA, Marilda de Paula. Art. 22. *In*: PEREIRA, Flávio Henrique Unes (Coord.). *Segurança jurídica e qualidade das decisões públicas*: desafios de uma sociedade democrática, Brasília: Senado Federal, 2015. p. 24-25.

desmobilização e ao posterior retorno às atividades; g) medidas efetivamente adotadas pelo titular do órgão ou entidade para o saneamento dos indícios de irregularidades apontados; h) custo total e estágio de execução física e financeira dos contratos, dos convênios, das obras ou das parcelas envolvidas; i) fechamento de postos de trabalho diretos e indiretos em razão da paralisação; j) custo para realização de nova licitação ou celebração de novo contrato; k) custo de oportunidade do capital durante o período de paralisação.[319]

Ao disciplinar a questão dessa maneira, a Lei nº 14.133/21 incorporou a anunciada tendência de relativização da unilateralidade administrativa e da pronúncia de nulidades, deixando o desfazimento contratual com efeitos *ex tunc* reservado a casos extremos. A Lei nº 14.133/21 estabeleceu, portanto, a possibilidade de uma avaliação quantitativa e qualitativa das irregularidades constatadas nas licitações e nos contratos, admitindo soluções customizadas de acordo com o interesse público em jogo e com os juízos prognósticos identificados pela Administração Pública ou pelo juiz ou árbitro no ato da decisão.[320]

Ademais, o parágrafo único do artigo 147 da Lei nº 14.133/21 expõe que, caso a paralisação ou anulação não se revele medida de interesse público, a Administração Pública deverá optar pela continuidade do contrato e pela solução da irregularidade por meio de indenização por perdas e danos, sem prejuízo da apuração de responsabilidade e da aplicação de penalidades cabíveis.

---

[319] Na doutrina, antes mesmo da Lei nº 14.133/21, reconhecendo a possibilidade de uma avaliação concreta e prevalente do interesse público na pronúncia ou não da nulidade dos atos administrativos, ver DI PIETRO, Maria Sylvia Zanella. *Direito administrativo*. Rio de Janeiro: Forense: 2018, p. 329-330, onde se lê: "No direito privado, é possível a parte prejudicada pelo ato ilegal deixar de impugná-los, nos casos de nulidade relativa; nesse caso, o ato se convalida. No direito administrativo, já vimos que a Administração não pode ficar sujeita à vontade do particular para decretar ou não a nulidade. Mas a própria administração pode deixar de fazê-lo por razões de interesse público quando a anulação possa causar prejuízo maior do que a manutenção do ato".

[320] O Enunciado nº 7 do IBDA (Instituto Brasileiro de Direito Administrativo) registra o seguinte: "Na expressão 'regularização' constante do art. 21 da LINDB estão incluídos os deveres de convalidar, converter ou modular efeitos de atos administrativos eivados de vícios sempre que a invalidação puder causar maiores prejuízos ao interesse público do que a manutenção dos efeitos dos atos (saneamento). As medidas de convalidação, conversão, modulação de efeitos e saneamento são prioritárias à invalidação".

Dessa forma, reconheceu-se que as soluções-padrão e uniformes são na maioria das vezes insuficientes para estabilizar expectativas legítimas das partes envolvidas na execução do contrato e, sobretudo, para promover segurança jurídica.

No TCU, há julgados interessantes sobre o tema, cabendo referência ao Acórdão 2075/2021-TCU-Plenário, Raimundo Carreiro, em que se destaca o seguinte trecho: "a Administração pode, por razões de interesse público, não declarar a nulidade de ato ilegal verificado na formalização do contrato ou no certame licitatório que o precedeu, quando tal medida puder causar prejuízo maior do que a manutenção do ato viciado".

Por fim, também em prestígio aos princípios da boa-fé e do não enriquecimento sem causa, a Lei nº 14.133/21 (art. 149) reproduziu a regra salutar do artigo 59, §1º, da Lei nº 8.666/93, estabelecendo que a nulidade não exonerará a administração do dever de indenizar o contratado, desde que a nulidade não seja a este imputável, pelo que houver executado até a data em que for declarada ou tornada eficaz, incluindo no montante da indenização, além da contraprestação respectiva, outros prejuízos regularmente comprovados.

7.6.2 Controle sobre a gestão

A ciência da administração sempre se preocupou com a eficiência das organizações e sua medida. As primeiras abordagens (Taylor, Fayol, Weber) agarraram-se a uma noção de controle moldada normativa e prescritivamente a todos os tipos de *establishment* (privados ou públicos), numa concepção atomística do homem-apêndice da máquina.

A parte do último quarto do século XX é que a literatura sobre o controle de gestão nas organizações experimenta fase de grande expansão, observando-se o surgimento de escolas de pensamento que procuram abordar o assunto de forma sistemática, objetivando construir um corpo de princípios que possam ser usados em trabalhos de pesquisa ou no *design* de sistemas de planejamento e controle.

A absorção dessas ideias pela Administração Pública traz reflexos ao nível da atividade de controle, que assume caráter principiológico e global, elegendo a ação governamental (planejamento, organização, operacionalização, gerência, avaliação de resultados, benefícios sociais) como foco de sindicância: a atividade de controle deixa de ser meramente repressiva para se afirmar como instrumento de impulso à melhoria do desempenho.

De fato, o objetivo prioritário do controle de gestão não é detectar e coibir fraudes ou abusos praticados pelos administradores – o que não quer significar que, quando estes sejam detectados, o órgão de controle não vá reprimi-los –, senão detectar fatores que estão a inibir o desempenho do órgão, entidade, programa e a influir negativamente na produção dos efeitos sociais intuídos, em ordem a formular medidas para o incremento da ação governamental. Esse tipo de controle se afina à mudança de visão da Administração tipicamente burocrática, fundada na legalidade estrita, para a moderna Administração fundada na eficiência, na economicidade, na eficácia, na efetividade.[321]

Deveras, "os governos e as instituições enfrentam na atualidade grandes desafios. Garantir que está obtendo o maior benefício possível dos fundos públicos que gastam em suas organizações é um deles. Outro é o de convencer ao público de sua transparência e a capacidade de render contas, assim como o uso de adequadas

[321] O controle burocrático "é próprio de ambientes pouco competitivos e característicos de organizações de grande porte, fortemente centralizadas e, normalmente, fechadas para o exterior. Baseadas em normas e regulamentos bastante rígidos, estes sistemas de controle adotam a estrutura funcional com grande número de cargos de chefia, distribuídos hierarquicamente, mas com muito pouco grau de autonomia. Por esta razão, não é de estranhar a ênfase atribuída aos mecanismos formais e à sofisticação dos sistemas de controle financeiro, totalmente baseados em medidas contábeis e muito poucos instrumentos gerenciais. Isto tudo é consequência do tipo de cultura que pode predominar nestas organizações (acentuada distância hierárquica entre os diferentes níveis de poder, limitada orientação ao mercado e com ênfase na fidelidade e na estabilidade). Os aspectos fundamentais das empresas que utilizam este tipo de controle á a criação e manutenção de uma cultura avessa a mudanças. O controle de resultados difere deste tipo de controle porque "o sistema de controle financeiro é mais abrangente, fazendo uso de outros critérios de gestão e não, simplesmente, os registros contábeis. Isto decorre do tipo de cultura que normalmente predomina neste tipo de organização, ou seja, mais profissional e orientada para reduções de custos e para a diferenciação. Os sistemas desenvolvidos apresentam sinais claros da preocupação dos gestores com a ligação entre estratégia, diretrizes, metas, operações e com planos de incentivos ligados aos resultados performados pelos responsáveis pelos centros de responsabilidade" (GOMES, Josir Simeone; AMAT, Joan. *Controle de gestão*: um enfoque contextual e organizacional. São Paulo: Atlas, 1997.

práticas administrativas. O governo não só deve ser econômico, eficiente e eficaz como deve ser capaz de demonstrá-lo".[322]

No Brasil, o controle de gestão está instrumentalizado por meio das auditorias previstas no art. 71, IV, da Constituição, competência dos tribunais de contas e, por ricochete, dos órgãos de controle interno (art. 74, II). A utilização dessas auditorias no âmbito da Administração Pública, como prática originalmente difundida e aplicada nos países de tradição anglo-saxônica (Estados Unidos, Inglaterra, Canadá), paulatinamente se incorporou aos sistemas organizacionais de matriz continental (França, Itália, Portugal).

As auditorias tradicionais foram introduzidas pela Carta de 1967 em substituição ao sistema de controle prévio, almejando incrementar a eficiência da ação administrativa. Sem embargo, foi a Constituição de 1988 a responsável por contemplar expressamente a possibilidade de realização das auditorias de gestão sobre os estamentos da Administração Pública.

Como se disse, o art. 71, IV, previu a competência dos tribunais de contas para a realização de auditorias operacionais nos órgãos e entidades da Administração Pública, e o art. 74, II, dispôs acerca da competência dos órgãos de controle interno para avaliar os resultados, quanto à eficácia e eficiência, da gestão orçamentária, financeira e patrimonial dos órgãos e entidades da Administração Pública, bem como da aplicação de recursos públicos por entidades de direito privado.

Essas auditorias de gestão constituem-se num modelo mais evoluído de controle quando comparadas com as tradicionais auditorias de regularidade. Com efeito, se a imagem da Administração Pública é a da pirâmide, da máquina burocrática, o principal método de controle é o das auditorias de conformidade (regularidade), com ênfase em dados contábeis e financeiros, no princípio da legalidade estrita e no ato administrativo.

Por outro lado, se a perspectiva que se projeta é a de uma Administração Pública menos autoritária e mais consensual, que busca fomentar a colaboração da sociedade, o método a

---

[322] GÚZMAN, Miguel *apud* GRATERON, Ivan Ricardo Guevara. Auditoria de Gestão: utilização de indicadores de gestão no setor público. *Cadernos de Estudo*, São Paulo, FIPECAFI, n. 21, maio/ago. 1999, p. 1.

prevalecer é o das auditorias de gestão, com ênfase em dados socioeconômicos, no princípio da juridicidade (englobando aspectos de eficiência em sentido lato) e na efetividade dos programas governamentais: "*In developing the audit focus the Government Office follows proposals from respective ministries staff themselves carrying out the performance audit and citizen incentives (...) The performance audit determines as to how efficiently subject to audit fulfil their state administration tasks (...) The aim of performance audit is to determine the possibility of minimizing resources while producing the required results of state administration operation*".[323]

Conforme se aduziu, a competência para o exercício das auditorias de gestão se aloca em dois dispositivos constitucionais – o art. 71, IV, e o art. 74, II –, donde se deduz que os órgãos legitimados para seu exercício são os tribunais de contas e os órgãos de controle interno (controladorias).

As auditorias de gestão (operacionais, segundo a nomenclatura constitucional) consistem na avaliação sistemática dos programas, projetos, atividades e sistemas governamentais, órgãos e entidades, abrangendo duas modalidades: auditorias de desempenho operacional e avaliação de programas.[324]

As auditorias de desempenho operacional têm como objetivo examinar a ação governamental quanto aos aspectos da economicidade, da eficiência e da eficácia. O foco dessa modalidade de auditoria é o processo de gestão: planejamento, organização, operacionalização, acompanhamento gerencial e avaliação de resultados. Nela se avaliam: (a) como o órgão ou entidade adquire, protege e utiliza seus recursos; (b) as causas que ensejam práticas antieconômicas e ineficientes; (c) o cumprimento de metas (comparação das metas previstas com as metas realizadas); (d) a observância de regras aplicáveis à economicidade, eficiência e eficácia.[325]

---

[323] Slovak Governance Institute. *Performance..., cit.*, p. 4-6.Em tradução livre: "Ao desenvolver o foco da auditoria, o órgão do Governo segue propostas dos próprios funcionários dos ministérios, realizando a auditoria de desempenho e incentivos aos cidadãos (...) A auditoria de desempenho determina a eficiência com que o sujeito da auditoria realiza suas tarefas de administração estadual (...) O objetivo da auditoria de desempenho é determinar a possibilidade de minimizar os recursos enquanto produz os resultados necessários da operação da administração estadual".

[324] TCU. *Manual de auditoria de natureza operacional*, 2000. p. 15.

[325] TCU. *Manual..., cit.*, p. 17.

Os princípios constitucionais que orientam as auditorias de desempenho operacional são os da eficiência, da economicidade e da eficácia, os quais, não obstante inspirados em outros domínios do conhecimento (contabilidade, economia, administração), se encontram todos positivados explicitamente na Constituição.[326] [327]

De fato, o constituinte de 1988 versou o princípio da eficiência no art. 74, II, com ênfase na execução dos programas governamentais; trouxe-o também no art. 144, §7º, ao tratar dos órgãos responsáveis pela segurança pública. No entanto, foi com a promulgação da Emenda Constitucional nº 19/98 que o princípio da eficiência despertou maior interesse na comunidade jurídico-administrativa.[328]

A doutrina costuma identificar, no conteúdo do princípio da eficiência, o dever de boa administração, o dever de racionalização dos meios, a necessidade de atuação otimizada. Não raro é ele estudado como sinônimo dos princípios constitucionais da economicidade (art. 70, *caput*) e da eficácia (art. 74, II).

Sem embargo, é preciso notar que a Constituição brasileira trabalha o princípio da eficiência com dupla acepção: uma, restrita; outra, ampliada. Na primeira, conforme inserto no art. 74, II, o princípio da eficiência expressa a relação entre os produtos (bens e serviços) gerados pela ação governamental e os custos dos insumos empregados nesta, prevalecendo, portanto, perspectiva econômico-

---

[326] Sob o signo da eficiência, a Escola Clássica de Administração desenvolveu seus principais estudos. O *the best way* de Taylor, a especialização de funções de Fayol, a linha de produção de Ford nada mais eram do que tentativas de se identificar o meio mais adequado para a execução das tarefas nas organizações, no intuito de melhorar-lhes o desempenho. Com efeito, Chiavenato explica que, para a administração científica, a noção de eficiência é fundamental: "A eficiência significa a correta utilização dos recursos (meios de produção) disponíveis (...) está voltada para a melhor maneira pela qual as coisas devem ser feitas ou executadas (métodos de trabalho) a fim de que os recursos (pessoas, máquinas, matérias primas etc.) sejam aplicados de forma mais racional possível. A eficiência preocupa-se com os meios, com os métodos mais indicados, que precisam ser planejados a fim de assegurar a otimização dos recursos disponíveis" (CHIAVENATO. *Introdução...*, *cit.*, *loc. cit.*).

[327] No âmbito do direito, "são os juristas, como agentes ativos no processo de construção do sentido dos signos jurídicos, os responsáveis diretos pela exploração do conteúdo jurídico desse princípio no contexto do ordenamento normativo nacional" (MODESTO, Paulo. Notas para um debate sobre o princípio constitucional da eficiência, *Revista Diálogo Jurídico*, ano I, n. 2, maio 2001. p. 3. Disponível em: www.direitopublico.com.br).

[328] Na Itália, o princípio da eficiência é identificado com o princípio do bom andamento (art. 97 da Constituição); na Espanha, o mesmo princípio é tratado como sinônimo de eficácia (art. 103.1 da Constituição); em Portugal, é definido no art. 10º do Código de Procedimento Administrativo.

financeira, que valoriza a escorreita e otimizada aplicação dos recursos públicos. Na segunda – a acepção ampla trabalhada pelo constituinte reformador (EC nº 19/98) –, o princípio da eficiência abarca, para além daquela primeira acepção, outras perspectivas jurídicas e engloba noções de economicidade e eficácia.

É a partir dessa acepção ampliada que Paulo Modesto postula que o princípio da eficiência é bidimensionado, nele devendo ser avaliadas as dimensões da racionalidade e otimização no uso dos meios e da satisfatoriedade dos resultados da atividade administrativa pública:[329] "Na primeira dimensão do princípio da eficiência insere-se a exigência de economicidade, igualmente positivada entre nós, sendo o desperdício a ideia oposta imediata. Trata-se aqui da eficiência como qualidade da ação administrativa que maximiza recursos na obtenção de resultados previstos. Na segunda dimensão, cuida-se da eficiência como qualidade da ação administrativa que obtém resultados satisfatórios ou excelentes, constituindo a obtenção de resultados inúteis ou insatisfatórios uma das formas de contravenção mais comuns ao princípio".[330]

A primeira dimensão apresentada por Modesto induz a uma noção parelha àquela que tipifica o princípio da economicidade (art. 70 da Constituição) e que, nos domínios das ciências econômicas e de gestão, se vincula à ideia fundamental de desempenho qualitativo; é dizer minimização dos custos da atividade, sem comprometimento dos padrões de qualidade.[331] A segunda dimensão abarca aquela noção restrita do princípio da eficiência para além da noção de eficácia,[332] que pode ser medida pelo grau de alcance das metas programadas em determinado espaço de tempo, independentemente

---

[329] MODESTO. *Notas...*, *cit.*, p. 9.

[330] *Idem*.

[331] BUGARIN, Paulo Soares. O princípio constitucional da economicidade. *Correio Braziliense*, Brasília, 12 abr. 1999. Suplemento Direito & Justiça.

[332] Egon Bockmann Moreira, a despeito de não se utilizar da expressão "princípio da eficácia", vislumbra o princípio da eficiência na sua perspectiva: "O princípio da eficiência dirige-se ao controle metas administrativas preestabelecidas em normas legais e/ou regulamentares e contratuais. Significa dever de desenvolver, verificar e fiscalizar as atividades administrativas exercitadas pela Administração, examinando-a do modo mais preciso e vinculado com as disposições normativas pertinentes. Tanto mais exatas as obrigações daquele que exerce atividade, mais viável será o controle da eficiência" (MOREIRA, Egon Bockmann. *Processo Administrativo*: princípios constitucionais e a Lei 9.784/99. São Paulo: Malheiros, 2000. p. 143).

dos custos, e que também foi alçada ao nível de princípio constitucional, no art. 74, II, da Constituição.

Como se vê, subjacente às auditorias de desempenho operacional está o princípio da eficiência numa perspectiva mais ampliada: investiga-se, para além do custo de implementação (economicidade), o funcionamento em si do programa governamental (eficiência em sentido estrito) e as metas mensuráveis no respectivo âmbito (eficácia). Tais auditorias de desempenho devem sindicar, por exemplo, no âmbito dos respectivos programas de governo, o número de novas escolas construídas ou reformadas, o número de vacinas aplicadas, o número de servidores treinados, as estradas recuperadas.[333]

As avaliações de programas são espécies de auditoria de gestão que se destinam a examinar a efetividade das ações administrativas: a noção de efetividade exprime a relação entre os resultados (impactos observados) e os objetivos (impactos esperados) dos programas e projetos governamentais.

O foco da avaliação de programas está em apurar em que medida as ações implementadas beneficiaram a sociedade, ou seja, até que ponto os efeitos pretendidos foram atingidos. Trata-se, portanto, de um *plus* em relação à auditoria de desempenho operacional se e na medida em que visa aferir os resultados práticos que a intervenção governamental propiciou à sociedade.

Dentre os aspectos a serem analisados na avaliação de programas, destacam-se: (a) a própria concepção lógica do programa; (b) a correlação entre a demanda social das ações programadas e os objetivos estabelecidos; (c) as consequências para a sociedade; (d) as falhas na implementação do programa; (e) os fatores que inibem o desempenho; (f) a qualidade dos efeitos; (g) a identificação e propositura de soluções alternativas de menor impacto custo-produto; (h) o cumprimento de regras aplicáveis à sua natureza, aos objetivos e ao público-alvo.[334]

Os princípios constitucionais subjacentes à avaliação de programas são os da eficiência ampla (eficiência, economicidade, eficácia) e da efetividade (que decorre dos objetivos fundamentais

---

[333] Os exemplos foram retirados de TCU. *Manual...*, *cit.*, p. 19.

[334] TCU. *Manual...*, *cit.*, p. 18-19.

da república brasileira), que estão expostos no art. 3º da Constituição, pois a finalidade básica da Administração Pública num Estado democrático de direito não é a inconsciente busca dos fins legais, porquanto este sempre há de ostentar qualidades humanas e sociais positivas.[335]

Assim, como exemplo, as avaliações de programa devem buscar controlar, sindicar a relação existente entre o número de escolas construídas e reformadas e a redução da evasão escolar; entre o número de pessoas vacinadas e a erradicação de doenças infectocontagiosas; entre o número de servidores treinados e a qualidade dos serviços administrativos; entre o número de estradas recuperadas e a redução dos acidentes no trânsito.[336]

O grande desafio tanto das auditorias de desempenho operacional quanto das avaliações de programa é o desenvolvimento de indicadores seguros para mensurar eficazmente os resultados e os modos de atuação da ação governamental. De toda sorte, inegável que o uso das auditorias possibilita não só a detecção das faltas, mas fundamentalmente ações corretivas.

As auditorias de gestão podem contribuir significativamente para a melhora do desempenho e para a difusão de uma cultura ética na Administração Pública, na busca da maximização dos fundamentos e objetivos fundamentais da República.

7.7 Controle quanto à consequência jurídica

Tal como já se teve a oportunidade de anotar noutros pontos desta obra, existe uma tendência a se compreender a atividade de controle da Administração Pública como sinônima de responsabilização, numa perspectiva eminentemente punitivista do agente público e de outros agentes que se relacionam com estratos administrativos públicos. Bem por isso, os estudos e as classificações sobre o tema muitas vezes desconsideram as consequências jurídicas do exercício da atividade de controle sobre o patrimônio físico e moral

---

[335] *Idem*, p. 142.

[336] Os exemplos foram retirados do TCU, *Manual...*, *cit.*, p. 19.

dos agentes envolvidos, tampouco quanto aos respectivos reflexos no funcionamento da Administração Pública.

Sustenta-se nessa assentada que, no escopo do controle da Administração Pública, é fundamental divisar as consequências jurídicas do exercício da atividade controladora, as quais podem ser, basicamente, de duas ordens: (a) a responsabilização do agente mediante sanção (controle sancionatório); (b) a fixação de parâmetros de correção dos rumos da atividade administrativa mediante consenso (controle consensual).

O controle do tipo sancionatório, embora não desapareça diante das propostas de modernização da Administração Pública e do direito que lhe é peculiar (direito administrativo), é mais ajustado com a Administração unilateral e monológica que prevaleceu no passado, enquanto o controle consensual aqui proposto é afinado com a Administração concertada e dialógica, fundado no princípio da consensualidade, e utilizável todas as vezes em que não seja essencial se valer dos rasgos de imperatividade típicos de um agir estatal unilateral.

Diante de um cenário mais moderno, com ingredientes como controle de juridicidade e controle de gestão, aliados a uma perspectiva de facticidade na Administração Pública, torna-se possível separar o "joio do trigo" em ordem a distinguir hipóteses em que se realiza efetivamente controle (atividade que depende unicamente de elementos objetivos e que tem caráter corretivo) de hipóteses típicas de controle-responsabilização (atividade que mescla elementos objetivos e subjetivos e que tem, o mais das vezes, caráter sancionatório): a questão encontra-se umbilicalmente conectada aos efeitos jurídicos da atividade controladora para o agente que tenha agido em desconformidade com o direito. Se o fez, comprovadamente de má-fé, a consequência jurídica é sua responsabilização (controle--sanção). Se não, o princípio da boa-fé é obsequioso em impedir ou abrandar a sua punição, conforme, aliás, preceitua o §2º do art. 22, §2º da LINDB (incluído pela Lei nº 13.655/18) ao estabelecer que, "na aplicação de sanções, serão consideradas a natureza e a gravidade da infração cometida, os danos que dela provierem para a administração pública, as circunstâncias agravantes ou atenuantes e os antecedentes do agente".

Nesse sentido, instigantes são as disposições do art. 20 da LINDB (incluído pela Lei nº 13.655/18), segundo o qual, "nas esferas administrativa, controladora e judicial, não se decidirá com base em valores jurídicos abstratos sem que sejam consideradas as consequências práticas da decisão",[337] bem como a do art. 23 a ver que "a decisão administrativa, controladora ou judicial que estabelecer interpretação ou orientação nova sobre norma de conteúdo indeterminado, impondo novo dever ou novo condicionamento de direito, deverá prever regime de transição quando indispensável para que o novo dever ou condicionamento de direito seja cumprido de modo proporcional, equânime e eficiente e sem prejuízo aos interesses gerais".

O que se vê em tais preceitos é a necessidade de avaliar a situação concreta vivenciada pelo agente público na oportunidade da decisão, as consequências práticas do controle, além da necessidade de uma transitividade temporal nas mudanças de orientação ou na imposição de novos deveres e condicionantes ao exercício da atividade administrativa.

As colocações de que se apresentam pretendem o enfrentamento dos antiquados dogmas irrealistas, como o da completude do ordenamento jurídico, que ainda têm bastante força no Brasil e que conduzem muitos operadores a supor ser sempre possível identificar, entre princípios e regras, explícitos e extraíveis da Constituição, das leis e das normas infralegais, a solução específica determinada pelo direito para qualquer problema social ou questão prática.[338]

Em uma palavra, o reflexo dessa virada conceitual para o âmbito do exercício da atividade de controle tem relação direta

---

[337] O art. 20 da LINDB pode ser visto como um "freio de arrumação" na aplicação desmedida e generalizada de princípios jurídicos para solucionar controvérsias – à moda do tudo ou nada –, sem as necessárias: (a) ponderação interna (com outros princípios e regras do ordenamento jurídico); (b) ponderação externa (com a realidade fática subjacente). O dispositivo *"é orientado a reduzir indeterminação das decisões estatais, que muitas vezes restringem-se a invocar princípios abstratos"* (JUSTEN FILHO, Marçal. Dever de transparência, concretude e proporcionalidade nas decisões públicas. *Revista de Direito Administrativo*, Rio de Janeiro: Fundação Getúlio Vargas, 2018. Edição Especial. p. 13), No âmbito da ciência de administração, Herbert Simon já havia sustentado, na tomada de decisões, que as proposições valorativas, pelo seu caráter abstrato e subjetivo, não comportavam julgamentos, tipicamente objetivos, sob o critério de certo ou errado. As decisões administrativas possuem, a um só tempo, conteúdo ético e conteúdo factual, representando "uma conclusão tirada de um conjunto de premissas de fato e de valor".

[338] JORDÃO, Eduardo. Acabou o romance: reforço do pragmatismo no direito público. Revista de Direito Administrativo, Rio de Janeiro: Fundação Getúlio Vargas, 2018. Edição Especial. p. 67.

com a necessidade de aproximação, cada vez mais premente, entre fatos (condições de atuação) e normas *prima facie* (no âmbito do Direito), e entre procedimentos e demandas sociais (no âmbito da Administração Pública) – *ex facto oritur jus*.

7.7.1 Controle sancionatório

Elegeram-se para os estudos dos mecanismos de controle da Administração Pública quatro tipos de processo que encerram a perspectiva punitivista anteriormente mencionada e que prestigiam a linguagem burocrática e tradicional do direito administrativo. Ei-los: processo administrativo disciplinar (PAD) – que se apresenta como controle correcional –, ação de improbidade administrativa (AIA), ação de improbidade empresarial ou anticorrupção empresarial (AIE) e tomada de contas especial (TCE). Para cada um desses processos, nos tópicos subsequentes, seguir-se-á a proposição de fórmulas e instrumentos consensuais para o exercício da atividade de controle na Administração Pública, fundamentalmente para comprovar que a conciliação, a mediação e outros métodos de solução consensual de conflitos sejam estimulados por juízes, advogados, defensores públicos e membros do Ministério Público, inclusive no curso do processo judicial (art. 1º, §3º, do CPC).

7.7.1.1 Processo administrativo disciplinar (PAD)

Em regra, o termo processo encontra-se associado ao exercício da função jurisdicional do Estado, regulando-se pelo direito processual civil e criminal e pelo processo administrativo contencioso em países que adotam sistema de jurisdição dúplice (o que não é o caso do Brasil). Resquício da visão privatista que predominou até meados do século XIX (ocasião em que o direito administrativo ensaiava seus primeiros passos), essa associação encontra-se, hodiernamente, superada.

Conforme anota Odete Medauar, a partir do final dos anos 20 do século XX, entre os administrativistas, e dos anos 40, entre os processualistas, começaram a despontar entendimentos no sentido da presença de uma processualidade ampla, ligada ao exercício das três funções estatais. Às manifestações episódicas desse período, seguiu-se, nas décadas de 1950 e 1960, um aumento expressivo dos estudos acadêmicos a respeito, culminando, nos anos 1970 e 1980, numa convergência entre processualistas e administrativistas em torno da afirmação do esquema processual relativo aos poderes estatais. Essa postura denota uma evolução nas concepções de processualistas e administrativistas, tendo como referencial comum os dados do contexto sociopolítico das últimas décadas do século XX, assim como a busca de novas chaves metodológicas, adequadas a esse contexto e ao melhor exercício dos poderes estatais que o direito processual e o direito administrativo disciplinam.[339]

Entre os processualistas, o pioneirismo nesse modo de ver um núcleo processual comum ao exercício das funções estatais é atribuído a Carnellutti (*Sistema del diritto processuale civile*); entre os administrativistas, esse papel é reputado a Adolf Merkl (*Teoria Geral do Direito Administrativo*). Afirmou o último: em sentido rigoroso e técnico, fala-se em processo jurídico quando o caminho a um ato estatal não está na livre escolha do órgão competente para o ato, mas está previsto juridicamente. O direito processual administrativo é um caso particular do direito processual, e o processo administrativo é um caso particular do processo jurídico em geral.[340]

A evolução de sentido do processo, como elemento inerente ao exercício legítimo do poder do Estado, ganha impulso definitivo com a contribuição do italiano Feliciano Benvenuti (*Funzione amministrativa, procedimento, processo*) que sustentou a correta posição de que, no exercício das três funções estatais (legislação, administração e jurisdição), há sempre a presença da processualidade.

O processo é a manifestação sensível da função que leva à edição de um ato final (provimento). Isso equivale a dizer que nem sempre os atos estatais se apresentam ao mundo jurídico imediatamente; pelo contrário, muitas vezes, é mister que um caminho, definido juridicamente, seja percorrido até a emanação do ato – e este caminho caracteriza o processo ou, para utilizar nomenclatura

---

[339] MEDAUAR, Odete. *A processualidade no direito administrativo*. São Paulo: Revista dos Tribunais, 1993. p. 14-15.

[340] MERKEL, Adolf *apud* MEDAUAR. *A Processualidade..., cit.*, p. 19.

adequada, o procedimento. Em outras palavras: "O Estado poderá, mediante qualquer de seus órgãos, hierarquicamente dispostos ou não, criados pela Constituição ou por normas inferiores, manifestar sua vontade (*potestas*), que sempre assumirá a natureza de legislação, administração e jurisdição; vale dizer, virá ao mundo jurídico como lei, ato administrativo (em sentido amplo) ou sentença".

Acrescente-se, portanto, que, para que a função do Estado venha ao mundo na forma de ato jurídico, a regra é que se percorra um iter, que se denomina procedimento. Assim, ao exercício da função legislativa corresponde o procedimento (ou processo) legislativo; ao exercício da função jurisdicional corresponde o procedimento (ou processo) jurisdicional; e, finalmente, ao exercício da função administrativa corresponde o procedimento (ou processo) administrativo.

Bem de ver que não se deve confundir essa noção sobre o procedimento ou processo administrativo correlativo da função administrativa do Estado, com a presença em alguns países, influenciados pelo modelo francês de jurisdição dúplice, do denominado contencioso administrativo. Contencioso é o sistema de jurisdição especial em que tribunais não integrantes e independentes do Poder Judiciário julgam controvérsias entre a Administração e os administrados em matéria administrativa.[341]

Retornando-se à questão do processo administrativo no exercício da função administrativa, compartilha-se da doutrina de Fazzalari, para quem procedimento é gênero, e processo é espécie desse gênero. Afirma o processualista italiano que "*se, poi, al procedimento di formazione del provvedimento, alle attività preparatorie attraverso le quali si verificano i presupposti del provvedimento stesso, sono chiamati a participare, in una o più fasi, anche gli intessati, in contradditorio, cogliamo l'essenza del "processo": che è, appunto, un procedimento al quale, oltre all'autore dell'atto finale, partecipano, in*

[341] Na França, o contencioso administrativo é fruto do confronto entre o Parlamento, que exercia funções jurisdicionais, e os intendentes, órgãos locais da Administração. Os constituintes de 1789 (Lei nº 16, de 24.08.1790) disciplinaram que: "As funções judiciárias são distintas e permanecerão separadas das funções administrativas. Não poderão os juízes, sob pena de prevaricação, perturbar, de qualquer maneira, as atividades dos corpos administrativos". E a Constituição de 1791 (03.08.1791) previu que "os tribunais não poderiam invadir as funções administrativas ou mandar citar, para perante eles comparecerem, os administradores, por atos funcionais".

contraddittorio fra loro, gl'interresati, cioè i destinatari degli effetti di tale atto".[342]

E mais à frente continua: *"Se, poi, il procedimento à regolato in modo che vi partecipino anche coloro nella cui sfera giuridica l'atto finale è destinato a svolgere effeti (talché l'autore di esso debba tener conto della loro attività), e se tale partecipazione è congegnata in modo che i contrapposti interrasi (quelli che aspirano alla emanazione dell'atto finale – interessati in senso stretto – e quelli che vogliono evitarla – contro-interessati) siano sul piano di simmetrica parità; allora il procedimento comprende il contradditorio, si fa più articolato e complesso, e dal genus procedimento è consentito enucleare la species processo"*.[343]

O procedimento é toda e qualquer sucessão de atos que se compreendem entre o poder do Estado, abstratamente considerado, e sua forma de exteriorização, que é o seu ato final (lei, ato administrativo ou sentença), conquanto se afigure processo (em espécie) tão somente quando elemento essencial se faz presente ao longo do procedimento, qual seja a colaboração dos interessados, sob o prisma do contraditório.

E isso tem de ver com a participação dos interessados na formação do ato final (provimento), vale dizer, que os próprios destinatários possam e devam participar da concretização do poder do Estado no ato tradutor de sua manifestação. O contraditório caracteriza-se pela estrutura dialética do procedimento – a alternância de posições ativas e passivas entre o órgão estatal do qual emanará o ato e o sujeito (ou os sujeitos) destinatário deste ato:

---

[342] Em tradução livre: "Se, em seguida, à medida de formação do procedimento, as atividades de preparação através das quais se verificas os pressupostos de formação do provimento mesmo, são chamados a participar em uma ou mais fases, mesmo que como interessado, em contraditório, consideramos a essência do 'processo': isto é, precisamente, a um processo que, além do autor do ato final devem participar os beneficiários dos efeitos de tal ato" (FAZZALARI, Elio *apud* GONÇALVES, Aroldo Plínio. *Técnica Processual e Teoria do Processo*. Rio de Janeiro: Aide, 1992. p. 113).

[343] Em tradução livre "Se, então, o procedimento for regulado de tal forma que aqueles em cuja esfera jurídica o ato final está destinado a ter efeitos (na medida em que o autor deste último deve levar em conta sua atividade) participem, e se tal participação é organizada de modo que os opostos interrompidos (aqueles que aspiram à emissão do ato final – interessados no sentido estrito – e aqueles que querem evitá-lo – contrainteressados) são em termos de paridade simétricos; então o procedimento inclui a contradição, torna-se mais articulado e complexo, e a partir do procedimento do gênero é permitido identificar o processo da espécie" (*Idem*, p. 113).

o primeiro querendo respostas, justificativas, provas; o segundo apresentando-as e aguardando o pronunciamento daquele.

Dessa feita, trabalhar a questão do procedimento administrativo com essa perspectiva impõe a aceitação de mudanças no eixo metodológico do direito administrativo, fundamentalmente pela sua evolução de sentido, inaugurada na Itália – com os estudos sobre a processualidade administrativa – e na Alemanha – com a teoria das relações jurídicas substantivas, aliadas à paulatina imbricação dos sistemas do *common law* e do *rule of law*, a partir da terceira quadra do século XX.

Nesse particular, é imprescindível consultar o conjunto da obra do português Vasco Manuel Dias Pereira da Silva. Os excertos do professor lusitano demonstram a passagem do ato administrativo às relações jurídicas subjacentes e ao procedimento respectivo como conceitos essenciais à compreensão democrática do exercício da atividade administrativa, conforme destacado nos capítulos antecedentes desta obra. Para ele, o ato administrativo "é apenas uma fotografia instantânea que representa relações (jurídicas) em movimento, porque ele fundamenta, cria ou põe termo a uma relação jurídica, e porque esta relação jurídica é muito mais importante e interessante que o ato administrativo para uma reflexão jurídico-material".[344]

Reconhece-se, sob influência de tal perspectiva, que a atuação da Administração Pública (como poder administrativo do Estado) deve ser obrigatoriamente desempenhada num esquema processual, assegurando aos particulares atingidos pelas medidas administrativas o direito de postulação perante órgãos e entidades administrativos na defesa de seus direitos e contra os abusos de poder (ver art. 5º, XXXIV, "a", da Constituição).

No Brasil, o artigo 5º, inciso LIV, da Constituição determina que ninguém será privado de seus bens (e de sua liberdade) sem o devido processo legal, e o inciso LV, em acréscimo, prescreve que, aos litigantes no processo administrativo (devido processo legal administrativo), à semelhança dos processos judiciais, devem

---

[344] SILVA, Vasco Manuel Pereira. *Em busca do acto administrativo perdido*. Coimbra: Almedina, 1996.

ser assegurados a ampla defesa e o contraditório com os meios e recursos a ela inerentes. O significado dessas disposições implica permitir que, diante de qualquer atuação administrativa em que potencialmente haja risco de privação de bens do patrimônio particular, deve-se garantir ao cidadão, independentemente de previsão legal, a oportunidade do exercício do contraditório e da ampla defesa ainda na esfera administrativa e antes que a controvérsia subjacente deságue na esfera judicial.

A Administração Pública, para efeito de realizar o controle da conduta daqueles agentes subordinados ao seu poder disciplinar (agentes submetidos à sua disciplina interna), vale-se de uma vasta gama de procedimentos, que recebem a designação de processo administrativo.[345]

Atualmente, a Lei Federal nº 9.784, de 29 de janeiro de 1999, conquanto seja teoricamente restrita em aplicabilidade ao âmbito da União, pode ser considerada como norma geral de processo administrativo, seja pela construção jurisprudencial, seja pelo que dispõe o art. 15 do Código de Processo Civil.

A Lei nº 9.784/99 trata de princípios e conceitos gerais e garante que matérias específicas continuem a ser regidas por procedimentos próprios disciplinados em lei (art. 69), servindo neste caso como válvula de segurança, de aplicação subsidiária, regulando, por tabela, processos administrativos licitatórios, processos administrativos tributários, processos administrativos regulatórios, processos administrativos de controle; dentre eles, o processo administrativo disciplinar. Em nível federal, o processo disciplinar dos servidores da União está regulado pela Lei nº 8.112, de 11 de dezembro de 1990.

---

[345] Grande parte da doutrina brasileira, ao tratar do tema, prefere utilizar o termo "procedimento administrativo" em vez de "processo administrativo". Optamos pela utilização deste último por considerarmos que melhor representa a essência do fenômeno. Ademais, cumpre observar que a Constituição Federal utiliza o termo "processo", e não "procedimento", em vários de seus dispositivos (art. 5º, LV; art. 37, XXI; e art. 41, §1º). Como assevera Odete Medauar, "muitos administrativistas e tributaristas utilizam o termo 'procedimento'. Uma das explicações para o uso deste vocábulo encontra-se no receio de confusão com o processo jurisdicional. Mas essa confusão não ocorre, em virtude do acréscimo do qualificativo que identifica a função a que se refere; assim, a locução 'processo administrativo' revela que se trata de processo que existe no âmbito da função administrativa" (MEDAUAR, Odete. *Direito administrativo moderno*, p. 456).

O processo administrativo disciplinar é a forma por excelência de controle correcional da Administração Pública, integrando-se no âmbito do controle interno *lato sensu*. No processo administrativo disciplinar, o bem jurídico que se tutela é a disciplina dentro do serviço público e a lisura no exercício funcional. É da tradição do direito brasileiro a existência de procedimentos distintos a envolver a questão da disciplina interna da Administração Pública: sindicância-investigação (art. 145, I), sindicância-processo (art. 145, II) e processo administrativo disciplinar (145, III).

A sindicância-investigação[346] é típico procedimento de apuração de fatos no âmbito interno, todavia destituído de potencial punitivo. Ela pode até culminar com a instauração do processo administrativo disciplinar ou com o seu arquivamento, ao passo que a sindicância-processo é um processo administrativo mais singelo, utilizado para faltas com menor potencial ofensivo (advertência ou suspensão de até 30 dias), e o processo administrativo disciplinar para faltas com maior potencial (suspensão acima de 30 dias, demissão, cassação de aposentadoria ou disponibilidade, destituição de cargo em comissão, destituição de função comissionada).

Sobre serem a sindicância-processo e o processo administrativo disciplinar procedimentos de mesma natureza e regidos pelos mesmos princípios fundamentais – a distinção está na estrutura menos litúrgica da primeira –, trataremos de ambos sob o signo do processo administrativo disciplinar.

O processo administrativo disciplinar é o procedimento utilizado pela Administração Pública para apurar e punir as faltas de seus servidores, com as fases e requisitos definidos em lei, como

[346] Após a edição da Lei nº 13.869/2019 (Lei de Abuso de Autoridade), a CGU instituiu a Investigação Preliminar Sumária (IPS), com base no art. 27 da referida lei, que criminaliza a instauração de procedimento investigatório sem indícios mínimos de irregularidade, ressalvando, no parágrafo único, a possibilidade de sindicância ou investigação preliminar sumária, desde que devidamente justificadas. A IPS foi inicialmente regulamentada pela Instrução Normativa CGU nº 8/2020 e atualmente é disciplinada pelo art. 40 da Portaria Normativa CGU nº 27, de 11 de outubro de 2022, como um mecanismo de apuração anterior à instauração de procedimento disciplinar acusatório, em conformidade com as garantias legais contra o abuso de autoridade. Assim, embora ainda subsista a sindicância-investigação (SINVE), com características inquisitivas e natureza preparatória, a tendência é que a IPS venha progressivamente a substituí-la como instrumento preferencial para a apuração inicial de irregularidades. Com a conclusão da IPS, a autoridade competente poderá deliberar pela instauração de processo acusatório ou pelo arquivamento da notícia de fato.

expressão do denominado poder disciplinar. As fases do processo administrativo disciplinar são instauração, instrução e julgamento (art. 153 da Lei nº 8.112/90). Há, ainda, a possibilidade de recursos administrativos.

O processo disciplinar tem início quando a autoridade competente, ao tomar ciência da irregularidade ou falta disciplinar cometida, pratica o ato de instauração. O ato de instauração deve conter os nomes das pessoas envolvidas, a infração de que são acusados, com descrição dos fatos, e a indicação dos dispositivos legais violados. A comissão processante designada para conduzir o processo deverá ser constituída por servidores públicos efetivos e estáveis. A instrução é a fase destinada a construir o espectro probatório do processo e deve ser regida pelos princípios do contraditório, da ampla defesa e pelo impulso oficial. Apreciada a defesa, a comissão elaborará um relatório, mediante o qual sugerirá a absolvição ou a penalização dos acusados. O relatório, sem caráter vinculante, será enviado para a autoridade competente para a tomada de decisão.

Nesse julgamento, a autoridade está obrigada a motivar sua decisão, na forma do art. 50 da Lei nº 9.784/99 e do art. 23 da LINDB. Da decisão que vier a ser adotada no processo, caberão recursos, conforme admitidos na legislação de regência. Sobre o tema do devido processo legal nos processos administrativos disciplinares, o STF editou a Súmula Vinculante nº 5, que dispõe: "A falta de defesa técnica por advogado no processo administrativo disciplinar não ofende a Constituição".

A edição dessa súmula vinculante foi tomada no julgamento do RE 434.059, interposto pelo INSS e pela União contra decisão do Superior Tribunal de Justiça que afirmava ser obrigatória a presença de advogado em todas as fases do processo administrativo disciplinar.[347] Entendeu o STJ, naquela assentada, que o PAD estaria eivado de nulidade, porquanto ausente defesa técnica, corolário da ampla defesa, revelando-se violação ao artigo 5º, LV e ao artigo 133 da Constituição.[348]

---

[347] A Súmula 343 do STJ prescreve: "É obrigatória a presença de advogado em todas as fases de processo administrativo disciplinar".

[348] Além desse caso, outros três precedentes também serviram de base para a edição da Súmula Vinculante 5: Agravo Regimental no RE 244.277, Ellen Gracie; AR em Agravo de Instrumento 207.197, Octávio Gallotti, e Mandado de Segurança 24.961, Carlos Velloso.

Os ministros do STF consideraram que a presença do advogado no PAD seria, como regra, uma faculdade outorgada ao servidor (e não uma obrigação), nos termos do artigo 156 da Lei nº 8.112/90 (Estatuto dos Servidores Públicos Federais).[349] Três seriam as exceções possíveis: a) se o servidor processado estivesse em lugar incerto e não sabido (caso em que caberia ao órgão público designar um procurador); b) se objeto processual fosse revestido de complexidade tal que fugisse à compreensão do processado (caso em que o órgão público disponibilizaria o advogado, se o servidor não dispusesse de recursos bastantes); c) se o servidor fosse revel, apresentando-se então a ele um defensor dativo.[350] Posteriormente, a jurisprudência da corte admitiu distinção (*distinguish*) no sentido de que a Súmula Vinculante 5 não é aplicável em processos administrativos para apuração de falta grave em estabelecimentos prisionais.[351]

Bem de ver que há posicionamentos doutrinários que questionam o mérito da decisão do STF. Marcelo Cattoni de Oliveira e Dierle Nunes, por exemplo, destacam que "quando a Constituição da República estabelece princípios processuais constitucionais, tem por objetivo garantir ao cidadão a possibilidade de atuar com competência na defesa de seus direitos. A 'competência de atuação' (*Handlungskompetenz*) corporifica-se exatamente na capacidade da parte antecipar as estratégias da outra e de se posicionar diante das argumentações e decisões, o que obviamente se aplica em qualquer

---

[349] "Art. 156. É assegurado ao servidor o direito de acompanhar o processo pessoalmente ou por intermédio de procurador, arrolar e reinquirir testemunhas, produzir provas e contraprovas e formular quesitos, quando se tratar de prova pericial".

[350] Na doutrina do Direito Administrativo brasileiro, a questão da defesa técnica não apresenta uniformidade. José dos Santos Carvalho Filho (CARVALHO FILHO, José dos Santos. *Manual de Direito Administrativo*. 18. ed. Rio de Janeiro: Lúmen Júris, 2008. p. 913), Hely Lopes Meirelles (MEIRELLES, Hely Lopes. *Direito Administrativo Brasileiro*. 28. ed. São Paulo: Malheiros, 2003, p. 662) e Maria Sylvia Zanella Di Pietro (DI PIETRO, Maria Sylvia Zanella. *Direito Administrativo*. 21. ed. São Paulo: Atlas, 2008, p. 60) entendem, tal como o STF, ser facultativa a presença de advogado no processo administrativo disciplinar. Por outro lado, Diógenes Gasparini (GASPARINI, Diógenes. *Direito Administrativo*. 7. ed. São Paulo: Saraiva, 2002, p. 810), Odete Medauar (MEDAUAR, Odete. *Direito Administrativo Moderno*. 12. ed. São Paulo: Revista dos Tribunais) e Sebastião José Lessa (LESSA, Sebastião José. *Processo Administrativo Disciplinar*: a Súmula nº 343 do STJ, DJ 21.09.07, Defesa técnica: Presença do advogado. *Fórum Administrativo*, Belo Horizonte, ano 8, n. 84, p. 8, fev. 2008) sustentam que a defesa técnica (por profissional habilitado) é da essência do princípio constitucional da ampla defesa.

[351] Cf., por todos, Rcl 9.340 AgR, relator ministro Ricardo Lewandowski, Tribunal Pleno, julgamento em 26/8/2014, DJe de 5.9.2014).

estrutura normativa legítima formadora de provimentos (processo), judicial e administrativo" (*Wassermann, Rudolf. Der soziale Zivilprozeß: Zur Theorie und Praxis des Zivilprozesses im sozialen Rechsstaat. Neuwied, Darmstadt: Luchterhand,* 1978, p. 140).[352]

Os mesmos autores sustentam que "a defesa técnica e a participação de um advogado não é uma necessidade corporativa de uma instituição como a Ordem dos Advogados, mas uma garantia de qualquer cidadão (servidor ou não) de poder atuar de modo competente e técnico na defesa de seus direitos (...) o Supremo Tribunal Federal não pode interpretar os artigos 5º, inciso LV, e 133 da Constituição da República, que asseguram o direito a um defensor ou do direito a uma defesa técnica sob o argumento de pseudoeficiência apresentado (...) Não há garantia de 'acesso à justiça' sem advogado competente, e isso por uma questão de garantia do princípio da igualdade".[353]

Deveras, os processos administrativos disciplinares possuem nítida inspiração nos princípios e premissas do Direito Penal. O Direito Administrativo Sancionador – em particular na sua vertente disciplinar – tem raízes comuns com a disciplina do Direito Penal. No Direito hispânico, José Maria Quirós Lobo, Eduardo Garcia de Enterría e Tomaz Fernandes, Juan Carlos Cassagne, Hector Villegas, Passos de Freitas e Luciano Amaro fazem coro a essa aproximação, pugnando pela existência de uma matriz comum para o Direito sancionador (Penal e Administrativo), com destaque para antijuridicidade, tipicidade, imputabilidade, culpabilidade e punibilidade.[354]

Logo, não é despiciendo sustentar que as garantias constitucionais implícitas, inerentes ao Estado Democrático de Direito (artigo 5º, §2º da Constituição), conduzem à aplicação, o quanto possível, dos postulados penais às faltas administrativas, apontando no sentido da

---

352 CATTONI DE OLIVEIRA, Marcelo Andrade; NUNES, Dierle José Coelho Nunes. Súmula Vinculante 5 do Supremo Tribunal Federal é inconstitucional. Disponível em: https://www.conjur.com.br/2008-mai-22/sumula_vinculante_stf_inconstitucional. Acesso em: 05 mar. 2020.

353 *Idem.*

354 NOBRE, Edilson Pereira. Sanções administrativas e sanções do direito penal. Disponível em: http://www.rkladvocacia.com/arquivos/artigos/art_srt_arquivo20091210115714.pdf. Acesso em: 05 mar. 2020.

necessidade de revisitação do verbete (conforme autorizado pela Lei nº 11.417/06, artigo 3º).[355]

Após a segunda edição deste livro, a discussão ganhou ainda mais força, em virtude da edição da Lei nº 14.365/22, que incluiu o §2º-A ao art. 2º da Lei nº 8.906/94 (Estatuto da Advocacia). O novo dispositivo expõe que: "No processo administrativo, o advogado contribui com a postulação de decisão favorável ao seu constituinte, e os seus atos constituem múnus público". A norma reforça o papel institucional do advogado não apenas em processos judiciais, mas também no âmbito administrativo, destacando a importância da defesa técnica.

Embora o Supremo Tribunal Federal ainda não tenha revisado a Súmula Vinculante nº 5 à luz da nova legislação, o dispositivo abre espaço para uma reinterpretação constitucional do devido processo legal nos procedimentos administrativos disciplinares. A redação do §2º-A indica que a defesa técnica não pode mais ser compreendida como mera faculdade do administrado, mas como componente essencial à ampla defesa – especialmente quando estiver em jogo a imposição de sanções que afetem direitos funcionais. Cabe questionar, ainda, a edição da Súmula Vinculante 5 do STF a partir do exame do conteúdo das próprias decisões que lhe deram ensejo. É que o debate em torno do acórdão originário da súmula circunscreveu-se à disciplina da Lei nº 8.112/90 (artigo 156), que é norma eminentemente federal, aplicável apenas aos servidores públicos da União. O texto sumular, a seu turno, é mais abrangente, sugerindo transcendência automática aos âmbitos dos processos disciplinares estaduais e municipais, sem discernimento ao que disciplinam as legislações respectivas.

Com efeito, é possível que a legislação estadual ou municipal disponha, diferentemente da Lei nº 8.112/90, no sentido de que a defesa técnica por procurador habilitado (advogado) deva ser obrigatória nos processos administrativos disciplinares. E não haveria nenhuma impropriedade nisso, porquanto a competência legislativa quanto ao tema pertence a cada unidade federativa – a Constituição, em matéria de processo administrativo, "não fixa competência

---

[355] *Idem.*

legislativa privativa da União, mas permite que cada ente crie seu regramento básico ou essencial, tendo em vista sua autonomia".[356]

A inovação legislativa introduzida pela Lei nº 14.365/2022, que acrescentou o §2º-A ao art. 2º da Lei nº 8.906/94, reforça essa possibilidade ao reconhecer expressamente que, também no processo administrativo, os atos do advogado constituem múnus público. Trata-se de norma geral de caráter federal, que valoriza a atuação técnica no âmbito administrativo e contribui para a consolidação do devido processo legal substancial. Ainda que não tenha revogado a Súmula Vinculante nº 5 do STF, essa nova disposição normativa federal serve de fundamento adicional para que o legislador estadual ou municipal preveja, de forma legítima, a obrigatoriedade da defesa técnica em seus processos administrativos disciplinares, sem que isso implique ofensa à jurisprudência vinculante da Corte Suprema.

Assim sendo, nos casos em que o legislador regional ou local (e mesmo o federal, se houver alteração legislativa ou norma específica com orientação diversa do artigo 156 da Lei nº 8.112/90) vier a fixar a obrigatoriedade da presença do advogado no processo administrativo disciplinar, a ausência desse profissional, a despeito do conteúdo da Sumula Vinculante 5 do STF, violará o princípio da ampla defesa e da legalidade, gerando, como consequência, a nulidade do processo disciplinar (PAD).

7.7.1.2 Ação de improbidade administrativa (AIA)

As ações civis públicas de improbidade administrativa são ajuizadas com base na Lei nº 8.429, de 2 de junho de 1992, editada para regulamentar o art. 37, §4º, da Constituição. Esta lei foi profundamente alterada pela Lei nº 14.230/21. As sanções previstas nessa lei são severas (perda dos bens ou valores acrescidos ilicitamente ao patrimônio, ressarcimento integral do dano, perda da função pública, suspensão dos direitos políticos, pagamento de multa civil, proibição de contratar com o poder público ou receber benefícios ou incentivos fiscais ou creditícios), podendo, ainda, ser cumuladas

---

356 NOHARA, Irene Patrícia. MARRARA, Thiago. *Processo Administrativo*: Lei 9.784/99 Comentada. São Paulo: Atlas, 2009. p. 28.

com sanções penais e administrativas de âmbito interno (PAD). A nova lei aumentou penas para atos de improbidade administrativa.

De acordo com a Lei nº 8.429/92, existem três hipóteses de atos de improbidade administrativa. As condutas que implicam enriquecimento ilícito do agente (art. 9º), as que causam lesão ao erário (art. 10) e as que constituem violação de princípios da Administração Pública (art. 11). Na versão original da lei de improbidade administrativa, pela vastidão de condutas comissivas e omissivas, dolosas e culposas, contempladas, dificilmente a prática de um ato meramente irregular ou aparentemente regular potencialmente escapava da pecha da improbidade.

Com efeito, existia uma tendência subliminar, talvez inconsciente, de se punir por improbidade administrativa atos ilegais que não se faziam acompanhar de violações dos deveres de lealdade, honestidade e boa-fé. Essa tendência derivava da perspectiva legalista de enxergar o fenômeno administrativo público, porque imperava nos estudos tradicionais sobre o direito administrativo o jargão de que "na administração pública só é possível fazer o que a lei autoriza" (MEIRELLES). Com isso, o fenômeno de Administração Pública terminava por ser visualizado numa perspectiva típica da Administração liberal, como atividade mecânica e oficiosa de aplicação da lei. E se se tem a lei como esquadro para dizer da licitude ou ilicitude das condutas, qualquer ilegalidade era tratada como improbidade.

Entretanto, o próprio sentido gramatical da palavra improbidade, que deriva do latim *improbitas*, significa má qualidade, imoralidade, malícia. Para os romanos, a improbidade impunha aos indivíduos a ausência de *existimatio* – responsável por atribuir aos homens o bom conceito social – e, sem a *existimatio*, os indivíduos se converteriam em *homines intestabiles*, aqueles sem capacidade ou idoneidade para a prática de certos atos da vida.[357]

No âmbito do direito administrativo, a noção de improbidade resulta de um acoplamento estrutural entre os campos normativos do direito e da moral (LUHMANN). Este acoplamento não vai ao ponto de transformar o direito (administrativo) num subproduto da

[357] SILVA, De Plácido e. *Vocabulário jurídico*. Rio de Janeiro: Forense, 2014. p. 416.

moral – tendência verificada ultimamente no Brasil e denunciada sistematicamente por Lenio Streck,[358] mas exige que a caracterização do delito correspondente (delito de improbidade) apresente repercussão negativa e simultânea no âmbito do direito (legalidade) e da moral (moralidade = princípio da moralidade administrativa).

Decerto, não há na doutrina brasileira maiores controvérsias quanto à interdependência existente entre a probidade e a moralidade administrativas. José Afonso da Silva, nesse sentido, enfatiza que a imoralidade administrativa é gênero do qual a improbidade administrativa é espécie: "A probidade administrativa é uma forma de moralidade administrativa que mereceu consideração especial da Constituição, que pune o improbo com a suspensão do direito político (art. 37, §4º). A probidade administrativa consiste no dever de o 'funcionário servir a Administração com honestidade, procedendo no exercício das suas funções, sem aproveitar os poderes ou facilidades dela decorrentes em proveito pessoal ou de outrem a quem queira favorecer'. O desrespeito a esse dever é que caracteriza a improbidade administrativa. Cuida-se de uma imoralidade administrativa qualificada. A improbidade administrativa é uma imoralidade qualificada pelo dano ao erário e correspondente vantagem ao improbo ou a outrem".[359]

E Porto Neto arremata que "o conceito de improbidade administrativa está delimitado na Constituição apenas de maneira implícita. A Carta do país relaciona o conceito de ato de improbidade com a atuação administrativa contra o princípio da moralidade. As severas penas previstas na Constituição para aqueles que praticam ato de improbidade (artigo 37, parágrafo 4º) já conduzem à conclusão de que ato de improbidade não é uma simples violação da ordem jurídica. A moralidade administrativa, para fins de probidade, não pode ser considerada como sinônimo de legalidade".[360]

---

[358] Ver os textos publicados por STRECK, Lenio. *Coluna senso incomum*. Disponível em: http://www.conjur.com.br/secoes/colunas/senso-incomum.

[359] SILVA, José Afonso da. *Curso de direito constitucional positivo*. 41. ed. Belo Horizonte: Saraiva, 2018. p. 668-669.

[360] PORTO NETO, Benedicto Pereira; PORTO FILHO. Pedro Paulo de Rezende. *Violação ao dever de licitar e a improbidade administrativa*. *In*: BUENO, Cássio Scarpinella; PORTO FILHO, Pedro Paulo de Rezende. *Improbidade Administrativa: questões polêmicas e atuais*. 2. ed. São Paulo: Malheiros, 2003. p. 114-116.

Sempre nos pareceu indisputável, portanto, a distinção entre os conceitos de ilegalidade e improbidade administrativa, exigindo-se que a configuração desta última se desse a partir de uma ilegalidade (pressupondo desrespeito à lei) coadjuvada pela lesão aos princípios da moralidade e da boa-fé (pressupondo violação a tais princípios). Fábio Medina Osório descreve que, em matéria de improbidade (que exige observância dos princípios da legalidade e tipicidade proibitiva), a propugnada superioridade axiológica dos princípios sobre as regras (violar um princípio é mais grave que violar uma regra) "há que ser vista com reservas e cautelas, visto como princípios constitucionais que presidem o direito punitivo recomendam a incidência de normas com maior densidade e segurança na formação dos tipos. A exigência de lesão grave aos princípios não exclui a lesão às regras que lhe são subjacentes. A lesão há de ser dúplice: aos princípios e às regras, inclusive aí reside parte da gravidade exigível. Simultaneamente, a ação ímproba vulnera regras e princípios. Não existe ação que venha a vulnerar tão-somente princípios, ou apenas as regras. A incidência há de ser simultânea e obrigatoriamente conjunta".[361]

Com efeito, o objetivo do legislador constituinte, ao tratar dos atos de improbidade administrativa, foi o de proteger o princípio da moralidade administrativa, expressamente previsto no *caput* do art. 37 da Constituição da República. Como diz Carvalho Filho: "Diante do direito positivo, o agente ímprobo sempre se qualificará como violador do princípio da moralidade".[362]

Realmente, a qualificação de determinado ato jurídico como portador da pecha da improbidade administrativa (com as consequentes imputações) não se pode dar exclusivamente no campo de incidência do princípio da legalidade, reclamando imprescindivelmente a intromissão da causa ou dos efeitos desse ato no raio de proteção do princípio da moralidade administrativa. Por isso é que a Lei nº 14.230/21 alterou a tipificação dos atos de improbidade administrativa, estabelecendo um freio de arrumação na matéria,

---

[361] OSÓRIO, Fábio Medina. *Teoria da Improbidade Administrativa*. São Paulo: Revista dos Tribunais, 2005. p. 331.

[362] CARVALHO FILHO, José dos Santos. *Manual de direito administrativo*. 32. ed. rev., atual. e ampl. São Paulo: Atlas, 2018. p. 984-985.

para apenas admitir a sua existência diante de comportamentos especificamente dolosos (condutas portadoras de dolo específico).

É que a extraordinária gravidade das sanções cominadas pela Constituição (art. 37, §4º) e pela Lei nº 8.429/1992 aos atos de improbidade administrativa não se coaduna com condutas imbuídas de boa-fé, com ilícitos de menor ou de nenhuma repercussão no campo normativo da moral, como também não se coaduna com potenciais divergências sobre a melhor interpretação do direito (delitos de exegese). Essa parametrização (que segrega improbidade de ilegalidade) decorre diretamente da Constituição da República e deve iluminar a interpretação da legislação infraconstitucional (Lei nº 8.429/1992), fundamentalmente para definir o elemento subjetivo necessário para o fim de tipificar atos de improbidade administrativa.

A temática chegou ao âmbito do STF. A primeira decisão da Corte sobre as alterações da Lei nº 14.230/21 foi adotada no Acórdão do ARE 843989/PR, rel. Min. Alexandre de Moraes, dando ensejo ao Tema 1199, *verbis:*

> 1) É necessária a comprovação de responsabilidade subjetiva para a tipificação dos atos de improbidade administrativa, exigindo-se – nos artigos 9º, 10 e 11 da LIA – a presença do elemento subjetivo – DOLO;
> 2) A norma benéfica da Lei 14.230/2021 – revogação da modalidade culposa do ato de improbidade administrativa –, é IRRETROATIVA, em virtude do artigo 5º, inciso XXXVI, da Constituição Federal, não tendo incidência em relação à eficácia da coisa julgada; nem tampouco durante o processo de execução das penas e seus incidentes;
> 3) A nova Lei 14.230/2021 aplica-se aos atos de improbidade administrativa culposos praticados na vigência do texto anterior da lei, porém sem condenação transitada em julgado, em virtude da revogação expressa do texto anterior; devendo o juízo competente analisar eventual dolo por parte do agente;
> 4) O novo regime prescricional previsto na Lei 14.230/2021 é IRRETROATIVO, aplicando-se os novos marcos temporais a partir da publicação da lei.

Como se vê, o STF temperou alguns dos efeitos da nova lei, particularmente quanto: a) ao reconhecimento da constitucionalidade da exclusão da culpa como elementar do tipo de improbidade administrativa prevista no artigo 10; b) à aplicação retroativa mitigada da *abolitio maleficium* (alcançando apenas os processos em curso e excluindo as decisões com trânsito em julgado); c) à irretroatividade do prazo de prescrição geral (que poderia ou não ser mais benéfica) ou intercorrente, cujo *dies a quo* compreendeu ser a data de vigência da nova lei.

Prevaleceu o entendimento de que a regra da nova lei seria irretroativa para a prescrição e parcialmente retroativa para a modalidade culposa de atos de improbidade administrativa. No último caso, a retroatividade alcançaria processos em curso, porém não processos concluídos, transitados em julgado.

A questão do ato de improbidade culposo tem relação direta com a atipicidade superveniente das condutas descritas no artigo 10 da LIA, porquanto, sem a descrição do delito pela nova lei, inviável se torna a subsunção com base na lei revogada (*nullum crimen nulla poena sine lege*).

Em outros termos, ao determinar que a norma revogadora do tipo infracional culposo alcançaria atos praticados anteriormente à sua vigência, respeitado, apenas, o limite da coisa julgada, o Supremo Tribunal Federal acabou por reconhecer, por maioria de votos (7 a 4), a aplicação da *teoria da retroatividade média ou mitigada das normas materiais mais benéficas ao direito administrativo sancionador*.[363]

Dessa forma, são passíveis de questionamentos posições jurídicas que pretendam dar interpretação restritiva às hipóteses de aplicação retroativa da Lei nº 14.230/21, adstringindo-se a temática em discussão aos atos qualificados como ímprobos culposos, ainda não transitados em julgado.

É dizer que o pronunciamento do STF não passou a ser uma espécie de ato condição para a aplicação das novas regras da Lei nº 14.230/21, e são várias, que tornam atípicas condutas antes constantes do raio de incidência da Lei de Improbidade Administrativa. Ora, se uma lei deixa de tipificar determinada conduta como delituosa, não é mais possível aplicar essa lei revogada a processos em curso,

---

[363] Conforme esclarece o ministro Roberto Barroso, com base na doutrina de José Carlos de Matos Peixoto (*Curso de Direito Romano*, Editorial Peixoto S.A., 1943, tomo I, p. 212-213), "a retroatividade máxima ocorre 'quando a lei nova abrange a coisa julgada (sentença irrecorrível) ou os fatos jurídicos consumados'; a retroatividade média se dá 'quando a lei nova atinge os direitos exigíveis, mas não realizados antes de sua vigência'; a retroatividade mínima sucede 'quando a lei nova atinge apenas os efeitos dos fatos anteriores, verificados após a sua entrada em vigor'". (ADI 1220, relator(a): ROBERTO BARROSO, Tribunal Pleno, julgado em 19.12.2019, ACÓRDÃO ELETRÔNICO DJe-055, DIVULG 12.03.2020, PUBLIC 13.03.2020).

porque os fatos hostilizados simplesmente deixaram de ser típicos (não há delito sem lei anterior que o define). Uma tal tipificação exigiria disposição expressa no sentido da ultratividade da lei antiga, situação que não se encontra nas disposições da Lei nº 14.230/21.

A propósito, passagens do voto vencedor do ministro Alexandre de Moraes no voto que deu origem ao Tema 1199 traduzem essa maneira de pensar: "a norma mais benéfica prevista na Lei nº 14.133/21 – revogação da modalidade culposa do ato de improbidade administrativa –, portanto, não é retroativa e, consequentemente, não tem incidência sobre a eficácia da coisa julgada, nem tampouco durante o processo de execução das penas e seus incidentes, uma vez que, nos termos do artigo 5º, XXXVI. (...) 'Ressalte-se, entretanto, que apesar da irretroatividade, em relação a redação anterior da LIA, mais severa por estabelecer a modalidade culposa do ato de improbidade administrativa em seu artigo 10, vige o princípio da não-ultratividade, uma vez que não retroagirá para aplicar-se a fatos pretéritos com a respectiva condenação transitada em julgado, mas tampouco será permitida sua aplicação a fatos praticados durante a sua vigência, mas cuja responsabilização judicial ainda não foi finalizada'. (...) 'Em virtude do princípio *tempus regit actum*, não será possível uma futura sentença condenatória com base na norma legal revogada expressamente'".

É dizer, portanto, que na conjugação das noções de retroatividade e não ultratividade, tendo como parâmetro apenas a coisa julgada (para trás) e a impossibilidade de tipificação da conduta (para frente), o voto condutor da decisão do STF reconhece não haver sobrevida automática a quaisquer disposições materiais mais punitivas da lei revogada.

A doutrina explica as razões constitucionais para tanto: "a Constituição consagra é o direito fundamental de que a pessoa só pode ser punida se houver lei vigente ao tempo do ilícito e da punição. Ou seja, se a conduta foi praticada ao tempo da lei e se esta vige no exato momento de aplicação definitiva da sanção: naquele instante em que o ato judicial se torna real, concreto, exigível sem direito a recursos contra a decisão que o proferiu. Por isso que não parece constitucional punir hoje, com fundamento em lei que não mais existe (ainda que o fato tenha sido praticado ao seu tempo e até se o processo judicial esteja em desenvolvimento). Mesmo porque a capacidade punitiva do Estado precisa ser entendida restritivamente e só existe em decorrência da lei, inclusive quando da definição de se houve (ou não) um ilícito punível. O direito punitivo – tanto o penal, quanto o administrativo e político – não é imune a essa estruturação constitucional. Se não fosse assim, bastaria ao legislador transformar em ilícitos administrativos todos os crimes, e estariam aniquiladas as garantias constitucionais penais. O que a Constituição impede é a persistência dos efeitos punitivo-penais da lei revogada".[364]

Como se não bastasse, a contagem matemática dos votos dos ministros do STF no julgamento e aprovação do Tema 1199, na parte atinente à retroatividade da abolição do delito culposo, corroboram com as premissas aqui sustentadas. Os votos pela retroatividade de normas de Direito Material mais benéficas de Direito Administrativo Sancionador foram adotados pelos Ministros Alexandre de Moraes: *retroatividade mitigada* (respeitada a coisa julgada); André Mendonça: *retroatividade total* (admitindo ação rescisória); Nunes Marques: *retroatividade total* (admitindo rescisão ampla); Dias Toffoli: *retroatividade total* (admitindo rescisão ampla); Ricardo Lewandowski: retroatividade total (segue André Mendonça no voto, mas adere à tese da maioria: voto do ministro Alexandre de Moraes); Gilmar Mendes: *retroatividade total* (admitindo rescisão ampla); Luiz Fux: *retroatividade mitigada* (segue o Min. Alexandre Moraes).

Os votos contrários à retroatividade de normas de Direito Material mais benéficas de Direito Administrativo Sancionador: Ministros Edson Fachin (irretroatividade total); Roberto Barroso (irretroatividade total); Carmem Lúcia (irretroatividade total); Rosa Weber (irretroatividade total).

Como se vê, a tese da irretroatividade plena e sem restrição contou com quatro votos dos excelentíssimos ministros (e foi derrotada), ao passo que a retroatividade total, sem o limite da coisa julgada, também contou com quatro votos (tendo sido parcialmente derrotada). Por outro lado, a tese do relator, que se tornou a vencedora, contou com três votos e concluiu pela retroatividade ou irretroatividade parcial da

[364] MOREIRA, Egon Bockman; BINENBOJM, Gustavo. A eficácia imediata da Lei de Improbidade e o julgamento do Tema 1.199 pelo STF. *Consultor Jurídico*, São Paulo, 10 ago. 2023. Disponível em: https://www.conjur.com.br/2023-ago-10/moreirae-binenbojm-eficacia-lia-julgamento-tema-1199-stf/. Acesso em: 13 maio 2025.

norma mais benéfica, *as you wish*, respeitada a coisa julgada. A tese da retroatividade média da norma de conteúdo material contou, assim, com sete votos dos excelentíssimos ministros do STF.[365]

Logo, a decisão da Suprema Corte terminou por assentar a retroatividade mitigada em matéria de tipificação de atos de improbidade administrativa, todavia com espectro mais amplo do que apenas a perspectiva do delito culposo. Se assim se passa, relativamente ao tipo culposo do artigo 10 da LIA, implicitamente também se passa em relação a quaisquer condutas que deixaram de ser tipificadas como atos de improbidade administrativa na nova lei.

Eis a *ratio decidendi* do Tema 1199: o STF não circunscreveu a aplicação das disposições da Lei nº 14.230/21 aos processos de improbidade administrativa em curso, apenas nos casos em que a discussão se encontra centrada na capitulação de comportamentos culposos no artigo 10 da LIA. A razão de decidir do ARE 843.989, ministro Alexandre de Moraes diz mais: a tese vencedora no julgamento, a da retroatividade mitigada da Lei nº 14.230/21, traz consequências absolutórias mais amplificadas do que isso.

Aliás, o STF, já depois da edição do Tema 1199, reconheceu que se devem aplicar as regras da Lei nº 14.230/21 aos processos em curso, conforme se passa a destacar.

Em 22 de agosto de 2023, ao julgar os embargos de declaração nos embargos de divergência no ARE 803.568 (AgR-EDv-ED), o Supremo Tribunal Federal firmou o entendimento de que as alterações promovidas pela Lei nº 14.230/2021 no art. 11 da Lei de Improbidade Administrativa – notadamente a taxatividade do rol de condutas ímprobas por violação a princípios e a necessidade de demonstração do dolo específico – são de aplicação imediata aos processos em curso, desde que ainda não transitados em julgado. O acórdão foi assim ementado:

> Ementa: EMBARGOS DE DECLARAÇÃO NOS EMBARGOS DE DIVERGÊNCIA NO SEGUNDO AGRAVO REGIMENTAL NO

---

[365] Nesse sentido, o Enunciado 38 do IBDA (Instituto Brasileiro de Direito Administrativo): "No Tema 1199, o STF reconheceu a incidência das normas da Lei nº 14.230/21 que sejam mais favoráveis ao réu, quando admitiu a constitucionalidade da exclusão da modalidade culposa e a fez aplicável aos processos em curso. Assim, qualquer alteração da lei nova, desde que mais favorável ao réu, deve ser aplicada imediatamente às ações em curso (*lex mitior*). Porém, quando as alterações forem mais gravosas (*lex gravior*), apenas incidirão para fatos posteriores à entrada em vigor da Lei nº 14.230/21".

RECURSO EXTRAORDINÁRIO COM AGRAVO. AÇÃO CIVIL PÚBLICA DE RESPONSABILIDADE POR ATO DE IMPROBIDADE ADMINISTRATIVA. ADVENTO DA LEI 14.231/2021. INTELIGÊNCIA DO ARE 843989 (TEMA 1.199). INCIDÊNCIA IMEDIATA DA NOVA REDAÇÃO DO ART. 11 DA LEI 8.429/1992 AOS PROCESSOS EM CURSO. EMBARGOS DE DECLARAÇÃO PROVIDOS PARA DAR PROVIMENTO AO RECURSO EXTRAORDINÁRIO COM AGRAVO. 1. A Lei 14.231/2021 alterou profundamente o regime jurídico dos atos de improbidade administrativa que atentam contra os princípio da administração pública (Lei 8.249/1992, art. 11), promovendo, dentre outros, a abolição da hipótese de responsabilização por violação genérica aos princípios discriminados no caput do art. 11 da Lei 8.249/1992 e passando a prever a tipificação taxativa dos atos de improbidade administrativa por ofensa aos princípios da administração pública, discriminada exaustivamente nos incisos do referido dispositivo legal. 2. No julgamento do ARE 843989 (Tema 1.199), o Supremo Tribunal Federal assentou a irretroatividade das alterações da introduzidas pela Lei 14.231/2021 para fins de incidência em face da coisa julgada ou durante o processo de execução das penas e seus incidentes, mas ressalvou exceção de retroatividade para casos como o presente, em que ainda não houve o trânsito em julgado da condenação por ato de improbidade. 3. As alterações promovidas pela Lei 14.231/2021 ao art. 11 da Lei 8.249/1992 aplicam-se aos atos de improbidade administrativa praticados na vigência do texto anterior da lei, porém sem condenação transitada em julgado. 4. Tendo em vista que (i) o Tribunal de origem condenou o recorrente por conduta subsumida exclusivamente ao disposto no inciso I do do art. 11 da Lei 8.429/1992 e que (ii) a Lei 14.231/2021 revogou o referido dispositivo e a hipótese típica até então nele prevista ao mesmo tempo em que (iii) passou a prever a tipificação taxativa dos atos de improbidade administrativa por ofensa aos princípios da administração pública, imperiosa a reforma do acórdão recorrido para considerar improcedente a pretensão autoral no tocante ao recorrente. 5. Impossível, no caso concreto, eventual reenquadramento do ato apontado como ilícito nas previsões contidas no art. 9º ou 10º da Lei de Improbidade Administrativa (Lei 8.249/1992), pois o autor da demanda, na peça inicial, não requereu a condenação do recorrente como incurso no art. 9º da Lei de Improbidade Administrativa e o próprio acórdão recorrido, mantido pelo Superior Tribunal de Justiça, afastou a possibilidade de condenação do recorrente pelo art. 10, sem que houvesse qualquer impugnação do titular da ação civil pública quanto ao ponto. 6. Embargos de declaração conhecidos e acolhidos para, reformando o acórdão embargado, dar provimento aos embargos de divergência, ao agravo regimental e ao recurso extraordinário com agravo, a fim de extinguir a presente ação civil pública por improbidade administrativa no tocante ao recorrente.

(ARE 803568 AgR-segundo-EDv-ED, Relator(a): LUIZ FUX, Relator(a) p/ Acórdão: GILMAR MENDES, Tribunal Pleno, julgado em 22.08.2023, PROCESSO ELETRÔNICO DJe-s/n DIVULG 05.09.2023 PUBLIC 06.09.2023)

Posteriormente, o Supremo Tribunal Federal ratificou esse entendimento em novo julgamento de embargos de divergência. Em 7 de maio de 2024, ao apreciar os embargos de divergência interpostos no agravo regimental no ARE 1.318.242/SP, a Corte reafirmou a aplicação retroativa das alterações promovidas pela Lei nº 14.230/2021 ao art. 11 da Lei de Improbidade Administrativa, enfatizando, inclusive, a imprescindibilidade de demonstração do dolo específico. Do voto do Ministro Gilmar Mendes, relator e vencedor na ocasião, extrai-se a seguinte fundamentação:

> Ou seja, em suma, para que haja condenação por ato de improbidade administrativa, com fundamento no art. 11, da Lei nº 8.429/1992 (ofensa a princípios da Administração Pública), após as alterações promovidas pela Lei nº 14.230/2021, há que se demonstrar a prática dolosa de alguma das condutas descritas nos incisos do dispositivo mencionado e que essa conduta seja lesiva ao bem jurídico tutelado, sendo que tal lesão não necessita da comprovação de enriquecimento ilícito ou do dano ao erário. Além disso, outra alteração relevante das disposições da Lei nº 8.429/1992 se refere à necessidade de comprovação da presença do dolo específico na conduta do agente público, conforme dispositivo incluído ao art. 1º da norma mencionada, com a seguinte redação: (...)
> Isso porque a redação do art. 11, que antes permitia a condenação por ato de improbidade com fundamento no caput do dispositivo, deve incidir imediatamente neste processo, com a redação atual, que não mais permite a condenação pela prática de ato que ofenda o princípio na moralidade, sem a indicação de alguma das condutas dispostas nos incisos seguintes ao caput. Além disso, há que se atentar para a necessidade de demonstrar a presença do dolo específico, seja quanto à condenação pelas condutas do art. 11, como também pelas condutas do art. 10 da Lei de Improbidade Administrativa.

É importante destacar, ademais, que tramita no Supremo Tribunal Federal a Ação Direta de Inconstitucionalidade (ADI) nº 7.236,[366] proposta pela Associação Nacional dos Membros do Ministério Público (CONAMP), que questiona diversas alterações promovidas pela Lei nº 14.230/21 na Lei de Improbidade Administrativa (Lei nº 8.429/92). Entre os dispositivos impugnados, estão: o art. 1º, §§1º a 3º e §8º; os arts. 10 e 11, *caput* e incisos I e II; o

[366] BRASIL. Supremo Tribunal Federal. *Ação Direta de Inconstitucionalidade n. 7.036*, Distrito Federal. Relator: Min. Alexandre de Moraes. Brasília, DF, julgamento em andamento.

art. 12, incisos I a III, §§1º, 4º, 9º e 10; o parágrafo único do art. 18-A; os §§10-C, 10-D e 10-F, I, do art. 17; o §3º do art. 17-B; o §4º do art. 21; o *caput* e os §§4º, incisos II a V, e §5º do art. 23; e o art. 23-C.

Em decisão monocrática proferida em 27 de dezembro de 2022, o relator da ação, Ministro Alexandre de Moraes, concedeu parcialmente medida cautelar para suspender a eficácia de alguns dispositivos alterados pela nova lei, notadamente os §§1º e 10 do art. 12, o §8º do art. 1º, o §3º do art. 17-B, e o §4º do art. 21.[367] Além disso, o ministro conferiu interpretação conforme à Constituição ao art. 23-C da Lei nº 8.429/92, para assegurar que os atos lesivos ao patrimônio público cometidos por partidos políticos ou suas fundações possam ser punidos também com base na Lei de Improbidade Administrativa, sem prejuízo da aplicação da Lei nº 9.096/95 (Lei dos Partidos Políticos).

Até o fechamento desta edição, a liminar permanecia vigente, e a matéria ainda aguarda julgamento definitivo pelo Plenário do STF, embora pontos específicos já houvessem sido refutados tanto pelo voto do Ministro Gilmar Mendes quanto por vozes da doutrina especializada. O processo está com pedido de vistas ao Ministro Edson Fachin.

No mesmo contexto, merecem destaque as ADIs nº 7.042 e nº 7.043,[368] ajuizadas respectivamente pela Associação Nacional dos Procuradores dos Estados e do Distrito Federal (ANAPE) e pela Associação Nacional dos Advogados Públicos Federais (ANAFE), que impugnaram, em conjunto, os arts. 17, *caput*, §§14 e 20, e 17-B da Lei nº 8.429/1992, alterados pela Lei nº 14.230/2021, além dos arts. 3º e 4º, X, desta última.

O Supremo Tribunal Federal, ao julgar as ações, decidiu pela procedência parcial dos pedidos para: (i) restabelecer a legitimidade ativa concorrente e disjuntiva entre o Ministério Público e as pessoas

[367] Sobre o §4º do art. 21 da Lei nº 8.429/1992, cuja eficácia foi suspensa por medida cautelar na ADI nº 7.236/DF, este autor já tratou do tema em artigo específico, no qual analisa criticamente a comunicabilidade das instâncias no âmbito da responsabilização por improbidade administrativa. Cf. FERRAZ, Luciano; AMARAL, Leonardo Coelho do. Biologia da (in)dependência de instâncias na Lei de Improbidade Administrativa. *Consultor Jurídico*, 19 jun. 2025. Disponível em: https://www.conjur.com.br/2025-jun-19/biologia-da-independencia-de-instancias-na-lei-de-improbidade-administrativa/. Acesso em: 26 jun. 2025.

[368] BRASIL. Supremo Tribunal Federal. *Ação Direta de Inconstitucionalidade n. 7.042 e 7.043*, Distrito Federal. Relator: Min. Alexandre de Moraes. Brasília, DF, 31 ago. 2022.

jurídicas interessadas para propor ação de improbidade e celebrar acordos de não persecução cível, declarando a inconstitucionalidade parcial, sem redução de texto, dos dispositivos que restringiam essa legitimidade; (ii) declarar a inconstitucionalidade parcial, com redução de texto, do §20 do art. 17, afastando a obrigatoriedade de defesa judicial, mas permitindo que a Advocacia Pública autorize a atuação judicial da assessoria jurídica que emitiu parecer prévio; e (iii) declarar a inconstitucionalidade do art. 3º da Lei nº 14.230/2021. Por outro lado, declarou constitucionais o §14 do art. 17 e o art. 4º, X, da Lei nº 14.230/2021.

As regras de improbidade administrativa – como de resto as regras pertencentes ao âmbito do direito administrativo sancionador – devem ser interpretadas de acordo com os princípios básicos norteadores do direito penal, porquanto o poder punitivo do Estado possui origem comum que engloba os delitos criminais, disciplinares e de improbidade, sendo certo que as normas penais, em razão de sua maior severidade, devem outorgar garantias mais amplas aos cidadãos.[369]

Com efeito, desde a primeira edição deste livro, e muito antes, sempre se sustentou o entendimento de que o ato de improbidade administrativa haveria de ser obrigatoriamente um ato doloso, apresentando-se como parcialmente inconstitucional a disposição do art. 10 da Lei nº 8.429/92 (redação originária), quando admitia a responsabilização por culpa em ações de improbidade. A ideia de improbidade administrativa, mercê da necessidade de lesão simultânea ao direito e à moral, não se coaduna com a mera ideia de culpa, que pressupõe a licitude dos fins da conduta almejada pelo agente.[370]

---

[369] GARCIA, Émerson; ALVES, Rogério Pacheco. *Improbidade administrativa*. 6. ed. Rio de Janeiro: Lumen Juris, 2011. p. 457. No mesmo sentido, *vide*: REsp nº 513.576/MG, 1ª Turma, rel. Min. Francisco Falcão, rel. p/ Acórdão Min. Teori Albino Zavascki, j. 03.11.2005, DJ 06.03.2006, p. 164.2544.

[370] A distinção entre dolo e culpa nos é apresentada pela doutrina do direito penal. "No sistema originário do finalismo, a culpa *stricto sensu* passou a integrar – tal como o dolo – o tipo. Ambos foram retirados da culpabilidade e levados ao tipo. (...) Há uma base material única (ação voluntária) que serve aos distintos conceitos (dolo e culpa). O que os diferencia é a finalidade que se persegue: no crime doloso o fim a alcançar é criminoso, ou seja, a conduta orienta-se segundo um fim ilícito. No culposo, o fim a alcançar não é criminoso, ou seja, a conduta não se orienta segundo um fim em si ilícito". (CAMPOS PIRES, Ariosvaldo de. *Compêndio de Direito Penal*. Parte Geral. v. I. Rio de Janeiro: Forense, 2005. p. 147).

Segundo advertia José Armando da Costa: "não sendo concebível que uma pessoa enriqueça ilicitamente, que cause prejuízo ao erário ou que transgrida os deveres de honestidade, imparcialidade, legalidade e deslealdade às instituições públicas, por ação meramente culposa (negligência, imprudência ou imperícia), forçosamente haveremos de concluir que o elemento subjetivo do delito disciplinar da improbidade é o dolo".[371]

A Primeira e a Segunda Turma do Superior Tribunal de Justiça chegaram a sinalizar entendimento, ainda sob a égide da redação originária da Lei nº 8.429/9, no sentido de que configuração da improbidade administrativa necessariamente à presença de má-fé. E assim deve ser: "É cediço que a má-fé é premissa do ato ilegal e ímprobo. Consectariamente, a ilegalidade só adquire o status de improbidade quando a conduta antijurídica fere os princípios constitucionais da Administração Pública coadjuvados pela má-fé do administrador. A improbidade administrativa, mais que um ato ilegal, deve traduzir, necessariamente, a falta de boa-fé, a desonestidade, o que não restou comprovado nos autos pelas informações disponíveis no acórdão recorrido, calcadas, inclusive, nas conclusões da Comissão de Inquérito".[372]

Mas o reconhecimento da inconstitucionalidade *tout court* da modalidade culposa do ato de improbidade administrativa no STF veio após, no julgamento do Tema 309 (RE 656.558/SP) da repercussão geral, julgado em 28.10.2024.[373] Naquela oportunidade, o STF fixou as seguintes teses:

---

[371] COSTA, José Armando da. *Contorno jurídico da improbidade administrativa*. 3. ed. Brasília: Brasília Jurídica, 2005. p. 22-23.

[372] STJ, REsp nº 480.387/SP, 1ª Turma, rel. Min. Luiz Fux, j. 16.03.2004, DJ 24.05.2004.

[373] Este sempre foi o entendimento do autor, conforme exposto em artigo publicado em 2018, no qual se sustenta que o ato de improbidade administrativa é, por sua natureza, doloso: "Registro meu particular entendimento de que o ato de improbidade é e sempre foi um ato doloso, apresentando-se como parcialmente inconstitucional o art. 10 da Lei 8.429/92, quando admite a responsabilização por culpa (mesmo que grave). A ideia de improbidade administrativa, mercê da necessidade de lesão simultânea ao Direito e à Moral, não se coaduna com a mera ideia de culpa, que pressupõe a licitude dos fins da conduta almejada pelo agente. A distinção entre dolo e culpa nos é apresentada pela doutrina do Direito Penal. 'No sistema originário do finalismo, a culpa stricto sensu passou a integrar – tal como o dolo – o tipo. Ambos foram retirados da culpabilidade e levados ao tipo. (...) Há uma base material única (ação voluntária) que serve aos distintos conceitos (dolo e culpa). O que os diferencia é a finalidade que se persegue: no crime doloso o fim a alcançar é criminoso, ou seja, a conduta orienta-se segundo um fim ilícito. No culposo, o fim a alcançar

> a) O dolo é necessário para a configuração de qualquer ato de improbidade administrativa (art. 37, §4º, da Constituição Federal), de modo que é inconstitucional a modalidade culposa de ato de improbidade administrativa prevista nos arts. 5º e 10 da Lei nº 8.429/92, em sua redação originária;
> b) São constitucionais os arts. 13, V, e 25, II, da Lei nº 8.666/1993, desde que interpretados no sentido de que a contratação direta de serviços advocatícios pela Administração Pública, por inexigibilidade de licitação, além dos critérios já previstos expressamente (necessidade de procedimento administrativo formal; notória especialização profissional; natureza singular do serviço), deve observar: (i) inadequação da prestação do serviço pelos integrantes do Poder Público; e (ii) cobrança de preço compatível com a responsabilidade profissional exigida pelo caso, observado, também, o valor médio cobrado pelo escritório de advocacia contratado em situações similares anteriores.

O item "a" da tese firmada no Tema 309 revela que o Supremo Tribunal Federal, para além de reafirmar a orientação já consolidada no Tema 1.199 – segundo a qual, desde a edição da Lei nº 14.230/2021, o dolo (específico) passou a ser requisito indispensável para a configuração de qualquer modalidade de ato de improbidade administrativa, com aplicação imediata aos processos em curso – deu um passo adiante ao reconhecer a inconstitucionalidade das hipóteses de improbidade culposa constantes da redação originária da Lei nº 8.429/1992. Esse julgado é de grande relevância, pois, diferentemente do Tema 1.199, não houve modulação de efeitos,[374] o que atrai a incidência da regra geral da retroatividade plena da declaração de inconstitucionalidade, com efeitos *ex tunc*. Isso implica que condenações por ato de improbidade culposo – mesmo aquelas já transitadas em julgado – estão fulminadas por vício de

não é criminoso, ou seja, a conduta não se orienta segundo um fim em si ilícito'. (CAMPOS PIRES, Ariosvaldo de. Compêndio de Direito Penal. Parte Geral. Vol. I, Rio de Janeiro: Forense, 2005. p. 147)" (FERRAZ, Luciano. Alteração da LINDB revoga parcialmente Lei de Improbidade Administrativa. *Consultor Jurídico*, 10 maio 2018. Disponível em: https://www.conjur.com.br/2018-mai-10/interesse-publico-alteracao-lindb-revoga-parcialmente-lei-improbidade/. Acesso em: 13 maio 2025).

[374] Embora não tenha havido modulação de efeitos no julgamento do Tema 309, tanto o Ministério Público do Estado de São Paulo quanto a União opuseram embargos de declaração pleiteando, justamente, a modulação dos efeitos da decisão proferida pelo Supremo Tribunal Federal. Até o momento da elaboração desta edição, os referidos recursos ainda permanecem pendentes de julgamento, o que mantém em aberto a possibilidade de eventual limitação dos efeitos retroativos do reconhecimento da inconstitucionalidade das hipóteses de improbidade culposa.

inconstitucionalidade, tornando legítima a sua desconstituição. Nesses casos, é cabível o ajuizamento de ação rescisória, com fundamento no art. 966, do CPC, bem como a arguição de inexigibilidade do título judicial, apresentada no próprio cumprimento de sentença, quando este estiver fundado em norma declarada inconstitucional. Trata-se de consequência necessária do controle de constitucionalidade concentrado, cujo alcance se estende, inclusive, aos efeitos pretéritos das normas invalidadas.

O Código de Processo Civil estabelece, nos arts. 525, §§12, 14 e 15, e 535, §§5º, 7º e 8º, que a inexigibilidade de título executivo judicial fundado em norma posteriormente declarada inconstitucional poderá ser arguida no cumprimento de sentença, desde que a declaração de inconstitucionalidade seja anterior ao trânsito em julgado da decisão exequenda. Quando a decisão do STF é posterior ao trânsito em julgado, a impugnação exige o ajuizamento de ação rescisória, observando-se o prazo decadencial contado do trânsito em julgado da decisão do STF que declarou a inconstitucionalidade da norma.

No entanto, em 24 de abril de 2025, o Supremo Tribunal Federal julgou a Questão de Ordem na Ação Rescisória nº 2876/DF, de relatoria do Ministro Gilmar Mendes, e firmou importante virada jurisprudencial. Na ocasião, fixou-se a seguinte tese (item 3): "O interessado poderá apresentar a arguição de inexigibilidade do título executivo judicial amparado em norma jurídica ou interpretação jurisdicional considerada inconstitucional pelo STF, seja a decisão do STF anterior ou posterior ao trânsito em julgado da decisão exequenda, salvo preclusão (Código de Processo Civil, arts. 525, *caput*, e 535, *caput*)".

Ou seja, conjugando-se a tese firmada no Tema 309 do STF com o decidido na Questão de ordem da Ação Rescisória nº 2876/DF, caso haja condenação por ato de improbidade culposo, e o processo esteja em cumprimento de sentença, é possível apresentar a arguição de inexigibilidade do título judicial, com base na coisa julgada inconstitucional, independentemente de a declaração de inconstitucionalidade ter ocorrido antes ou após o trânsito em julgado da decisão exequenda. Esse entendimento reforça a eficácia das decisões do STF no controle de constitucionalidade e assegura que normas inconstitucionais não possam produzir efeitos perpetuamente, mesmo após o trânsito em julgado.

As mudanças empreendidas pela Lei nº 14.230/21 também procuraram afastar a possibilidade de utilização da figura do dolo genérico, derivado de uma construção pretoriana do STJ, sob a égide da redação primitiva da Lei nº 8.429/92. Nessa orientação, bastava a demonstração da voluntariedade da conduta contrária ao dever funcional para se configurar o dolo, dispensando-se a comprovação de finalidade ilícita específica.

Com a edição da Lei nº 14.230/21, passou-se a exigir expressamente a comprovação do dolo específico para a caracterização de qualquer ato de improbidade administrativa (artigos 1º, §2º, e 11, §1º, da LIA). Esse elemento subjetivo qualificado corresponde à vontade livre e consciente de alcançar o resultado ilícito descrito no tipo legal. Ainda assim, questionou-se se essa exigência teria aplicação imediata aos processos em curso, dúvida que foi superada pela jurisprudência do STF, ao afirmar sua incidência retroativa (ARE 1.318.242 AgR-EDv).

Por sua vez, a jurisprudência das Turmas de Direito Público do STJ (Primeira e Segunda) vem progressivamente se alinhando à interpretação firmada pelo STF, reconhecendo a exigência de demonstração do dolo específico também para os processos em curso, mesmo que ajuizados sob a vigência da redação originária da Lei nº 8.429/92. Como exemplo, citam-se os seguintes precedentes: AgInt no REsp 2.154.964/SE, rel. Min. Francisco Falcão, Segunda Turma, julgado em 26.2.2025, DJEN de 5.3.2025; e REsp 2.107.601/MG, rel. Min. Gurgel de Faria, Primeira Turma, julgado em 23.4.2024, DJe de 2.5.2024; além do Informativo de Jurisprudência nº 809 do STJ, de 23 de abril de 2024.

Destaca-se, ainda, que em 7 de abril de 2025, o STJ indicou o REsp 2.183.843 como representativo da controvérsia. Na ocasião, o Ministro Rogério Schietti Cruz, presidente da Comissão Gestora de Precedentes e de Ações Coletivas, apontou que a questão submetida a julgamento versa sobre a "possibilidade de se exigir, a partir da Lei nº 14.230/2021, a comprovação do dolo específico para a configuração dos atos de improbidade, em relação aos casos em andamento".

A decisão ressaltou a existência de controvérsia jurídica multitudinária, com relevante impacto jurídico e econômico, e evidenciou que a Primeira e a Segunda Turmas do STJ têm convergido no entendimento de que a nova redação da LIA deve ser aplicada imediatamente quanto à exigência de dolo específico. Extrai-se da decisão:

> O recurso especial discute a seguinte questão: possibilidade de se exigir, a partir da Lei n. 14.230/2021, a comprovação do dolo específico para a configuração dos atos de improbidade, em relação aos casos em andamento. (...)
> Do exame dos autos, verifica-se controvérsia jurídica multitudinária, com relevante impacto jurídico e econômico, haja vista que a definição da presente hipótese tem o potencial de afetar significativamente tanto a prerrogativa punitiva do Estado quanto os direitos dos agentes sujeitos às sanções da lei de improbidade.
> Em pesquisa realizada pela Secretaria de Biblioteca e Jurisprudência – SBJ dessa Corte Superior foram identificados diversos julgados da Primeira e Segunda Turmas.
> Quanto ao teor dos julgados mencionados, observo que, aparentemente, a Primeira e a Segunda Turmas deste Tribunal Superior convergem seu entendimento sobre a temática. Asseveram que "é possível a aplicação da Lei n. 14.230/2021, com relação à exigência do dolo específico para a configuração do ato ímprobo, aos processos em curso"

Trata-se de tema de suma relevância, cuja uniformização, por meio do rito dos recursos repetitivos, permitirá aos tribunais de justiça negar seguimento a recursos especiais que sustentem a aplicação do dolo genérico, nos termos do art. 1.030, I, "b", do CPC. A tendência, diante da atual jurisprudência do STF e STJ, é de consolidação da exigência de dolo específico. Contudo, impõe-se aguardar o julgamento definitivo do recurso representativo.

Em suma, destaca-se do que se disse até aqui a compreensão de que, para fins de improbidade administrativa, é fundamental a verificação do caráter simultâneo da lesão na conduta do agente às regras e princípios, e da presença do dolo específico, apresentando-se, do ponto de vista prático, algumas possíveis situações:

(a) se o agente administrativo segue uma lei que goza de presunção de constitucionalidade (e não foi declarada inconstitucional), não comete ato de improbidade administrativa, pois que seu ato não viola regra e princípio jurídico simultaneamente. E isso se passa independentemente de o legitimado para a ação considerar que a lei não é boa ou é inconstitucional. A ação é de improbidade administrativa, e não de improbidade legislativa;

(b) se o agente administrativo aplicou a lei com base em doutrina e jurisprudência, as quais fornecem suporte à interpretação dada para o caso, não comete ato de improbidade administrativa. É que o direito, naturalmente polissêmico e dinâmico, com conexão inarredável com fatos sociais, não comporta uma única interpretação correta. Ação de improbidade administrativa (que é ação de caráter punitivo) não é lugar adequado para se discutir perspectivas sobre a melhor interpretação do direito. Falta-lhe, neste caso, justa causa para prosseguir;

(c) se a matéria envolvida na decisão for naturalmente controvertida, comportando variadas interpretações, com jurisprudência vacilante num ou noutro sentido, sem que haja posição definitiva em ADI, ADC, ADPF, repercussão geral, súmula vinculante (STF), descabe a ação de improbidade administrativa, a não ser que os órgãos prolatores das decisões judiciais utilizadas também passassem à qualidade de litisconsortes do agente processado, o que seria um completo absurdo;

(d) se o agente administrativo estiver diante de hipóteses excepcionais em que os princípios jurídicos devam prevalecer sobre as regras, para o cumprimento das finalidades da Administração Pública (= derrotabilidade das regras pelos princípios), também aí o agente público não cometerá ato de improbidade administrativa. Nesse caso, a violação da regra não é simultaneamente violação do princípio, de modo que não se configura o ato de improbidade administrativa.

(e) apenas o dolo específico, consistente na vontade livre e consciente de cometer o ato ilícito, é capaz de dar ensejo a atos de improbidade administrativa. Afastam-se dessa possibilidade condutas que encerram o dolo genérico ou o dolo eventual.

Como consequência do trato com o tema da improbidade administrativa apresenta-se como inarredável a necessidade de enfrentamento da regra inserta no art. 37, §5º da Constituição da República. Assim se passa porque a leitura isolada e apressada dessa regra pode levar à conclusão de que o art. 37, §5º da Constituição ressalva da prescrição qualquer ação tendente a pleitear ressarcimento ao erário. E este equívoco é bastante comum nos debates acadêmicos e profissionais.

Em artigo publicado no ano de 2010,[375] anotou-se que a regra geral num Estado de Direito deve ser o reconhecimento da prescritibilidade das pretensões em geral como inerência à estabilização das relações jurídicas. Desse modo, em obséquio ao princípio da segurança jurídica, sempre que fosse possível extrair da disposição constitucional (art. 37, §5º) exegese que prestigiasse tal princípio, esta deveria ser a exegese perseguida pelo intérprete.

Na oportunidade, propôs-se a leitura conjugada dos §§4º e 5º do art. 37 da Constituição, para compreender que os ilícitos ali mencionados seriam necessariamente qualificáveis como atos de improbidade administrativa, o que naturalmente implicaria o reconhecimento da prescritibilidade de ações que almejassem discutir quaisquer outros tipos de ilícitos civis, tributários, administrativos puros (sem improbidade), para os quais se deveria seguir prazos prescricionais específicos e, na ausência deles, a regra geral quinquenal do art. 1º do Decreto nº 20.910/32.

Propôs-se, ainda, no mesmo artigo doutrinário, que a ressalva da parte final do dispositivo constitucional (art. 37, §5º) fosse lida no sentido de que o prazo prescricional da pretensão de direito material ao ressarcimento seria independente do prazo fixado para a prescrição das sanções (art. 23 da Lei nº 8.429/92), a fim de concluir, na oportunidade, que a ressalva constitucional teria o condão de impedir que durante o transcurso do prazo de prescrição das sanções, o prazo prescricional do ressarcimento tivesse curso.

Ao depois, a questão chegou ao STF e restou decidida no julgamento, com repercussão geral, do RE 852475, Rel. Min. Alexandre Moraes, Rel. p/ Ac. Min. Edson Fachin, Tribunal Pleno, j. 08.08.2018, public. em 25.03.2019, ocasião em que restou estabelecido, por maioria apertada de votos (6 a 5), que: "São imprescritíveis as ações de ressarcimento ao erário fundadas na prática de ato doloso tipificado na Lei de Improbidade Administrativa" (Tema 897).

---

[375] FERRAZ, Luciano. Segurança Jurídica Positivada: interpretação, decadência e prescritibilidade. *Revista Eletrônica sobre a Reforma do Estado (RERE)*, Salvador, Instituto Brasileiro de Direito Público, n. 22, jun.-ago. 2010. Disponível em: http://www.direitodoestado.com/revista/RERE-22-JUNHO-2010-LUCIANO-FERRAZ.pdf.

A partir desse julgamento da Suprema Corte, é fundamental a verificação, para fins de imprescritibilidade, de aspectos objetivos e subjetivos da conduta do agente público e dos particulares eventualmente envolvidos (art. 3º da Lei nº 8.429/92), notadamente porque para os atos administrativos que não correspondem a ilícitos dolosos de improbidade administrativa, a questão do ressarcimento seguirá outra orientação do STF, notadamente aquela oriunda do julgamento do RE 669.069, Rel. Min. Teori Zavascky, j. 03.02.2016, public. em 28.04.2016: "É prescritível a ação de reparação de danos à Fazenda Pública decorrente de ilícito civil" (Tema 666).

As repercussões práticas dessa distinção são extremamente relevantes para a preservação da segurança jurídica e para a movimentação adequada do aparto judiciário brasileiro.

Nesse contexto, o art. 17, §11º, da Lei nº 8.429/92, com a redação conferida pela Lei nº 14.230/2021, impõe ao magistrado o dever de julgar improcedentes as ações de improbidade manifestamente inadequadas – inclusive aquelas que não tenham por objeto atos dolosos, destituídas, portanto, de justa causa.

7.7.1.3 Ação de improbidade empresarial (AIE)

A Lei nº 12.846, de 1º de agosto de 2013 e em vigor desde o dia 29 de janeiro de 2014, dispõe sobre a responsabilização administrativa e civil de pessoas jurídicas pela prática de atos contra a Administração Pública, nacional ou estrangeira, e dá outras providências.

Trata-se da Lei de Improbidade Empresarial, e não propriamente da Lei Anticorrupção como propagado país afora.[376] Atualmente, tem-se falado em lei anticorrupção empresarial.

A nova lei, juntamente com a Lei de Improbidade Administrativa (Lei nº 8.429/92), com as Leis dos Crimes de Responsabilidade (Lei nº 1.079/52 e Decreto-Lei nº 201/67), com a Lei das Inelegibilidades (Lei Complementar nº 64/90 e suas alterações) e com diversos tipos penais, cujo bem jurídico tutelado é a regularidade das relações

[376] FERRAZ, Luciano. Resenha Legislativa sobre a Lei 12.846/2013 – lei de improbidade empresarial. *Fórum de Direito Municipal e Gestão das Cidades: FMGC*, ano 1, n. 2, nov./dez. 2013. p. 89 *et. seq*.

internas e externas com a Administração Pública, prescreve um microssistema normativo de tutela da ética nas relações político-administrativas no Brasil.

A promulgação da Lei nº 12.846/13 é em parte inspirada em normativos multilaterais, tais como a Convenção Interamericana contra a Corrupção, editada pela Organização dos Estados Americanos (OEA, 1996), a Convenção sobre Combate à Corrupção de Funcionários Estrangeiros em Transações Comerciais Internacionais, editada pela Organização para a Cooperação do Desenvolvimento Econômico (OCDE, 1997), a Convenção das Nações Unidas contra a Corrupção (ONU, 2005), bem como em normas de países desenvolvidos, como o *Foreing Corrupt Practices Act* (EUA, 1997) e o *Bribery Act* (Reino Unido, 2011).

Afirma-se que a inspiração é parcial porque parcela significativa da lei tem como parâmetro a Lei nº 8.429/92 (Lei de Improbidade Administrativa), em vigor no Brasil desde o início da década de 1990 como reflexo de escândalos como o *impecheament* do presidente Collor e o episódio dos anões do orçamento.

O objetivo central da nova legislação é tutelar a lisura comportamental dos agentes de mercado que se relacionam com o poder público no Brasil, impregnando os estratagemas comerciais com a noção corporativa de *compliance* – o conjunto de práticas e disciplinas adotadas pelas empresas para alinhar o comportamento corporativo ao cumprimento das normas legais e das políticas governamentais aplicáveis ao setor de atuação, inclusive mediante mecanismos e procedimentos internos de integridade, auditoria e incentivo à denúncia de irregularidades e a aplicação efetiva de códigos de ética e de conduta no respectivo âmbito (ver, a propósito, o art. 7º, VIII, da Lei nº 12.846/13).

A Lei nº 12.846/13 institui, em âmbito interno, processo administrativo disciplinar empresarial (art. 6º a 17), bem como, em âmbito judicial, novo tipo de ação civil pública, de caráter punitivo, com legitimidade atribuída às advocacias públicas e equivalentes em cada esfera e ao Ministério Público (art. 18 a 21).[377]

---

[377] Após a segunda edição deste livro, o Decreto Federal nº 8.420, de 18 de março de 2015, foi revogado pelo Decreto Federal nº 11.129, de 11 de julho de 2022, que passou a regulamentar, em âmbito federal, as disposições da Lei nº 12.846/13.

As disposições da Lei nº 12.846/13 prescrevem hipóteses e procedimentos de punição (controle sancionatório) de sociedades empresárias e simples (de direito e de fato), personificadas ou não, pela prática de condutas consideradas atentatórias ao patrimônio público nacional ou estrangeiro ou de organizações públicas internacionais, aos princípios da Administração Pública e aos compromissos internacionais assumidos pelo Brasil. Seus preceitos são aplicáveis também a empresas estatais (quando funcionam como contratadas ou beneficiárias de ações da Administração Pública), consórcios empresariais e grupos econômicos (art. 4º, §2º).[378]

Essa definição do polo passivo (que não contempla agentes públicos, apenas empresas e equiparados), aliada à semelhança do bem jurídico tutelado (ética no serviço público), induz à compreensão de que a Lei nº 12.846/13 é, deveras, a Lei de Improbidade Empresarial. Seu fundamento constitucional de validade é o mesmo da Lei de Improbidade Administrativa, ou seja, os §§4º e 5º do art. 37 da Constituição da República, aplicando-se, a exemplo desta, integralmente (tirante alguns preceitos exclusivos da esfera federal, *v.g.*, art. 8º, §2º, e art. 16, §1º) à União, estados, Distrito Federal e municípios.

Em análise sistêmica do ordenamento jurídico brasileiro, o que se vê – com respeito aos autores do projeto de lei, que sustentam uma aplicação cumulada da nova lei com a Lei de Improbidade Administrativa[379] – é que ambas mutuamente se excluem. É dizer, o espectro de incidência da Lei nº 12.846/13 é antinômico quando comparado ao espectro de incidência da Lei nº 8.429/92 e, ao se deixar de fazer essa demarcação, abre espaço à concreta possibilidade de *bis in idem*.

O que se diz, em outros termos, é que a Lei nº 12.846/13 vem complementar as disposições da Lei de Improbidade Administrativa (Lei nº 8.429/92) para penalizar administrativa e judicialmente condutas exclusivamente empresariais (não condutas imputáveis a

[378] A extensão das penalidades e do dever de ressarcimento às sociedades controladas e coligadas, em solidariedade, é questionável do ponto de vista societário. Isso por conta da distinção da personalidade jurídica de cada uma das empresas – e o que isso implica em termos de deveres e responsabilidades, e, ainda, no que se refere à multa, por conta do princípio da individualização das penas (art. 5º, XLVI, CR/88).

[379] HAGE, Jorge. *Palestra realizada no 10º Congresso Nacional de Licitações e Compras Governamentais*, Salvador, Bahia, 26 a 28 de novembro de 2014.

agentes públicos e forjadas em conluio com particulares), que, direta ou indiretamente, causem prejuízos financeiros ou éticos à Administração Pública nacional, estrangeira ou multilateral, terminando por colmatar lacuna até então existente no direito brasileiro.[380]

Com efeito, antes da nova lei, sedimentou-se a orientação de que a Lei nº 8.429/92 (LIA) aplicava-se, no que coubesse (art. 3º), às empresas particulares, apenas e na medida em que tivessem com elas concorrido, induzido desonestamente ou se beneficiado indevidamente do ato de improbidade administrativa,[381] sempre dependendo do seu processamento ou punição do concurso efetivo do agente público, que comparecerá, em litisconsórcio com ela, no polo passivo da lide, conforme entendimento pacificado pelo Superior Tribunal de Justiça.[382]

Desse modo, a partir da Lei nº 12.846/13, as condutas empresariais ímprobas passarão a ter ambiência de tutela jurídica punitiva autônoma, porém excludente, em relação à da Lei nº 8.429/92. É dizer: a lei nova terá aplicação para condutas empresariais nela definidas, desde que não tenham contado com a participação direta ou indireta de agentes públicos em conjunto com os agentes empresariais.[383]

---

380 Não existia até então no direito brasileiro, além da disciplina criminal e cível, legislação de natureza administrativa, de caráter punitivo, que abarcasse atos empresariais "puros" que causassem reflexos nocivos à Administração Pública.

381 Relativamente à figura do beneficiário e à possibilidade de responsabilização por improbidade administrativa, a questão deve ser tratada com cautela, fundamentalmente diante da jurisprudência do STJ sobre boa-fé e do que dispõe o art. 59, §1º, da Lei nº 8.666/93 (que é posterior à Lei de Improbidade Administrativa).

382 Cf., por todos, STJ – REsp nº 155.992/PA e REsp nº 896.044/PA.

383 A maioria das condutas de improbidade empresarial descritas na lei já era tratada em outros diplomas legais, a modo de ver: Art. 5º: I – prometer, oferecer ou dar, direta ou indiretamente, vantagem indevida a agente público, ou a terceira pessoa a ele relacionada – correspondente às condutas descritas nos artigos 9º, I, II, III, V, VI, IX, X da Lei nº 8.429/1992. IV – no tocante a licitações e contratos: a) frustrar ou fraudar, mediante ajuste, combinação ou qualquer outro expediente, o caráter competitivo de procedimento licitatório público (art. 90 da Lei nº 8.666/93); b) impedir, perturbar ou fraudar a realização de qualquer ato de procedimento licitatório público (art. 92 da Lei nº 8.666/93); c) afastar ou procurar afastar licitante, por meio de fraude ou oferecimento de vantagem de qualquer tipo (art. 95 da Lei nº 8.666/93); d) fraudar licitação pública ou contrato dela decorrente (dispositivo genérico que abrange o item "a" da Lei nº 12.846/2013; e) criar, de modo fraudulento ou irregular, pessoa jurídica para participar de licitação pública ou celebrar contrato administrativo (art. 92 da Lei nº 8.666/93, parágrafo único); f) obter vantagem ou benefício indevido, de modo fraudulento, de modificações ou prorrogações de contratos celebrados com a administração pública, sem autorização em lei, no ato convocatório da licitação pública ou nos respectivos instrumentos contratuais; g) manipular ou fraudar o equilíbrio econômico-financeiro dos contratos celebrados com a administração pública (art. 92, parágrafo único).

Essa tese, que apareceu no artigo intitulado *Reflexões sobre a Lei nº 12.846/2013 e seus impactos nas relações público-privadas – lei de improbidade empresarial e não lei anticorrupção*[384] terminou por contar com acolhida da Terceira Turma do Tribunal Regional Federal da 4ª Região, no julgamento dos Agravos de Instrumento nº 5023972-66.2017.4.04.0000/PR e nº 5039527-89.2018.4.04.0000/PR, ambos de relatoria da Des. Federal Vânia Hack, no caso envolvendo a Petrobras e a Construtora Norberto Odebrecht, tendo como interessados a União (através da AGU) e o Ministério Público Federal.

Por ocasião do julgamento do primeiro recurso, interposto pela União contra a decisão proferida na ACP nº 5025956-71.2016.4.04.7000/PR, que afastou o bloqueio cautelar das empresas do Grupo Odebrecht, a Terceira Turma do TRF 4, em 22.08.2017, entendeu que, "enquanto a Lei de Improbidade Administrativa (LIA) busca, primordialmente, punir o agente público ímprobo, alcançando, eventualmente, o particular, a Lei Anticorrupção (LAC) tem por objetivo punir a pessoa jurídica envolvida em práticas corruptas, podendo também, em sentido inverso, identificar agentes públicos coniventes, levando-os, por consequência, para o campo de incidência da LIA", complementando que "não há antinomia ab-rogante entre os artigos 1º e 2º da Lei nº 8.249/1992 e o artigo 1º da Lei nº 12.846/2013, pois, naquela, justamente o legislador pátrio objetivou responsabilizar subjetivamente o agente ímprobo, e nesta, o *mens legislatoris* foi a responsabilização objetiva da pessoa jurídica envolvida nos atos de corrupção".

Assim, pode-se dizer que a Lei de Improbidade Administrativa e a Lei de Improbidade Empresarial, aplicáveis cada qual a determinada realidade de agentes e condutas, apresentam-se qual irmãs siamesas, de modo que os assentamentos jurisprudenciais e doutrinários construídos a propósito da primeira, já após década e meia de vigência, devem ser o farol para a interpretação da nova lei, sem prejuízo de algumas peculiaridades distintivas e das críticas sobre os exageros em torno da aplicação da Lei nº 8.429/92.

---

[384] FERRAZ, Luciano. Reflexões sobre a Lei nº 12.846/2013 e seus impactos nas relações público-privadas: lei de improbidade empresarial e não lei anticorrupção. *Revista Brasileira de Direito Público – RBDP*, Belo Horizonte, ano 12, n. 47, p. 33-43, out./dez. 2014.

Todavia, o Superior Tribunal de Justiça, por meio da Primeira Turma, afirmou recentemente que não há *bis in idem* na aplicação concomitante das sanções previstas nas Leis nº 8.429/92 e 12.846/13. Segundo o Tribunal, a configuração do *bis in idem* exige a efetiva e concreta sobreposição de penalidades pelos mesmos fatos, não sendo possível reconhecê-lo de forma meramente abstrata. Esse posicionamento foi firmado no julgamento do REsp nº 2.107.398/RJ, de relatoria do Ministro Gurgel de Faria, julgado em 18.2.2025, com publicação no DJEN de 24.2.2025. Extrai-se do voto vencedor:

> Alega a parte recorrente, em breve síntese, que admitir essa possibilidade violaria o princípio do *non bis in idem*, previsto no Pacto de San José da Costa Rica, uma vez que resultaria em dupla persecução e punição pelos mesmos fatos. Entendo, porém, que esse fundamento não se sustenta. Inicialmente, é necessário esclarecer que, sobre os direitos consagrados no Pacto de San José da Costa Rica, embora tenham sido recepcionados no ordenamento jurídico brasileiro com status supralegal, não se aplicam às pessoas jurídicas. Nesse sentido: (...)
>
> Ainda que o Pacto fosse aplicável às pessoas jurídicas, o argumento também não prospera. O artigo 8º, parte 4, do Pacto assegura que uma pessoa absolvida por sentença passada em julgado não pode ser submetida a novo processo pelos mesmos fatos. Isso significa que o princípio do non bis in idem ali disciplinado protege o sujeito de direito contra a repetição de processos (sucessivos) ou de punições de mesma natureza pelos mesmos fatos, mas não impede que diferentes legislações, com propósitos e com sanções distintas, sejam utilizadas conjuntamente para fundamentar uma ação judicial.
>
> É perfeitamente admissível que a mesma conduta seja analisada sob a ótica da improbidade administrativa e da responsabilidade da pessoa jurídica por atos lesivos à administração pública, previstas nas Leis n. 8.429/1992 e n. 12.846/2013, respectivamente, desde que, ao final, as duas leis não sejam empregadas para empregar punições de mesma natureza e pelos mesmos fatos.
>
> Na realidade, a questão levantada pela parte demandada, que aponta a impossibilidade de aplicação simultânea das sanções previstas nas referidas legislações, é relevante, mas somente deve ser apreciada quando do exame do mérito propriamente dito da lide.
>
> Apenas na sentença é que caberá ao julgador impedir que as sanções eventualmente impostas não impliquem duplicação indevida. Até lá, não há nenhum óbice para que as duas legislações embasem a mesma demanda. Essa abordagem não apenas respeita os limites da legislação vigente, como também assegura a integridade do microssistema jurídico de combate à corrupção.
>
> A própria redação do artigo 3º, §2º, da Lei n. 8.429/1992, alterada recentemente, esclarece que as sanções previstas nessa lei não se aplicarão

> à pessoa jurídica caso o ato de improbidade seja também sancionado como ato lesivo, nos termos da Lei n. 12.846/2013. Essa previsão tem como objetivo evitar a aplicação cumulativa ou sucessiva de sanções idênticas, mas não inviabiliza a tramitação de ações que se fundamentem simultaneamente nas duas leis. Dessa forma, a compatibilidade entre as legislações está garantida desde que, ao final do processo, sejam observados os limites impostos pela legislação para evitar que a mesma parte amargue sanções de mesma natureza pelo mesmo ato ilícito.
> Dito de outra maneira: é possível que as duas legislações sejam empregadas concomitantemente para fundamentar uma mesma ação ou diferentes processos. O que não é admissível é a imposição de sanções idênticas com base no mesmo fundamento e pelos mesmos fatos. Nesse sentido, caso ao final da demanda sejam aplicadas as penalidades previstas na Lei Anticorrupção, ficará prejudicada a imposição das sanções estabelecidas na Lei de Improbidade em relação ao mesmo ilícito.
> A propósito, o art. 30, inciso I, da Lei n. 12.846/2013 não tem como ter sido violado na espécie, pois o comando normativo nele inserido reforça que os mecanismos previstos na Lei Anticorrupção são complementares e não substituem aqueles estabelecidos em outras legislações, como a Lei de Improbidade Administrativa.

Acredita-se que o entendimento de que a imputação às empresas das penalidades (repete-se para não deixar dúvidas – penalidades) previstas na Lei nº 12.846/13 dependerá sempre da análise do elemento subjetivo da conduta dos agentes empresariais, a despeito da defeituosa redação dos seus artigos 1º e 2º, que aludem a uma pretensa responsabilidade objetiva no cometimento das condutas (que se afiguram passíveis de intepretação conforme à Constituição). Isso porque, conforme jurisprudência pacífica do STJ, o elemento subjetivo é essencial à caracterização da improbidade administrativa (e deverá ser também para a configuração da improbidade empresarial), à luz da natureza sancionatória da Lei nº 8.429/1992 (e da Lei nº 12.846/2013), o que afastaria, dentro do nosso ordenamento jurídico, a responsabilidade objetiva.[385]

Mas não é só. A leitura do art. 5º da Lei nº 12.846/2013 demonstra que todas as condutas ali descritas – e que são propriamente as condutas tidas como lesivas à probidade empresarial – dependem

---

[385] Cf., por todos, STJ – REsp nº 654.721/MT e REsp nº 604.151/RS. Quer-se aqui deixar registrado que este parágrafo é atinente às penalidades previstas na Lei nº 12.846/13. Isto porque deveres de ressarcimento empresariais podem seguir lógica de imputação objetiva do dever.

da presença do elemento anímico (da pessoa física que faz das vezes da empresa), pelo menos para que as infrações tipificadas tenham lugar. Não tem lugar, com a devida vênia, para misturar responsabilidades distintas no mesmo processo judicial.

Note-se, ainda no âmbito do elemento subjetivo das condutas, que a Lei nº 12.846/13 não prevê a possibilidade de imputação de sanções a condutas culposas (se analisadas as condutas descritas no art. 5º), talvez por ter confiado demais na possibilidade de imputação da responsabilidade objetiva prevista no art. 1º. O silêncio do legislador faz inexorável a aproximação, ainda que não tenha sido essa a intenção dos seus progenitores, entre o art. 5º da Lei nº 12.846/13 e da Lei nº 8.429/92, modificada. Ambas necessitam da presença do dolo para caracterização dos delitos. Esta última exige a presença do dolo para efeito de imputação dessas sanções, e este deve efetivamente ser o caminho na interpretação da Lei de Improbidade Empresarial, seja porque ambas – ela e a de improbidade – têm o mesmo fundamento de validade (§§4º e 5º do art. 37 da CR/88), seja porque sanções objetivas não se compatibilizam com as normas do ordenamento constitucional brasileiro (individualização das penas).[386]

Nesse sentido, a redação do art. 5º da Lei nº 12.846/13, diferentemente dos artigos 9º e 10 da Lei nº 8.429/1992 (cujo rol é exemplificativo), arrola taxativamente as condutas passíveis de penalização nos seus termos. Isso porque o legislador se utilizou da expressão "assim entendidas" (*vide* parte final do dispositivo), deixando ver tratar-se de rol exaustivo.

As advertências apresentadas servem também para os órgãos de controle interno em todos os âmbitos federativos, os quais, a seguir-se o modelo prescrito na Lei nº 12.846/13 para a CGU (Controladoria-Geral da União), terão incremento significativo em seu papel de fiscalização e vigilância, devendo compatibilizá-los, na medida do possível, com os contornos traçados para o exercício das respectivas competências, pelo art. 74 da Constituição.

---

[386] Nesse sentido, o STJ já decidiu, em matéria de direito ambiental, que a responsabilização objetiva se limita à reparação de danos: "Isso porque a aplicação de penalidades administrativas não obedece à lógica da responsabilidade objetiva da esfera cível (para reparação dos danos causados), mas deve obedecer à sistemática da teoria da culpabilidade, ou seja, a conduta deve ser cometida pelo alegado transgressor, com demonstração de seu elemento subjetivo, e com demonstração do nexo causal entre a conduta e o dano" (REsp n. 1.251.697/PR, relator Ministro Mauro Campbell Marques, Segunda Turma, julgado em 12.4.2012, DJe de 17.4.2012).

Bem de ver que a lei dá competência decisória ao órgão de controle interno em matéria de penalidade, disposição que desborda da prescrição constitucional das competências das controladorias, mas que a lei pode atribuir a órgãos desse tipo. Ao processo administrativo previsto na lei a cargo da Administração Pública federal ou da Controladoria-Geral da União, aplicar-se-ão, no que couberem, as regras próprias da Lei de Processo Administrativo Federal (Lei nº 9.784/99), descabendo a tentativa de regulamentar esse processo, via decreto, quando em contradição à Lei de Processo, mercê do princípio da hierarquia das normas. Em âmbito estadual e municipal, prima-se pela verificação das competências dos respectivos órgãos de controle interno, assim como a observação das leis locais de processo administrativo. Na ausência destas, aplicar-se-ão as disposições da Lei Federal nº 9.784/99.[387]

Anota-se preocupação relativamente ao inciso V do art. 5º da Lei nº 12.846/13, que penaliza a conduta correspondente a dificultar atividade de investigação ou fiscalização de órgãos, entidades ou agentes públicos, ou intervir em sua atuação, inclusive no âmbito das agências reguladoras e dos órgãos de fiscalização do sistema financeiro nacional. O dispositivo é problemático.[388] A conduta ali descrita, para ser considerada como tocada pela lei, deve vir acompanhada de subterfúgios fraudulentos, que constituam vilipêndios ao ordenamento jurídico, não servindo ao enquadramento a simples falta de colaboração da empresa com os órgãos de controle; afinal, ninguém é obrigado a fazer prova contra si mesmo – *nemo tenetur se detegere*.[389]

A Lei nº 12.846/2013 prevê penas de multa (art. 6º, I) e de publicação extraordinária (art. 6º, II) aplicáveis isoladamente ou em conjunto pela Administração Pública ou pela Controladoria-Geral

[387] O STJ firmou entendimento no sentido de que, na ausência de leis processuais administrativas próprias, estados e municípios devem obediência à legislação federal (Cf. por todos, RESP nº 852.493/DF, 5ª T, Min. Arnaldo Esteves Lima).

[388] O STJ decidiu, recentemente, que "A norma descrita no art. 5º, V, da Lei n. 12.846/2013, ao reputar como antijurídica a conduta de dificultar atividade de investigação ou de fiscalização de órgãos, entidades ou agentes públicos, ou, ainda, intervir em sua atuação, não toma por pressuposto a existência de ato de corrupção, tampouco a criação de óbices ligados a investigações de ilícitos a ela assemelhados. Em verdade, o preceito busca tutelar quaisquer apurações efetuadas pelo Poder Público, de modo a fomentar a atuação do setor econômico em conformidade com as regras editadas pela Administração Pública" (MS n. 29.690/DF, relatora Ministra Regina Helena Costa, Primeira Seção, julgado em 3.4.2025, DJEN de 9.4.2025).

[389] Cf., por todos, STF – HC nº 77.135, HC nº 939.916, HC nº 78.708.

da União. Além delas, judicialmente, é possível que o Judiciário aplique as seguintes penas (art. 19): (a) perdimento dos bens, direitos ou valores que representem vantagem ou proveito direta ou indiretamente obtidos com a infração; (b) suspensão ou interdição parcial de suas atividades; (c) dissolução compulsória da pessoa jurídica; (d) proibição de receber incentivos, subsídios, subvenções, doações ou empréstimos de órgãos ou entidades públicas e de instituições financeiras públicas ou controladas pelo poder público, pelo prazo mínimo de 1 (um) e máximo de 5 (cinco) anos.

Convém registrar preocupação com a possibilidade de propositura da ação conjuntamente contra as empresas e respectivos administradores, que deve ser vista com cautela, a partir de interpretação conjugada dos artigos 3º e 14 da nova lei. É dizer: as pessoas físicas somente serão apenadas nos casos em que vier a ser aplicada a desconsideração da personalidade jurídica, na forma preconizada pelo art. 14 da Lei nº 12.846/13.

De qualquer forma, espera-se que o uso das disposições da Lei nº 12.846/13 pelos órgãos legitimados seja mais prudente que o uso da Lei de Improbidade Administrativa para que os esforços e os resultados de sua aplicação prática possam efetivamente gerar benefícios, em amplo sentido, à sociedade brasileira. Não se deseja que a Lei de Improbidade Empresarial se transforme apenas em mais um dos instrumentos de aumento do "custo Brasil", com reflexos nocivos sobre a economia e a sociedade.

7.7.1.4 Tomada de contas especial (TCE)

As entidades federativas como um todo (União, estados, DF e municípios) prestam contas por intermédio dos chefes do Poder Executivo, agregando, além das contas deste Poder, as contas do Poder Executivo às contas dos demais Poderes e das entidades da Administração indireta (contas de governo). Ditas contas, que não constituem propriamente o objeto da tratativa específica deste tópico, submetem-se ao sistema de parecer prévio do Tribunal de Contas e ao julgamento perante o Poder Legislativo, encontrando previsão no art. 71, I, combinado com o art. 49, IX, da Constituição. Por outro lado, dispõe o art. 71, II, da Constituição que compete ao Tribunal de Contas "julgar as contas dos administradores e demais responsáveis por dinheiros, bens e valores públicos da administração direta e indireta, incluídas as fundações e sociedades instituídas e mantidas pelo Poder Público federal, e as contas daqueles que derem causa a perda, extravio ou outra irregularidade de que resulte prejuízo ao erário público" (contas de gestão).

É muito importante verificar a distinção entre contas de governo e contas de gestão. As primeiras englobam a consolidação da execução orçamentária da entidade federativa; e as contas de gestão, de pertencimento e responsabilidade de cada um dos gestores de recursos públicos alocados às unidades administrativo-financeiras dos Poderes do Estado, afere amiúde o aspecto financeiro das contas. O que se quer significar é que a distinção se baseia em um critério objetivo (competência em razão da matéria), e não em um critério subjetivo (competência em razão da pessoa).[390]

As contas que devem se submeter ao regime de parecer prévio e julgamento pelo Poder Legislativo são essencialmente as contas globais anuais prestadas pelo chefe do Poder Executivo, enquanto responsável direto pela execução do orçamento e dos planos de governo. Neste caso, o chefe do Executivo age como agente político, dando pleno cumprimento aos ditames orçamentários, e, por isso, seu julgamento é político, perante o Parlamento. Há no Superior Tribunal de Justiça (STJ) um julgamento que transmite com exatidão a distinção que se pretende aqui assentar, de onde se lê que "os arts. 70 a 75 da *Lex Legum* deixar ver que o controle externo – contábil, financeiro, orçamentário, operacional e patrimonial – da Administração Pública é tarefa atribuída ao Poder Legislativo e ao Tribunal de Contas. O primeiro, quando atua nesta seara, o faz com o auxílio do segundo que, por sua vez, detém competências que lhe são próprias e exclusivas e que para serem exercitadas independem da interveniência do Legislativo. O conteúdo das contas globais prestadas pelo Chefe do Executivo é diverso do conteúdo das contas dos administradores e gestores de recurso público. As primeiras demonstram o retrato da situação das finanças da

390 Em recente decisão, pelo regime da Repercussão Geral (RE nº 848.826), por exemplo, o STF, embora tratando de matéria de inelegibilidade eleitoral, veiculou a matéria (que havia sido tratada anteriormente no RE nº 132.747) para compreender que a apreciação das contas do chefe do Poder Executivo de todas as esferas de governo sempre compete ao Poder Legislativo, seguindo o regime do parecer prévio.

unidade federativa (União, Estados, DF e Municípios). Revelam o cumprir do orçamento, dos planos de governo, dos programas governamentais, demonstram os níveis de endividamento, o atender aos limites de gasto mínimo e máximo previstos no ordenamento para saúde, educação, gastos com pessoal. Consubstanciam-se, enfim, nos Balanços Gerais prescritos pela Lei nº 4.320/64. Por isso, é que se submetem ao parecer prévio do Tribunal de Contas e ao julgamento pelo Parlamento (art. 71, I c./c. 49, IX da CF/88). As segundas – contas de administradores e gestores públicos, dizem respeito ao dever de prestar (contas) de todos aqueles que lidam com recursos públicos, captam receitas, ordenam despesas (art. 70, parágrafo único da CF/88). Submetem-se a julgamento direto pelos Tribunais de Contas, podendo gerar imputação de débito e multa (art. 71, II e §3º da CF/88). Destarte, se o Prefeito Municipal assume a dupla função, política e administrativa, respectivamente, a tarefa de executar orçamento e o encargo de captar receitas e ordenar despesas, submete-se a duplo julgamento. Um político perante o Parlamento precedido de parecer prévio; o outro técnico a cargo da Corte de Contas. Inexistente, *in casu*, prova de que o Prefeito não era o responsável direto pelos atos de administração e gestão de recursos públicos inquinados, deve prevalecer, por força ao art. 19, inc. II, da Constituição, a presunção de veracidade e legitimidade do ato administrativo da Corte de Contas dos Municípios de Goiás".[391]

Relativamente ao âmbito federal e estadual, bem assim aos municípios de grande porte, nos quais a arrecadação das receitas e os ordenamentos de despesas não são realizados pelo chefe do Executivo, senão pelas unidades orçamentárias da Administração direta (ministérios, secretarias) ou, indireta (autarquias, fundações), a distinção não acarreta maiores dificuldades. As contas do chefe do Executivo se submetem ao regime do parecer prévio, enquanto os atos dos ordenadores serão objetos de julgamento por parte do Tribunal de Contas (art. 71, II). "Este julgamento se faz autonomamente das contas do chefe do executivo, porque os responsáveis são individualizados e eventual julgamento desfavorável das contas destes não alcança as contas do Governador, do Presidente ou do Prefeito".

[391] RMS nº 11.060/GO, Rel. Min. Laurita Vaz, Rel. p/Acórdão Min. Paulo Medina, 2ª Turma, julg. 25.06.2002, *DJ*, p. 159, 16 set. 2002.

O problema aparece em municípios em que o prefeito assume também a condição de ordenador de despesas. Neste caso, ele prestará contas de governo e contas de gestão, submetendo-se, portanto, a duplo julgamento. O primeiro pelo Poder Legislativo, precedido de parecer prévio; o segundo, pelo Tribunal de Contas.

O Supremo Tribunal Federal julgou o Recurso nº 848.826 pelo regime da repercussão geral (Tema 835). A tese decorrente foi elaborada pelo então presidente do STF, ministro Ricardo Lewandowski, designado redator do acórdão após divergir do relator, ministro Luís Roberto Barroso, por entender que, por força da Constituição, só os vereadores detêm o direito de julgar as contas do chefe do Executivo municipal, na medida em que representam os cidadãos.

A tese de repercussão geral tem o seguinte teor: "Para os fins do artigo 1º, inciso I, alínea g, da Lei Complementar nº 64/1990, a apreciação das contas de prefeito, tanto as de governo quanto as de gestão, será exercida pelas Câmaras Municipais, com auxílio dos Tribunais de Contas competentes, cujo parecer prévio somente deixará de prevalecer por decisão de dois terços dos vereadores".[392]

Pelo teor da tese fixada pelo STF, a orientação vale apenas para a discussão dos casos de inelegibilidade (art. 1º, I, alínea "g", da Lei Complementar nº 64/99), e não para definir a competência em si dos Tribunais de Contas para julgar as contas dos ordenadores de despesas, mesmo quando sejam os chefes do Poder Executivo.

Essa distinção foi aprofundada posteriormente, no julgamento da ADPF nº 982/PR, ocorrido no dia 24.02.2025, de relatoria do Ministro Flávio Dino, ocasião em que o STF firmou tese clara sobre a matéria: "(I) Prefeitos que ordenam despesas têm o dever de prestar contas, seja por atuarem como responsáveis por dinheiros, bens e valores públicos da administração, seja na eventualidade de darem causa a perda, extravio ou outra irregularidade que resulte em prejuízo ao erário; (II) Compete aos Tribunais de Contas, nos termos do art. 71, II, da Constituição Federal de 1988, o julgamento

[392] Os votos vencedores, todavia, possuem um espectro mais abrangente do que isso. Na mesma assentada, o STF fixou outra tese, a de que o "parecer técnico elaborado pelo Tribunal de Contas tem natureza meramente opinativa, competindo exclusivamente à Câmara de Vereadores o julgamento das contas anuais do chefe do Poder Executivo local, sendo incabível o julgamento ficto das contas por decurso de prazo".

das contas de Prefeitos que atuem na qualidade de ordenadores de despesas; (III) A competência dos Tribunais de Contas, quando atestada a irregularidade de contas de gestão prestadas por Prefeitos ordenadores de despesa, se restringe à imputação de débito e à aplicação de sanções fora da esfera eleitoral, independentemente de ratificação pelas Câmaras Municipais, preservada a competência exclusiva destas para os fins do art. 1º, inciso I, alínea g, da Lei Complementar nº 64/1990".

Em seu voto, que foi vencedor, o Ministro Flávio Dino destacou que "a atribuição dos Tribunais de Contas se altera em razão da natureza das contas em análise, não dos sujeitos que as prestam (...). Dessa feita, nos casos em que o Chefe do Poder Executivo Municipal exercer a função de ordenador de despesas, deverá prestar contas relacionadas com o gerenciamento patrimonial do ente público, caso em que sua regularidade será julgada definitivamente pelo Tribunal de Contas". Feitas essas considerações, cabe esclarecer que as contas que interessam ser tratadas neste livro são aquelas referidas no art. 71, II, da Constituição (contas de gestão), de onde sobressai a competência típica de julgamento de contas diretamente pelo Tribunal de Contas. As contas de gestão podem ser anualmente prestadas pelos órgãos e entidades da Administração Pública ao Tribunal de Contas, sob a forma de prestação ou tomada de contas (art. 7º, da Lei nº 8.443, de 16 de julho de 1992),[393] mas também podem ser oriundas de tomadas de contas especiais (TCE) – procedimento de natureza sancionatória de apuração no âmbito da corte de contas.

A tomada de contas especial (TCE) é um procedimento administrativo excepcional de controle que visa apurar responsabilidades em razão da omissão do dever de prestar contas ou de qualquer irregularidade ou ato ilegal, ilegítimo ou antieconômico do qual resulte danos ao erário, determinando a quantificação e a recomposição (alcance).

---

[393] As contas anuais (prestação ou tomada) são o meio pelo qual os administradores e demais responsáveis por dinheiros, bens e valores públicos prestam contas de sua gestão, cumprindo formalmente o dever constitucional de prestá-las (art. 70, parágrafo único, CR/88). São também chamadas de contas ordinárias, porque devem ser encaminhadas regularmente pelos respectivos responsáveis ao Tribunal de Contas, anualmente. As contas anuais não trazem maiores discussões, visto que lidam com aspectos contábeis formais e balanços dos órgãos e entidades, embora de sua análise possam resultar exames mais aprofundados em termos de materialidade das receitas, despesas e créditos.

O procedimento da TCE é atualmente regido, em âmbito federal, pela Instrução Normativa/TCU nº 98/2024, que revogou a antiga IN TCU nº 71/2012. A matéria também é tratada na Decisão Normativa TCU nº 155/2016, recentemente atualizada pela Decisão Normativa TCU nº 217/2025, aprovada pelo Acórdão nº 1.167/2025 – Plenário. Em linhas gerais, a TCE subdivide-se em duas fases: a) interna, que se desenvolve no âmbito do próprio órgão ou entidade "jurisdicionado"; b) externa, que se desenvolve no âmbito do Tribunal de Contas.

A fase interna[394] da TCE é destinada à apuração dos fatos que envolvam a regularidade na guarda e aplicação dos recursos públicos. É, portanto, fase preparatória, assemelhando-se à sindicância disciplinar. A TCE, como regra, deve ser instaurada pela autoridade competente do próprio órgão e entidade jurisdicionados (ou respectivos delegados), sob pena de responsabilidade solidária (art. 8º da Lei nº 8.443/92).

Pode ser, entretanto, que a TCE seja instaurada a partir de determinação do próprio Tribunal de Contas (*v.g.*, nos casos de omissão na prestação ou inércia na instauração da TCE) ou por recomendação dos órgãos de controle interno. A TCE poderá ser ainda oriunda da conversão de processos de inspeções, auditorias e aposentadorias, hipótese em que a instauração vai diretamente à fase externa da TCE.

A TCE inicia-se com a expedição de ato, explicitando os fatos a serem objetos de apuração e designando a comissão responsável. Em princípio, essa fase se destina, a exemplo do inquérito policial e da sindicância, a responder a duas perguntas fundamentais: se o fato é irregular ou não e se há presunção de autoria ou não.

O procedimento da fase interna pode ser interrompido se não ficar caracterizada a irregularidade ou se houver o ressarcimento ou a devolução do bem (salvo se comprovada grave violação a norma de caráter financeiro ou má-fé, o que poderá dar ensejo à aplicação de multa na fase externa). Mesmo assim, deverá a TCE ficar registrada no órgão ou entidade a fim de servir de esteio às inspeções e auditorias do Tribunal de Contas.

Ao final da fase interna da TCE, a comissão responsável elabora um relatório conclusivo (semelhante ao do inquérito policial e da

---

[394] Ver o Tema 327 do STF.

sindicância), que é encaminhado ao órgão de controle interno para manifestação. Depois, é remetido à autoridade superior do órgão ou entidade, que o encaminhará ao Tribunal de Contas.

A fase externa se desenrola, como visto, no âmbito do Tribunal de Contas competente. O processo no seio da corte de contas é processo administrativo típico. O ato final é a decisão pela regularidade (contas fidedignas), regularidade com ressalva (contas com falhas formais) ou irregularidade das contas (contas com infrações a normas legais de caráter financeiro, podendo ou não haver imputação de débito). À semelhança dos processos administrativos em geral, existem etapas instrutivas e decisórias, e há a previsão legal de recursos. Aliás, a falta de possibilidade recursal afigura-se como inconstitucional (por afronta ao art. 5º, LV, da Constituição).

Quando as contas são julgadas irregulares, há a imputação de débito ou multa que tem eficácia de título executivo (art. 71, §3º, da CF/88). A forma de cobrança poderá ser administrativa (junto ao TC) ou judicial (via executivo fiscal). Sobre a forma de acionamento judicial, o TCU posiciona-se no sentido de que "compete ao órgão executor decidir discricionariamente quanto à forma de execução dos créditos decorrentes de condenações impostas pelo Tribunal de Contas da União, podendo optar pela inscrição em dívida ativa, seguindo o rito da execução fiscal definido na Lei nº 6.830/80, ou efetuar a execução da dívida nos termos do Código de Processo Civil, hipótese em que o título executivo será o próprio acórdão do Tribunal, conforme o art. 71, §3º, da Constituição Federal". Convém destacar que com a edição da Lei nº 13.655/18, especialmente por conta da disposição do art. 28 da LINDB, à semelhança da improbidade administrativa, surgiram debates em torno dos requisitos exigidos para a imputação de responsabilidades aos jurisdicionados no âmbito do TCU.

De acordo com o art. 28 da LINDB, o agente público responderá pessoalmente por suas decisões ou opiniões técnicas em caso de dolo ou erro grosseiro, o que significa dizer que não basta a mera presunção ou a culpa simples para que se faça incidir a responsabilidade dos agentes, emanada das decisões de órgãos controladores.

Ao depois da edição das disposições novidadeiras da LINDB, o Plenário do TCU expediu o Acórdão 2.391/2018 (rel. min. Benjamin Zymler). Essa decisão apresentou sensível "evolução de sentido" se comparada com decisões anteriores do próprio TCU, dado que, pela primeira vez – após a edição da Lei nº 13.655/18 –, a expressão "erro grosseiro" foi interpretada com conteúdo jurídico similar à clássica noção de "culpa grave". Até então, ganhava destaque no âmbito do TCU o Acórdão 1.628/2018 (Plenário, rel. min. Benjamin Zymler), mercê do qual a expressão "erro grosseiro" era interpretada com base na noção fluída de "administrador médio".

Com efeito, Juliana Bonacorsi de Palma, em artigo de referência,[395] demonstrou – pela análise de 133 acórdãos do TCU – que a métrica do "administrador médio", entre todas aquelas utilizadas para fixar a responsabilidade naquele tribunal, era, de longe, a "mais pitoresca": o administrador médio é, antes de tudo, um sujeito leal, cauteloso e diligente (Ac. 1781/2017; Ac. 243/2010; Ac. 3288/2011). Sua conduta é sempre razoável e irrepreensível, orientada por um senso comum que extrai das normas seu verdadeiro sentido teleológico (Ac. 3493/2010; Ac. 117/2010). Quanto ao grau de conhecimento técnico exigido, o TCU titubeia. Por um lado, precisa ser sabedor de práticas habituais e consolidadas, dominando com mestria os instrumentos jurídicos (Ac. 2151/2013; Ac. 1659/2017). Por outro, requer do administrador médio o básico fundamental, não lhe exigindo exame de detalhes de minutas de ajustes ou acordos administrativos que lhe sejam submetidos à aprovação, por exemplo (Ac. 4424/2018; Ac. 3241/2013; Ac. 3170/2013; 740/2013). Sua atuação é preventiva: ele devolve os valores acrescidos da remuneração por aplicação financeira aos cofres federais com prestação de contas, e não se apressa para aplicar esses recursos (Ac. 8658/2011; Ac. 3170/2013). Não deixa de verificar a regularidade dos pagamentos sob sua responsabilidade (Ac. 4636/2012), não descumpre determinação do TCU e não se envolve pessoalmente em irregularidades administrativas (Ac. 2139/2010).

Como se vê, a jurisprudência do TCU sobre o "administrador médio" apresentou, num exame rigoroso a respeito dos pressupostos inerentes à responsabilização funcional, o conteúdo bastante próximo da responsabilidade objetiva, fundamentalmente porque o elemento subjetivo das condutas passou a ser avaliado sob o prisma exclusivo da violação à norma legal, não se demonstrando "mediano" o

[395] PALMA, Juliana Bonacorsi de. Quem é o administrador médio do TCU? Disponível em: https://www.jota.info/opiniao-e-analise/colunas/controlepublico/quem-e-o-administrador-medio-do-tcu-22082018.

indivíduo que pratica ilegalidades (ainda que despidas de dolo ou culpa grave), ou que, obviamente, destoa do entendimento atual da Corte de Contas.

Convém verificar, nesse passo, que a construção pretoriana do TCU que deu ensejo à "teoria do administrador médio" caminha de mãos dadas com a doutrinação jurisprudencial do STJ sobre "dolo genérico" ou dolo *in re ipsa* (presumido) em matéria de improbidade administrativa. Em ambos os casos, os tribunais não raramente se bastam em examinar em abstrato condutas vedadas pelo ordenamento, para concluir – independentemente do contexto, do elemento subjetivo e do resultado da ação – pela presença do dolo genérico que conduz à responsabilização.

Sobre esse tema, Flávio Unes Pereira analisou, entre outros, o voto do ministro Herman Benjamin no julgamento do REsp 765.212 e demonstrou que, embora tenha prevalecido na ocasião (contra o voto do ministro) a tese da necessidade do dolo para os casos de improbidade do artigo 11 da Lei nº 8.429/92 – a construção pretoriana posterior, baseada justamente nesse precedente –, sob os auspícios da noção de dolo genérico, passou a considerar, bastante à responsabilização, a mera violação à lei, em vez da vontade livre e consciente do autor em agir em desconformidade com o ordenamento, visando ao resultado vedado.[396]

Voltando ao Acórdão 2.391/2018 do Plenário do TCU, se, por um lado, os ministros procederam a uma melhor definição do conteúdo jurídico de "erro grosseiro" – atribuindo-lhe a mesma expressão jurídica da "culpa grave" –, adotaram, por outro, interpretação restritiva e seletiva a respeito da "dimensão de aplicabilidade" do novo artigo 28 da LINDB.

De fato, a propósito do dispositivo em debate, o TCU segregou duas sortes de responsabilidade. Uma, de ordem punitiva, que exige do agente público, para fins responsabilidade, a presença do dolo ou do "erro grosseiro" (culpa grave); a segunda, de ordem reparatória, alheia ao âmbito de incidência da nova regra da LINDB, que se regula autonomamente pela disposição do artigo 37, parágrafo 6º da Constituição – e que exige dolo ou culpa simples.

---

[396] PEREIRA, Flávio Unes. *Improbidade administrativa e dolo genérico*. Disponível em: https://www.jota.info/opiniao-e-analise/artigos/improbidade-administrativa-e-o-dolo-generico-10082015.

Em artigo publicado sobre o tema,[397] Joel Niebuhr apontou, com fundamento em três fontes distintas de argumentação, o equívoco dessa nova orientação emanada do TCU. O primeiro argumento – creditado pelo autor ao professor Clovis Beznos – é o de que nada impede que o legislador infraconstitucional discipline e estabeleça balizas e condicionantes, definindo graus de culpa para efeito da obrigação de indenização por parte de agentes públicos. Não existe, disserta o autor, proibição constitucional a que o legislador possa fazê-lo, sendo absolutamente frequente essa hipótese na legislação infraconstitucional.

Cabe conferir sob tal perspectiva o disposto no inciso I do art. 143 e o art. 181, ambos do Código de Processo Civil, que prescrevem que magistrados e membros do Ministério Público somente podem ser responsabilizados por perdas e danos se procedem com dolo ou fraude, aplicando-se a mesma regra para ministros do TCU. "Ninguém discute, especialmente magistrados, membros do Ministério Público e ministros do Tribunal de Contas da União, que ao legislador infraconstitucional é possível restringir as suas responsabilidades por perdas e danos, inclusive afastando a possibilidade de responderem por conduta meramente culposa, ainda que por culpa grave".

O segundo argumento citado por Niebuhr, que é haurido da jurisprudência do STF, é o de que descabe ao TCU realizar controle de constitucionalidade de lei (confira-se STF, MCMS 35.410/DF, rel. min. Alexandre Moraes, em 15.12.2017). Na opinião do autor, "o Tribunal de Contas da União tratou da constitucionalidade do artigo 28 da LINDB. Fez uma espécie de interpretação conforme a Constituição, porque restringiu o alcance literal e mais amplo do dispositivo, defendendo que ele ofenderia o §6º do artigo 37 da Constituição Federal".

O terceiro argumento, atribuído ao autor deste livro, é o de que o parágrafo 6º do artigo 37 da Constituição dedica-se aos danos causados pelos agentes públicos a terceiros (externos), e não aos danos causados pelos agentes públicos à própria administração pública (internos). O texto constitucional, com efeito, é categórico, ao dizer que "as pessoas jurídicas de direito público e as de direito

[397] NIEBUHR, Joel. O erro grosseiro: análise crítica do Acórdão nº 2.391/2018 do TCU. Disponível em: https://www.zenite.blog.br/o-erro-grosseiro-analise-critica-do-acordao-no-2-3912018-do-tcu/.

privado prestadoras de serviços públicos responderão pelos danos que seus agentes, nessa qualidade, causarem a terceiros" – e como consequência o legislador democrático pode definir a responsabilidade interna de maneira diversa, sob pena de inconstitucionalidade da responsabilidade funcional dos magistrados, membros do Ministério Público e dos tribunais de contas.

Nesse sentido, o Decreto nº 9.830, de 10 de junho de 2019, disciplinou a questão, com foco na Administração Pública Federal, passando a estabelecer, no seu art. 12 e respectivos parágrafos, que:

- Considera-se erro grosseiro aquele manifesto, evidente e inescusável praticado com culpa grave, caracterizado por ação ou omissão com elevado grau de negligência, imprudência ou imperícia;
- Não será configurado dolo ou erro grosseiro do agente público se não restar comprovada, nos autos do processo de responsabilização, situação ou circunstância fática capaz de caracterizar o dolo ou o erro grosseiro;
- O mero nexo de causalidade entre a conduta e o resultado danoso não implica responsabilização, exceto se comprovado o dolo ou o erro grosseiro do agente público;
- A complexidade da matéria e das atribuições exercidas pelo agente público será considerada em eventual responsabilização do agente público;
- O montante do dano ao erário, ainda que expressivo, não poderá, por si só, ser elemento para caracterizar o erro grosseiro ou o dolo;
- A responsabilização pela opinião técnica não se estende de forma automática ao decisor que a adotou como fundamento de decidir e somente se configurará se estiverem presentes elementos suficientes para o decisor aferir o dolo ou o erro grosseiro da opinião técnica ou se houver conluio entre os agentes;
- No exercício do poder hierárquico, só responderá por *culpa in vigilando* aquele cuja omissão caracterizar erro grosseiro ou dolo;
- O disposto neste artigo não exime o agente público de atuar de forma diligente e eficiente no cumprimento dos seus deveres constitucionais e legais.

A Medida Provisória nº 966, de 13 de maio de 2020,[398] que dispõe sobre a responsabilização de agentes públicos por ação e omissão em atos relacionados com a pandemia de Covid-19, traz orientação semelhante à do Decreto nº 9.830/19 e do art. 28 da LINDB, prescrevendo, no art. 1º, que "os agentes públicos somente poderão ser responsabilizados nas esferas civil e administrativa se agirem ou se omitirem com dolo ou erro grosseiro pela prática de atos relacionados, direta ou indiretamente, com as medidas de (a) enfrentamento da emergência de saúde pública decorrente da pandemia da Covid-19; e (b) combate aos efeitos econômicos e sociais decorrentes da pandemia da Covid-19".

Referida norma foi objeto de questionamentos de partidos políticos junto ao STF, com pedido de medida cautelar, no bojo das ADI 6421, 6422, 6424, 6425, 6427, 6428 e 6431, submetidas à relatoria do Min. Roberto Barroso. De acordo com o voto do relator, proferido em 21.05.2020, a maioria dos Ministros do STF (vencidos o Ministro Marco Aurélio integralmente e os Ministros Alexandre Moraes e Carmen Lúcia parcialmente) imprimiu interpretação conforme a Constituição ao art. 2º da MP nº 966/20, apenas e tão somente para considerar "erro grosseiro" as decisões tomadas para o combate à pandemia de covid-19 que não observarem "normas e critérios científicos e técnicos" e os "princípios constitucionais da precaução e da prevenção".

Em outras palavras, o STF manteve a higidez do restante da norma impugnada, além do art. 28 da LINDB e do Decreto nº 9.830/19, notadamente quanto ao elemento subjetivo dolo ou "erro grosseiro" (culpa grave), imprescindível à caracterização da responsabilidade dos agentes públicos.

Verificada a questão da responsabilidade dos agentes públicos nos seus matizes mais contemporâneos, convém discorrer sobre a natureza da função de julgamento de contas atribuída pela Constituição aos Tribunais de Contas, matéria sobre a qual existem controvérsias expressivas no seio da doutrina e da jurisprudência. Com efeito, parcela da doutrina sustenta que se trata de competência jurisdicional a cargo do Tribunal de Contas, cujo mérito da decisão

[398] Referida Medida Provisória teve seu prazo de vigência encerrado em 10 de setembro de 2020.

não é revisável pelo Poder Judiciário; outra parcela da doutrina, entretanto, sustenta o contrário, entendendo tratar-se de função meramente administrativa e, portanto, plenamente revisável quanto ao seu conteúdo pelo Poder Judiciário.

O fato é que, após a Constituição de 1988, não há posicionamento definitivo do Supremo Tribunal Federal sobre o assunto, e isto parece fundamental para nortear o rumo da controvérsia.[399] Entende-se que a função julgadora do Tribunal de Contas é eminentemente administrativa (art. 71, II, CR/88), e a afirmação tem como base a natureza jurídica do título executivo que se extrai das decisões da corte de contas que imputam débito ou multa (art. 71, §3º, CR/88). Tanto essas decisões quanto as que aprovam as contas, em função do princípio do paralelismo de formas, necessariamente revestir-se-ão de mesma natureza.

Reza o art. 71, §3º, da Constituição da República que "as decisões do Tribunal de Contas que imputem débito ou multa terão eficácia de título executivo". Se o título fosse judicial, a decisão do Tribunal de Contas seria jurisdicional, mas o constituinte não o qualificou como tal e, portanto, não é possível pretender que haja aqui uma exceção à tipicidade do exercício das funções estatais.

Esse título é extrajudicial e não se afigura um título extrajudicial especial. Tal como adverte Jaqueline Grossi Fernandes de Carvalho, "a natureza do título executivo emanado do Tribunal de Contas é extrajudicial, quer dizer, a decisão da Corte deverá ser incluída no rol dos títulos extrajudiciais previstos no art. 585 do Código de Processo Civil, precisamente no seu inc. VII (atualmente é o art. 784, XII, CPC/15)". De fato, dispõe o art. 784, XII, do novo CPC/15 que são títulos executivos extrajudiciais todos os demais títulos, a que, por disposição expressa, a lei atribuir força executiva. É o caso da decisão do Tribunal de Contas que imputa débito ou multa.

Tal decisão do Tribunal de Contas dá ensejo à propositura de ação executiva, movida, de acordo com o que dispõe o art. 788 do

---

399 No julgamento do RE 636.886/AL, Rel. Min. Alexandre Moraes, o voto do relator tangenciou a matéria, discorrendo que: "O Tribunal de Contas da União é órgão auxiliar e essencial de orientação ao Poder Legislativo, embora a ele não subordinado, praticando atos de natureza administrativa, concernentes, basicamente, à fiscalização, com garantias de autonomia e autogoverno".

CPC/15, pelo credor que consta do título (Fazenda Pública beneficiária do alcance) ou pelo Ministério Público, caso a lei lhe confira legitimidade (art. 788, §1º, I, do CPC/15).

Considera-se que o Ministério Público é órgão constitucionalmente competente para executar as multas impostas pelo Tribunal de Contas, uma vez que o próprio texto constitucional lhe atribui competência para promover a defesa do patrimônio público (artigo 129, III, da CR/88), sendo inclusive habilitado para ingressar em juízo, de ofício, para responsabilizar gestores condenados por tribunais e conselhos de contas, conforme previsão da Lei Orgânica do Ministério Público (artigo 25, inciso VIII, da Lei nº 8.625/1993).

Todavia, esse não é o entendimento do STF, que reiteradamente negou a possibilidade de o Ministério Público promover a execução de multas pelo Tribunal de Contas, sob o simples argumento de que o Ministério Público tem natureza de órgão representante do Poder Executivo.

A forma eleita pelo legislador para que o executado se oponha à ação executiva são os embargos à execução, na forma do art. 917, VI do CPC/15, cujo teor autoriza o devedor a alegar como fundamento "qualquer matéria que lhe seria lícito deduzir como defesa em processo de conhecimento".

Ora, se a decisão do Tribunal de Contas que imputa débito ou multa tem eficácia de título extrajudicial e o devedor está autorizado a arguir em embargos contra a execução nele fundada, o juiz, quando julga, decide da existência da razão de ser da imputação – vale dizer, da regularidade ou irregularidade das contas – e, portanto, adentra na plenitude da decisão do órgão de controle externo. A decisão do Tribunal de Contas equivale em tudo e por tudo à certidão de dívida ativa da Fazenda Pública, que também é título executivo extrajudicial.

Tal aproximação entre a decisão dos Tribunais de Contas que imputa débito ou multa e a certidão de dívida ativa da fazenda apareceu mencionada pelo STF no julgamento, com repercussão geral, do RE 636.886/AL, Rel. Min. Alexandre Moraes, ocorrido em 2020. Discutia-se a prescritibilidade do ressarcimento determinado por decisão do Tribunal de Contas que deixou de ser executada no quinquênio seguinte à constituição do título executivo.

De acordo com o voto condutor do Acórdão, o prazo para que o título emanado da decisão dos Tribunais de Contas fosse executado seria de 5 (cinco) anos (o mesmo da certidão de dívida ativa), fixando o Tema 899, que estabelece: "É prescritível a pretensão de ressarcimento ao erário fundada em decisão de Tribunal de Contas".

Por consectário, como uma decorrência lógica desse julgamento do STF, é curial afirmar que também está submetida a prazo prescricional a possibilidade de as Cortes de Contas instaurarem procedimentos de tomadas de contas para a imputação de dever de ressarcimento aos agentes. Consoante a Súmula 150 do STF, "prescreve a execução no mesmo prazo de prescrição da ação".[400]

Após a segunda edição desta obra, os desdobramentos do julgamento do Tema 899 pelo Supremo Tribunal Federal passaram a impactar diretamente a atuação dos Tribunais de Contas, que progressivamente adequaram sua jurisprudência e regulamentação interna para assegurar a observância dos prazos prescricionais tanto para a pretensão punitiva quanto para a pretensão de ressarcimento.

Nesse sentido, já em 2021, o Tribunal de Contas do Estado de Minas Gerais reconheceu expressamente a aplicabilidade, à prescrição da pretensão ressarcitória, dos dispositivos que regulam a prescrição da pretensão punitiva, previstos na Lei Orgânica (LC nº 102/08). Além disso, entendeu que os mesmos marcos temporais utilizados para a contagem da prescrição punitiva devem ser aplicados aos processos internos:

> RECURSO ORDINÁRIO. PREJUDICIAL DE MÉRITO. PRESCRIÇÃO DA PRETENSÃO RESSARCITÓRIA. TEMA 899 DO STF.

[400] O art. 202, I do Código Civil prevê que a interrupção da prescrição, que somente poderá ocorrer uma vez, dar-se-á "por despacho do juiz, mesmo incompetente, que ordenar a citação, se o interessado a promover no prazo e na forma da lei processual"; e o parágrafo único do mesmo preceito dispõe que "a prescrição interrompida recomeça a correr da data do ato que a interrompeu, ou do último ato do processo para a interromper". O art. 240, §1º do CPC dispõe que "a interrupção da prescrição, operada pelo despacho que ordena a citação, ainda que proferido por juízo incompetente, retroagirá à data de propositura da ação". Para completar a ordem de ideais, em referência ao Decreto nº 20.910/32, a Súmula 383 do STF menciona que "a prescrição em favor da Fazenda Pública recomeça a correr, por dois anos e meio, a partir do ato interruptivo, mas não fica reduzida aquém de cinco anos, embora o titular do direito a interrompa durante a primeira metade do prazo". Por outro lado, se a compreensão for no sentido de que entre a data do fato fiscalizável e a instauração do Tribunal de Contas o prazo é de decadência, deve-se cogitar de aplicação do prazo quinquenal do art. 173 do CTN.

> RECONHECIMENTO. ARQUIVAMENTO. 1. Nos termos da tese fixada para o Tema nº 899 pelo Supremo Tribunal Federal, é prescritível a pretensão de ressarcimento ao erário exercida pelo Tribunal de Contas, aplicando-se, enquanto não houver previsão específica em lei, os mesmos prazos estabelecidos para a prescrição da pretensão punitiva. 2. Transcorrido o prazo de 5 (cinco) anos entre a primeira causa interruptiva e a primeira decisão de mérito proferida no processo, impõe-se o reconhecimento da prescrição da pretensão ressarcitória desta Corte, nos termos do art. 110-E c/c art. 110-F, I, e art. 110-C, II, da Lei Orgânica. (MINAS GERAIS. Tribunal de Contas de Minas Gerais. Recurso Ordinário n. 1.054.102. Rel. Cons. Cláudio Terrão. Julgado em 28 de abril de 2021)

Especificamente quanto à legislação aplicável, destaca-se o trecho pertinente do voto condutor:

> Assim, conquanto idealizadas para a regência da pretensão punitiva deste Tribunal, conforme a literalidade do texto atualizado dos arts. 110-B e 110-E da Lei Orgânica, é notório que as mesmas Leis Complementares estaduais nos 120/11 e 133/14 devem constituir as balizas para a aplicação da prescrição da pretensão ressarcitória, até que sobrevenha, se for o caso, regulamentação específica para tal.

No âmbito do Tribunal de Contas da União, em 2022, foi editada a Resolução nº 344, que dispôs, em seu art. 2º, que "prescrevem em cinco anos as pretensões punitiva e de ressarcimento, contados dos termos iniciais indicados no artigo 4°, conforme cada caso". Ademais, o art. 1º da referida norma estabelece que a prescrição nos processos de controle externo seguirá as diretrizes da Lei nº 9.873/99,[401] que regula o prazo prescricional para o exercício da ação punitiva pela Administração Pública Federal. A mesma resolução trata, ainda, da prescrição intercorrente, ao dispor, em seu art. 8º, que "Incide a prescrição intercorrente se o processo ficar paralisado por mais de três anos, pendente de julgamento ou despacho, sem

[401] Referida legislação estabelece que: "Prescreve em cinco anos a ação punitiva da Administração Pública Federal, direta e indireta, no exercício do poder de polícia, objetivando apurar infração à legislação em vigor, contados da data da prática do ato ou, no caso de infração permanente ou continuada, do dia em que tiver cessado" (art. 1º). Inclusive, o §1º, do art. 1º estabelece: "Incide a prescrição no procedimento administrativo paralisado por mais de três anos, pendente de julgamento ou despacho, cujos autos serão arquivados de ofício ou mediante requerimento da parte interessada, sem prejuízo da apuração da responsabilidade funcional decorrente da paralisação, se for o caso".

prejuízo da responsabilidade funcional decorrente da paralisação, se for o caso".

Em 2023, o Supremo Tribunal Federal, ao julgar o MS 38.592 AgR, de relatoria do Min. Luiz Fux, aprofundou a interpretação do Tema 899. Na ocasião, firmou-se o entendimento de que a prescrição da pretensão ressarcitória aplica-se não apenas à execução do título, mas também à própria fase de sua constituição perante os Tribunais de Contas. Reforçou-se, ainda, que, na ausência de norma específica, devem ser observadas as regras aplicáveis à prescrição da pretensão punitiva. Extrai-se do voto do relator:

> Nesse contexto, a despeito de a definição da norma que rege a prescrição quanto à constituição do título executivo pelo Tribunal de Contas da União ainda não ter sido definida em sede de repercussão geral, releva notar que, no julgamento do Tema 899, ressoa inequívoco que o entendimento nele esposado revela considerável alteração na jurisprudência que prevalecia neste Supremo Tribunal no sentido da imprescritibilidade das ações de ressarcimento ao erário decorrente de decisões do TCU. (...)
> Assim, conforme as teses firmadas em sede de repercussão geral e recentes julgados de ambas as Turmas desta Suprema Corte, o entendimento tem sido pela aplicabilidade integral da Lei nº 9.873/1999 ao Tribunal de Contas da União referente à prescrição e aos seus marcos interruptivos. Aplicabilidade integral, saliento, tanto na pretensão de multa quanto na pretensão ressarcitória. (...)
> Para tanto, tenho que, consoante entendimento firmado por esta Suprema Corte, na ausência de previsão expressa de prazo prescricional na Lei Orgânica da Corte de Contas (Lei nº 8.443/1992), deve ser aplicado o prazo quinquenal previsto na Lei nº 9.873/1999. A norma possui o seguinte teor, *in verbis*: Art. 1º Prescreve em cinco anos a ação punitiva da Administração Pública Federal, direta e indireta, no exercício do poder de polícia, objetivando apurar infração à legislação em vigor, contados da data da prática do ato ou, no caso de infração permanente ou continuada, do dia em que tiver cessado (...) (MS 38592 AgR, Relator(a): LUIZ FUX, Primeira Turma, julgado em 22.02.2023, PROCESSO ELETRÔNICO DJes/n DIVULG 24.02.2023 PUBLIC 27.02.2023)

Uma contribuição significativa para a consolidação desse entendimento veio da articulação institucional de entidades representativas dos Tribunais de Contas, como a Associação dos Membros dos Tribunais de Contas do Brasil (Atricon), o Instituto Rui Barbosa, o Conselho Nacional de Presidentes dos Tribunais de Contas (CNPTC) e a Associação Brasileira dos Tribunais de Contas dos Municípios (Abracom). Em manifestação conjunta, essas entidades publicaram a Nota Recomendatória nº 02/2023[402] orientando os Tribunais de Contas a reconhecerem e aplicarem, de forma sistemática, os institutos da prescrição tanto da pretensão punitiva quanto da ressarcitória, em consonância com a jurisprudência consolidada pelo Supremo Tribunal Federal.[403]

A título de exemplo, conforme destacado por Giamundo Neto e Leoni,[404] "[t]ambém optaram por regular a matéria por meio de normativos internos próprios os Tribunais de Contas do Ceará,[405] do Maranhão,[406] do Pará,[407] da Paraíba,[408] do Distrito Federal,[409] dos Municípios de Goiás[410] e do Município de São Paulo[411]". Os autores prosseguem ressaltando que, "[d]entre os tribunais que passaram a prever a prescrição de forma expressa, somente para o Tribunal de Contas do Amazonas houve a alteração diretamente no texto da Constituição Estadual, cuja Emenda nº 132/2022, ao incluir o artigo 40, §4º à norma, passou a contemplar a prescrição punitiva e ressarcitória das fiscalizações a cargo do tribunal. Já os Tribunais de Contas do Piauí,[412] de Santa Catarina[413] e dos municípios do Pará[414] promoveram alterações em sua própria Lei Orgânica, passando a prever a prescrição também de forma ampla. No caso desse último (TCM-PA), também já foram promovidas alterações em seu regimento interno para comportar as novas disposições da Lei Orgânica". Por fim, em 2023, o TCM-BA alterou seu regimento

---

402 Disponível em: https://atricon.org.br/wp-content/uploads/2023/04/Nota-Recomendatoria-Conjunta-n-022023.pdf.

403 GIAMUNDO NETO, Giuseppe; LEONI, Fernanda. Como os tribunais de contas têm regulamentado a prescrição pelo Brasil? Consultor Jurídico, 20 set. 2023. Disponível em: https://www.conjur.com.br/2023-set-20/infra-controle-tribunais-contas-regulamentado-prescricao-brasil/. Acesso em: 21 maio 2025.

404 *Ibdem*.

405 Resolução Administrativa nº 03/2023.

406 Resolução 383/2023.

407 Resolução 19503/2023.

408 Resolução Normativa TC nº 02/2023.

409 Decisão normativa 05/2021.

410 Instrução Normativa nº 07/2023.

411 Resolução TCMSP nº 10/2023.

412 Artigo 166-A da Lei Orgânica do TCE-PI, acrescido pela Lei nº 7.896/2022.

413 Artigo 83-A e seguintes da Lei Orgânica do TCE-SC, acrescido pela Lei Complementar nº 819/2023.

414 Artigo 78-A da Lei Orgânica do TCM-PA, acrescido pela Lei Complementar nº 156/2022.

interno para incluir a previsão da prescrição tanto da pretensão punitiva quanto da ressarcitória.[415]

Além disso, os autores observam que muitos Tribunais de Contas já contavam com normativos próprios tratando especificamente da prescrição da pretensão punitiva, como ocorre nos Tribunais de Contas de Alagoas,[416] do Espírito Santo,[417] de Goiás,[418] de Minas Gerais,[419] de Pernambuco,[420] do Rio Grande do Norte,[421] de Roraima[422] e de Sergipe.[423]

Portanto, observa-se que os Tribunais de Contas vêm promovendo esforços concretos para se adequarem ao entendimento vinculante firmado pelo Supremo Tribunal Federal sobre a prescritibilidade das pretensões punitiva e ressarcitória. Tais atualizações normativas e institucionais reforçam a consolidação de uma atuação mais alinhada aos princípios constitucionais do devido processo legal, da segurança jurídica e da legalidade.

Como se vê, a TCE em muito se assemelha ao processo judicial e prestigia a linguagem burocrática e sancionatória, muitas vezes sem se aperceberem os respectivos órgãos competentes, que a função por excelência do instituto é a recomposição ao erário. A presença do elemento anímico do sujeito, muitas vezes desprestigiado no curso do processo, é fundamental para separar o joio do trigo, fazendo valer métodos mais eficazes e versáteis ao atendimento do interesse público.

7.7.2 Controle consensual

Em dias atuais, com efeito, o princípio da consensualidade tem dado azo a diversos instrumentos inovadores de direito

[415] Artigo 180 e seguintes do Regimento Interno do TCM-BA.

[416] Artigo 117, da Lei Orgânica do TCE-AL, complementado pela Resolução Normativa nº 3/2019 e pela Súmula 01.

[417] Artigo 71, da Lei Orgânica do TCE-ES e artigo 373 e seguintes do RI-TCE-ES.

[418] Artigo 107-A, da Lei Orgânica do TCE-GO.

[419] Artigo 110-A a 110-G, da Lei Orgânica do TCE-MG, complementados pelos arts. 286 e seguintes do seu Regimento Interno.

[420] Artigo 73, §6º, da Lei Orgânica do TCE-PE.

[421] Artigo 111 e seguintes da Lei Orgânica do TCE-RN, complementado pelo artigo 327 e seguintes de seu Regimento Interno.

[422] Artigo 61-A, da Lei Orgânica do TCE-RR, complementada pelo artigo 212 do seu Regimento Interno e pela Portaria 1189/2020.

[423] Artigo 68 e seguintes da Lei Orgânica do TCE-SE.

administrativo, seja no intuito de propiciar participação da sociedade no exercício do poder (audiências e consultas públicas), seja para incrementar a eficiência administrativa (contratos de gestão, contrato de autonomia, termo de parceria, gestão associada de serviços públicos), seja, enfim – e esta é a temática de que aqui se trata – para impor este novo paradigma de controle da Administração Pública: o do controle consensual.

A ideia fundamental subjacente é a alteração da lógica dos mecanismos controladores, que deixam de ser visualizados numa vertente estritamente sancionatória (visão típica do direito concebido como ordem de coerção) para se afirmarem como meio de pacificação negociada das controvérsias na ordem interna, na conformidade do que preceitua o preâmbulo e o art. 4º, VII, da Constituição da República. É que a concepção da atividade de controle exclusivamente como "controle-sanção" pertence ao tempo em que tanto a atividade de administração pública quanto o ordenamento jurídico buscavam sua essência no positivismo – a Administração seria eficiente e otimizada se cumprisse fidedignamente os procedimentos traçados pelos regulamentos organizacionais (Escola da Administração Científica), e o direito restaria respeitado à medida que o administrador cumprisse à risca os artigos de lei (abstrata e genérica) predispostos pelo legislador (princípio da legalidade estrita).

Portanto, o próximo capítulo será para demonstrar que cada um dos instrumentos de controle sancionatório estudados neste capítulo – processo administrativo disciplinar (PAD), ação de improbidade administrativa (AIA), ação de improbidade empresarial (AIE) e tomada de contas especial (TCE) – corresponde a um instrumento de controle consensual capaz de solucionar a controvérsia pela via do consenso, e não da sanção, corroborando-se com os desígnios da mais recente legislação processual brasileira.

CONTROLE CONSENSUAL DA ADMINISTRAÇÃO PÚBLICA

A proposta de implantação do controle consensual da Administração Pública surgiu como apta a propiciar a integração entre os novos paradigmas da juridicidade e da Administração consensual, permitindo que a atividade de controle não se sujeite exclusivamente a uma visão maniqueísta, "crime-castigo", assumindo contornos de diálogo institucional, na busca da maximização dos objetivos fundamentais e dos fundamentos do Estado democrático de direito.

Apercebeu-se o autor que, na lógica do controle-sanção, não há meio-termo: ou a conduta do controlado é conforme as regras e procedimentos, ou não é. Neste último caso, deve-se penalizar o sujeito, independentemente das circunstâncias práticas por ele vivenciadas na ocasião e das consequências futuras, às vezes negativas para o próprio funcionamento da máquina administrativa.

Obviamente, não se cogita propor a extinção das formas tradicionais de controle com viés repressivo e sancionatório. Busca-se complementaridade, a utilização de métodos que se insiram no contexto do direito e da Administração Pública para revelar tendências controladoras, que estimulem transparência, eficiência, economicidade, eficácia, efetividade.

Com efeito, após algum anos de história (cerca de 15 anos), mercê de algumas experiências embrionárias – como a dos termos de ajustamento de conduta (TAC),[424] previstos no art. 5º, §6º, da Lei nº 7.347/85 (incluído pela Lei nº 8.078/90), cuja aplicabilidade à Administração Pública ficou bastante restringida por força da interpretação reducionista da primitiva redação do art. 17, §1º, da Lei nº 8.429/92[425] –, o ordenamento jurídico brasileiro consagrou instrumentos típicos de controle consensual da Administração Pública, com destaque para:

(a) suspensão do processo administrativo disciplinar (SUSPAD), pioneiramente introduzida no Estatuto dos Servidores Públicos do Município de Belo Horizonte, pelo art. 6º da Lei Municipal nº 9.310/07[426] (art. 225-A) (corregedorias administrativas);[427]

(b) termos de ajustamento de gestão (TAG), previstos em diversas leis orgânicas dos tribunais de contas[428] e no

---

[424] Podemos citar, além dos termos de ajustamento de conduta (TAC), os (a) compromissos de cessação (artigo 85 da Lei nº 12.529/11), (b) os acordos de leniência (artigo 86 da Lei nº 12.259/11 e artigo 16 da Lei nº 12.846/13), (c) os acordos substitutivos das agências reguladoras (por exemplo, artigo 21 da Resolução nº 63/2004 da Aneel).

[425] A redação originária e não mais vigente do Art. 17, §1º: "É vedada a transação, acordo ou conciliação nas ações de que trata o *caput*".

[426] Atualmente, o instrumento é previsto na Lei Municipal nº 7.169/96, com a redação dada pela Lei Municipal nº 11.300/21.

[427] Diversas administrações públicas criaram instrumentos no processo administrativo com o mesmo perfil e natureza jurídica que a SUSPAD, apenas com nomenclatura e âmbito de aplicabilidade diferentes, como, por exemplo, o Termo de Ajustamento Disciplinar do Estado de Minas Gerais, regulamentado pelo Decreto nº 46.906/15, atualmente previsto no Decreto nº 48.418/22.

[428] Sobre a temática, confira-se: FERRAZ, Luciano. Termo de Ajustamento de Gestão e o alerta do art. 59, §1º da Lei de Responsabilidade Fiscal. Dez anos depois. *In*: CASTRO, Rodrigo Pironte Aguirre de. *Lei de Responsabilidade Fiscal*: ensaios em comemoração aos 10 anos da Lei Complementar n. 101/00. Belo Horizonte: Fórum, 2010. p. 287-294; FERRAZ, Luciano. Termo de Ajustamento de Gestão (TAG): do sonho à realidade. *Revista Brasileira de Direito Público*. Belo Horizonte, ano 8, n. 31, out/dez. 2010. Ver, também, CUNHA, Daniela Zago. Um breve diagnóstico sobre a utilização dos termos de ajustamento de gestão pelos Tribunais de Contas estaduais. *Revista Interesse Público*, n. 51, 2009; GUEDES, Jefferson Carús. Transigibilidade de interesses públicos: prevenção e abreviação de demandas da Fazenda Pública. *In*: GUEDES, Jefferson Carús; SOUZA, Luciane Moessa de (Coord.)_*Advocacia de Estado*: questões institucionais para a construção de um Estado de Justiça. Belo Horizonte: Fórum, 2009; BARROSO FILHO, Angerico Alves. *Avaliação do Termo de Ajustamento de Gestão como instrumento do controle consensual da Administração Pública*. Disponível em: http://www.abdconst.com.br/revista12/avaliacaoAngerico.pdf; ARAÚJO, Cláudia Costa; ALVES, Marília Souza Diniz. *Termo de Ajustamento de Gestão*: resgate do pensamento tópico

art. 26 da Lei nº 13.655/18[429] (tribunais de contas e controladorias internas);

(c) acordos de leniência, acordos substitutivos, compromissos processuais, acordos de não persecução que, sobre estarem fragmentariamente presentes em legislação esparsa, passaram a contar com cláusula geral de aplicação à Administração Pública em todos os níveis, inclusive nas esferas controladora e judicial (art. 17 da Lei nº 12.846/16[430] – referente à inexecução total ou parcial de contratos administrativos – e art. 27 da Lei nº 13.655/18, além do art. 17, §1º da Lei nº 8.429/92, com a redação dada pela Lei nº 13.964/19 – com destaque para a alteração trazida pela Lei nº 14.230/21 à Lei nº 8.429/92, que incluiu o art. 17-B).[431]

A criação e o desenvolvimento de métodos consensuais de controle da Administração Pública são, sem dúvida, um caminho importante para a melhoria do desempenho no exercício da atividade administrativa. É que o controle propriamente dito existe na medida em que é possível que se passe da constatação da falta de

---

pelo Direito Administrativo pós-moderno. Disponível em: http://revista1.tce.mg.gov.br/Content/Upload/Materia/1606.pdf.

429 Art. 26. Para eliminar irregularidade, incerteza jurídica ou situação contenciosa na aplicação do direito público, inclusive no caso de expedição de licença, a autoridade administrativa poderá, após oitiva do órgão jurídico e, quando for o caso, após realização de consulta pública, e presentes razões de relevante interesse geral, celebrar compromisso com os interessados, observada a legislação aplicável, o qual só produzirá efeitos a partir de sua publicação oficial. §1º O compromisso referido no caput deste artigo: I – buscará solução jurídica proporcional, equânime, eficiente e compatível com os interesses gerais; II – (VETADO); III – não poderá conferir desoneração permanente de dever ou condicionamento de direito reconhecidos por orientação geral; IV – deverá prever com clareza as obrigações das partes, o prazo para seu cumprimento e as sanções aplicáveis em caso de descumprimento. §2º (VETADO).

430 Art. 17. A administração pública poderá também celebrar acordo de leniência com a pessoa jurídica responsável pela prática de ilícitos previstos na Lei nº 8.666, de 21 de junho de 1993, com vistas à isenção ou atenuação das sanções administrativas estabelecidas em seus arts. 86 a 88.

431 Art. 27. A decisão do processo, nas esferas administrativa, controladora ou judicial, poderá impor compensação por benefícios indevidos ou prejuízos anormais ou injustos resultantes do processo ou da conduta dos envolvidos. §1º A decisão sobre a compensação será motivada, ouvidas previamente as partes sobre seu cabimento, sua forma e, se for o caso, seu valor. §2º Para prevenir ou regular a compensação, poderá ser celebrado compromisso processual entre os envolvidos.
Sobre o dispositivo, ver: MARQUES NETO, Floriano de Azevedo; FREITAS, Rafael Verás de. *A Lei 13.655/2018 e os novos paradigmas para os acordos substitutivos*. Disponível em: https://www.conjur.com.br/2018-mai-11/opiniao-lindb-paradigmas-acordos-substitutivos.

legalidade às ações corretivas, sem o que frequentemente o problema é mais de responsabilização do que de controle.[432]

Exatamente visando à melhoria de desempenho do exercício da atividade administrativa é que são apresentados, respectivamente, para o processo administrativo disciplinar (PAD), a suspensão do processo administrativo disciplinar (SUSPAD); para a ação de improbidade administrativa (AIA), o termo de ajustamento de conduta (TAC) e os acordos de não persecução cível (ANPC); para a ação de improbidade empresarial (AIE), os acordos de leniência (AL) e acordos substitutivos (AS); e para a tomada de contas especial (TCE), o termo de ajustamento de gestão (TAG).

8.1 Suspensão do processo administrativo disciplinar (SUSPAD)

No âmbito do processo administrativo disciplinar, a pioneira e mais relevante inovação – também lastreada na perspectiva do controle consensual da Administração Pública – teve lugar com a instituição, pelo Município de Belo Horizonte, da SUSPAD – suspensão do processo administrativo disciplinar. Mediante a Lei Municipal nº 9.310/07 (art. 6º), oriunda do Projeto de Lei nº 1.148/06, de iniciativa do Poder Executivo, produziu-se acréscimo do art. 225-A no Estatuto dos Servidores do Município de Belo Horizonte, regulamentado pelo Decreto nº 12.636/07.

Atualmente, a SUSPAD está prevista nos artigos 194 e seguintes do Estatuto dos Servidores do Município de Belo Horizonte (Lei Municipal nº 7.169/96), com a redação conferida pela Lei Municipal nº 11.300/21. A regulamentação da medida, anteriormente disciplinada pelos Decretos nº 12.636/07, nº 14.758/11 e nº 15.987/15, passou a ser estabelecida pela Portaria CTGM nº 001/2022, após a revogação do último decreto pelo Decreto nº 17.679/21. Essa portaria "estabelece normas regulamentares complementares de caráter procedimental para fins de aplicação do regime disciplinar

[432] GORDILLO. *Problemas del control…, cit.*, p. 119.

aos servidores e empregados públicos no âmbito da Administração Direta e Indireta do Município de Belo Horizonte".

Os objetivos principais da SUSPAD, além de desburocratizar e tornar menos dispendiosos os processos de controle disciplinar no âmbito da Administração Pública, foram: a) conferir maior celeridade aos processos instaurados pela corregedoria do município (economia processual); b) permitir a autorrecuperação do servidor faltoso nas infrações de baixo potencial lesivo à disciplina interna da Administração.

As justificativas para a adoção da SUSPAD, mercê do giro teórico da concepção de controle, basearam-se também em estudos estatísticos produzidos pela Controladoria-Geral do Município de Belo Horizonte, quando o autor deste livro ocupou o cargo de controlador-geral do município. Naquele ano de 2006, a corregedoria do município havia concluído 1.022 procedimentos, sendo 720 PAD (processos administrativos disciplinares) e 302 PSI (procedimentos de sindicância indiciária – "sindicância-investigação"). Dos 720 PAD, 552 restaram extintos por arquivamento, absolvição ou prescrição, e 168 redundaram na aplicação de sanções administrativas.

A despeito do alto índice de sanções aplicadas no período (168 penas), a análise da natureza dessas sanções revelou que apenas 51 processos culminaram na penalidade de demissão. Nos restantes 117 processos, os servidores apenados não foram afastados das funções (35 repreensões) ou simplesmente apenas cumpriram penalidades de suspensão, retornando às atividades após cumprimento (58 suspensões até 30 dias e 28 suspensões acima de 30 dias, num total de 86 penalidades).

O avanço da pesquisa sobre os tipos de infrações cometidas – e que ensejaram as penalidades de demissão – demonstrou que, dos 51 processos com a pena máxima, 39 eram processos de abandono de cargo, o que significava dizer que os servidores demitidos já se encontravam, de uma forma ou de outra, desligados do serviço público municipal. Outros dois processos haviam configurado a demissão por acúmulo ilícito de cargo, situação que, em tese, poderia ter sido resolvida pela garantia de opção ao servidor público e pela presunção de sua boa-fé, nos moldes do art. 133, §5º, da Lei Federal nº 8.112/90. Além deles, outros dois tiveram como base o descumprimento de convocação da corregedoria, falta que, só por si, não possui potencial delitivo a justificar a pena de demissão; e finalmente, os 10 últimos processos – estes, sim – redundaram na aplicação de demissão por questões meritórias de improbidade administrativa.

O resultado do exame comparativo das amostras levantadas pela Administração municipal deixou ver que, dos 1.022 procedimentos instaurados pela Corregedoria-Geral no ano de 2006, apenas 51 resultaram em penalidades de demissão (aproximadamente 5%), mas que efetivamente em apenas 10 desses processos a falta cometida tinha grande potencial lesivo à disciplina do serviço público (aproximadamente 1%).

Assim sendo, a conclusão do levantamento empírico realizado foi de que o trabalho desempenhado pela Corregedoria do Município de Belo Horizonte, mercê do modelo de controle-sanção, embora gerador de ampla demanda processual (com custos significativos para o erário), não se demonstrava como afinado às modernas dimensões principiológicas da eficiência, da eficácia e da economicidade. Mais do que isso, demonstrava também que o modelo tradicional não distinguia, para fins processuais, penalidades de maior e de menor potencial ofensivo e pouco contribuía para a conscientização do servidor acerca dos deveres que o exercício do cargo público implicava.

De acordo com a legislação municipal em vigor (art. 194-C, da Lei Municipal nº 7.169/96), a SUSPAD não tem cabimento nos procedimentos administrativos (PAD e sindicâncias-processo) nas seguintes hipóteses: quando o servidor houver recusado a celebração de Termo de Ajustamento Disciplinar (TAD)[433] pela mesma conduta; quando a infração imputada estiver entre aquelas tipificadas nos incisos I, II, IV, VIII, IX, X, XI, XII, XIII, XIV, XVI e XVII do art. 189

---

[433] Atualmente, no Município de Belo Horizonte, existe o Termo de Ajustamento Disciplinar (TAD), previsto no art. 194-B da Lei Municipal nº 7.169/96. O TAD é firmado antes da instauração do processo administrativo disciplinar, enquanto a SUSPAD, prevista no art. 194-C, da Lei Municipal nº 7.169/96, é celebrada no curso desse processo. Conforme destaca Daniel Martins e Avelar, "sob o aspecto material, os instrumentos são idênticos (acordos de ajustamento de conduta)" (AVELAR, Daniel Martins e. Consensualidade e controle disciplinar da Administração Pública: análises dos acordos substitutivos do ato unilateral de aplicação de sanção disciplinar. *In*: FERRAZ, Luciano; SILVA, Luciana Cristina de Jesus (Coord.). *A consensualidade como alternativa do controle-sanção pela Administração Pública*. 1. ed. São Paulo: Dialética, 2024. p. 103).

do Estatuto dos Servidores – infrações disciplinares puníveis com demissão; quando o servidor tiver sido condenado em processo disciplinar nos últimos cinco anos; ou, ainda, durante o período equivalente ao dobro da duração da última SUSPAD de que tenha se beneficiado, respeitado o limite de cinco anos.

Conforme dispõe a Portaria CTGM nº 001/2022, a SUSPAD poderá ter duração variável entre 6 (seis) meses e 4 (quatro) anos, conforme a gravidade da conduta imputada e as circunstâncias pessoais do servidor. A proposta de celebração cabe ao Subcontrolador de Correição, devendo ser apresentada por ocasião da citação do servidor, tanto nos procedimentos de rito sumário quanto ordinário. O servidor deverá manifestar-se dentro do prazo previsto para a apresentação da defesa, sendo que a ausência de resposta será interpretada como recusa tácita à proposta.

A formalização da SUSPAD pressupõe a fixação de condicionantes proporcionais à natureza e gravidade dos fatos apurados, bem como à situação funcional do servidor. Tais condicionantes podem envolver a apresentação bimestral de atestado de comportamento funcional – firmado pela chefia imediata – que comprove o cumprimento dos deveres funcionais, a inexistência de novas infrações e o desempenho satisfatório das atribuições do cargo. Poderão ser exigidos, ainda, a reparação integral do dano eventualmente causado e o cumprimento de obrigações de fazer ou não fazer, devidamente descritas no instrumento de adesão.

O descumprimento de quaisquer das obrigações assumidas ensejará a rescisão unilateral da SUSPAD com o consequente prosseguimento do processo administrativo disciplinar. A adesão à medida será formalizada mediante a assinatura de termo próprio pelo servidor e pelo Subcontrolador de Correição, sendo seu extrato publicado no Diário Oficial do Município. Destaca-se, ainda, que a decretação de afastamento preventivo, nos termos do art. 200 da Lei Municipal nº 7.169/96, impede a celebração da SUSPAD e, se já pactuada, provoca sua rescisão automática. Por fim, cumprido integralmente o período de vigência e todas as condições estabelecidas, será publicado ato administrativo declarando a extinção da punibilidade, também com divulgação oficial no Diário Oficial do Município.

Não se tem dúvidas quanto à constitucionalidade da SUSPAD. Primeiro porque é ela instrumento consensual, que depende da adesão voluntária do interessado, descartando-se sua utilização coercitiva; segundo porque não estará o poder público a abrir mão de sua competência sancionatória, porquanto a SUSPAD é substitutiva do processo, e não da penalidade disciplinar eventualmente cabível à espécie (esta foi a razão pela qual a SUSPAD foi disciplinada por lei); terceiro porque o momento de oferecimento da SUSPAD é anterior à possibilidade jurídica de penalização do servidor, haja vista a necessidade, para exercício do *jus puniendi*, do respeito ao devido processo legal (art. 5º, LIV e LV, CR) e ao princípio da presunção de inocência (art. 5º, LVII, CR).

Diversos foram os municípios (*v.g.*, Londrina, Niterói, Betim) e estados (*v.g.*, Minas Gerais) que aderiram, por vezes com diferentes nomenclaturas e siglas, ao modelo de controle consensual belo-horizontino no âmbito do processo administrativos disciplinar. A experiência frutificou e hoje se vê consagrada país afora, a demonstrar que os caminhos do consenso geralmente são mais efetivos do que os caminhos da sanção.

8.2 Termos de ajustamento de conduta (TAC) e Acordos de não persecução cível (ANPC)

A utilização de ações de improbidade administrativa com o mote de controlar a Administração Pública no Brasil tem se revelado regra, e não exceção. Essa realidade é correlativa de um movimento com três ângulos de perspectiva: primeiro, o senso comum de que a Administração é um antro de pessoas corruptas; secundariamente, a ausência de percepção da insuficiência do paradigma da administração aplicadora da lei, como solução dos problemas que a atividade administrativa apresenta diuturnamente; em terceiro, a percepção de que as ações de improbidade administrativa ampliam o poder de dissuasão e conquistas dos órgãos legitimados.

Diferentemente do que se verifica na prática, a proposta deste livro é apostar fichas em métodos consensuais e não sancionatórios de controle da Administração Pública, e os instrumentos que se creditam afinam-se com a tendência de "contratualização", nos rumos próprios de uma Administração Pública consensual ou concertada.

Nesse sentido, os termos de ajustamento de conduta (TAC) formalizados com base no art. 5º, §6º, da Lei nº 7.347, de 24 de julho de 1985, pelos legitimados servem ao desiderato de aplicar o consenso nas relações administrativas, tornando mais pragmática e efetiva a correção de rumos e a resolução das querelas com a Administração Pública.

Com efeito, tradicionalmente utilizados na tutela do meio ambiente e das relações de consumo, os TAC objetivam acordar a correção extrajudicial e/ou judicial de vícios detectados ou intepretações jurídicas conflitantes no exercício da atividade administrativa a fim de evitar sua ocorrência ou continuidade. O resultado deles é a constituição de um acordo, com natureza jurídica de título executivo extrajudicial.

Segundo Geisa de Assis Rodrigues, os TAC conjugam três variáveis fundamentais: (a) tutela dos direitos transindividuais; (b) solução extrajudicial dos conflitos; (c) preservação do princípio democrático na definição de decisões políticas.[434]

Sustenta-se com a extensão dos TAC ao âmbito da Administração Pública a amplificação da solução negociada na gestão pública, prestigiando a noção de consensualidade. Com efeito, os TAC afinam-se com a moderna tendência da Administração Pública e do direito administrativo, menos autoritários e mais convencionais, sempre na busca da maximização e resultados pela via do consenso.[435]

Bem de ver que o art. 17, §1º, da Lei nº 8.429/92, antes da alteração procedida pela Lei nº 13.964/19 e, posteriormente, pela Lei nº 14.230/21, dispunha ser vedada a transação, acordo ou conciliação nas ações de improbidade administrativa. Essa disposição sempre me pareceu inconstitucional. Primeiramente, porque conflitante com o preâmbulo da Constituição (que propõe um compromisso ao Brasil, na ordem interna e internacional, com a solução pacífica dos conflitos), bem assim com o princípio previsto no artigo 4º, VII, da Constituição (que orienta a atuação do Estado brasileiro, na ordem internacional, à solução pacífica dos conflitos),[436] em segundo lugar,

---

[434] *Idem*, p. 3.

[435] MOREIRA NETO. *Mutações...*, *cit.*, p. 41.

[436] A despeito da posição do STF sobre a ausência de normatividade do preâmbulo constitucional, ver, por todos, a ADI 2.076, rel. min. Carlos Velloso, j. 15-8-2002, P, DJ de 8.8.2003.

porque a regra também guarda potencial de confronto, em casos específicos, com os princípios constitucionais da eficiência (artigo 37, *caput*) e da economicidade (artigo 70), a merecer, no mínimo, interpretação conforme a Constituição.

O dispositivo, que agora assume nova roupagem, chegou a ser revogado pelo artigo 2º, I, da Medida Provisória nº 703, de 18 de dezembro de 2015, mas teve sua vigência restabelecida com a perda de eficácia da MP, porque não houve sua conversão em lei pelo Congresso Nacional.[437] Convém salientar, por outro lado, que o dispositivo originário (artigo 17, §1º, da Lei nº 8.429/92) somente vedava a transação, acordo ou conciliação nas ações de improbidade administrativa, não proibindo, literalmente, iniciativas dessa natureza nos inquéritos civis que via de regra precediam tais ações, o que de certa forma amenizaria a idiossincrasia da disposição legal.

A jurisprudência do Superior Tribunal de Justiça (STJ) registrou, com base na disposição referida, julgados contrários a uma autocomposição nas ações de improbidade administrativa (AgRg no REsp 1654462/MT, 1ª Turma, rel. Min. Sérgio Kukina, Dje 14.06.2018), e o Supremo Tribunal Federal reconheceu a repercussão geral acerca da inconstitucionalidade da vedação prevista no §1º do art. 17 da Lei nº 8.429/92 (ARE 1175650/PR, rel. Min. Alexandre Moraes, Dje 07.05.2019), corroborando as dúvidas que mencionei acima.[438]

---

[437] Destacam-se, mercê da importância, iniciativas interpretativas de superação do obstáculo aos acordos e transações em ações de improbidade administrativa (Resolução nº 179/2017 do CNMP e da Resolução CSMP nº 3/2017 do Ministério Público de Minas Gerais, que é bastante mais avançada).

[438] O mérito foi julgado em 03.07.2023, resultando na seguinte tese (Tema 1043): É constitucional a utilização da colaboração premiada, nos termos da Lei 12.850/2013, no âmbito civil, em ação civil pública por ato de improbidade administrativa movida pelo Ministério Público, observando-se as seguintes diretrizes: (1) Realizado o acordo de colaboração premiada, serão remetidos ao juiz, para análise, o respectivo termo, as declarações do colaborador e cópia da investigação, devendo o juiz ouvir sigilosamente o colaborador, acompanhado de seu defensor, oportunidade em que analisará os seguintes aspectos na homologação: regularidade, legalidade e voluntariedade da manifestação de vontade, especialmente nos casos em que o colaborador está ou esteve sob efeito de medidas cautelares, nos termos dos §§6º e 7º do artigo 4º da referida Lei 12.850/2013; (2) As declarações do agente colaborador, desacompanhadas de outros elementos de prova, são insuficientes para o início da ação civil por ato de improbidade; (3) A obrigação de ressarcimento do dano causado ao erário pelo agente colaborador deve ser integral, não podendo ser objeto de transação ou acordo, sendo válida a negociação em torno do modo e das condições para a indenização; (4) O acordo de colaboração deve ser celebrado pelo Ministério Público, com a interveniência da pessoa jurídica interessada e devidamente homologado pela autoridade judicial; (5) Os acordos já firmados somente pelo Ministério Público ficam preservados até a data

Na primeira edição deste livro, sustentou-se que a influência da LINDB sobre o art. 17, §1º, da Lei nº 8.429/92 seria forte, advinda especialmente da regra constante do artigo art. 26 (incluído pela Lei nº 13.655/18), cujo conteúdo deontológico não se resumiria à atividade de administração ativa (por exemplo, poder de polícia), haja vista que também os órgãos de controle, para os efeitos aqui discutidos, deveriam ser considerados como "autoridades administrativas" (controles internos, incluídos os corregedores, tribunais de contas, Ministério Público). Compreendeu-se que a autorização legislativa dada pelo artigo 26 da LINDB suplantava a vedação existente na redação originária do artigo 17, §1º, da Lei nº 8.429/92, em ordem a viabilizar uma "solução jurídica proporcional, equânime, eficiente e compatível com os interesses gerais também no âmbito das ações de improbidade administrativa".

Assim sendo, a juízo da instância administrativa ou controladora legitimada, uma vez presentes os condicionamentos exigidos pela lei, o artigo 26 da LINDB autorizava a firmação de termos de ajustamento de conduta pelos órgãos legitimados (aqueles constantes do artigo 5º, §6º, da Lei nº 7.347/85), tanto nos inquéritos civis e disciplinares quanto nas ações de improbidade administrativa. Afinal, "nem seria coerente que o mesmo sistema jurídico admita, de um lado, a transação na LAC e a impeça, de outro, na LIA, até porque atos de corrupção são, em regra, mais gravosos que determinados atos de improbidade administrativa, como por exemplo, aqueles que atentem contra princípios, sem lesão ao erário ou enriquecimento ilícito".[439]

A Lei nº 13.964/19 alterou a redação do §1º do art. 17 da Lei nº 8.429/92, passando a dispor que "as ações de que trata este artigo admitem a celebração de acordo de não persecução cível, nos termos desta lei", e o novo §10-A do dispositivo acrescentou que "havendo a possibilidade de solução consensual, poderão as partes requerer ao juiz a interrupção do prazo para a contestação, por prazo não superior a 90 (noventa) dias".

---

deste julgamento, desde que haja previsão de total ressarcimento do dano, tenham sido devidamente homologados em Juízo e regularmente cumpridos pelo beneficiado.

[439] TRF 4 – Agravo de Instrumento nº 5039527-89.2018.4.04.0000/PR, Relatora Desembargador Vânia Hack de Almeida, 26.02.2019.

A nomenclatura "acordo de não persecução cível" não deve merecer uma interpretação reducionista, porque isso não condiz com a natureza sancionatória da ação de improbidade administrativa, aliada ao caráter administrativo, político e civil das sanções respectivas, os quais revelam que algo mais do que a esfera cível está em jogo nesse tipo de ação. É por isso que a justificativa para o uso desse termo tem fundamento na natureza processual civil do instituto, que se aparta, sob o prisma processual, de instrumentos de mesmo quilate, porém de natureza processual criminal. A alteração legislativa trazida pela Lei nº 13.964/19 resolveu definitivamente a questão da possibilidade de aplicação dos instrumentos consensuais no âmbito da ação de improbidade administrativa. O acordo de não persecução cível deixa patenteado que tanto na etapa extrajudicial – inquérito civil, penal, administrativo – quanto na esfera judicial é possível a solução do conflito com aplicação do princípio da consensualidade.

Não se vislumbra qualquer prejuízo à compreensão do acordo de não persecução cível em razão do veto oposto pelo Presidente da República ao art. 17-A do projeto de lei do qual se originou a Lei nº 13.964/19.[440] Eles são idênticos aos termos de ajustamento de conduta e podem ser utilizados para entabular consensualmente compromissos entre as partes que levem à extinção da ação de improbidade administrativa.

Após a segunda edição deste livro, a Lei nº 14.230/21 trouxe mudanças substanciais à Lei nº 8.429/92, impactando diretamente a disciplina dos acordos de não persecução cível. O novo marco normativo não apenas consolidou a possibilidade de celebração desses acordos, mas também delineou, com maior clareza, seus contornos jurídicos, requisitos, limitações e efeitos.

O acordo de não persecução cível passou a ser expressamente disciplinado no art. 17-B da Lei de Improbidade Administrativa, cuja redação guarda semelhança com a proposta anteriormente vetada pelo Presidente da República durante a tramitação do projeto de lei que culminou na edição da Lei nº 13.964/19. O novo dispositivo

---

[440] Em sentido contrário, cf. ZUFELATO, Camilo. CARVALHO, Lucas Vieira. "Lei Anticrime" prevê acordos em ações de improbidade administrativa. Disponível em: https://www.conjur.com.br/2020-jan-08/lei-anticrime-preve-acordos-acao-improbidade-administrativa.

confirma a possibilidade de o Ministério Público,[441] diante das circunstâncias do caso concreto, celebrar acordo com o investigado ou demandado desde que atendidos determinados resultados mínimos, os quais funcionam como balizas normativas para sua legitimidade. São eles: o ressarcimento integral do dano causado ao erário e a reversão à pessoa jurídica lesada da vantagem indevidamente obtida, ainda que essa tenha sido auferida por meio da atuação de agentes privados.

Nos termos do art. 17, §10-A, da Lei nº 8.429/92, havendo a possibilidade de solução consensual, as partes poderão requerer ao juízo a interrupção do prazo para apresentação da contestação por até 90 (noventa) dias. Tal previsão reforça o caráter pragmático do acordo de não persecução cível, incentivando sua celebração mesmo após o ajuizamento da ação, como forma de evitar o prosseguimento desnecessário de litígios que possam ser resolvidos de modo eficiente e proporcional.

Além disso, a celebração do acordo de não persecução cível está condicionada ao cumprimento cumulativo de requisitos legais, previstos a partir do §1º, do art. 17-B da LIA. Exige-se, em primeiro lugar, a oitiva do ente federativo lesado, a qual poderá ocorrer antes ou depois do ajuizamento da ação de improbidade (§1º, I). Caso o acordo seja firmado na fase pré-processual, ou seja, antes do ajuizamento da ação, será necessária sua aprovação, no prazo de até sessenta dias, pelo órgão do Ministério Público responsável pela análise das promoções de arquivamento de inquéritos civis (§1º, II). Em qualquer hipótese, tanto na esfera extrajudicial quanto judicial, a eficácia do acordo depende de homologação judicial (§1º, III).

Além desses requisitos formais, a celebração do acordo deve observar critérios substanciais voltados à racionalidade e à proporcionalidade da atuação estatal. Assim, deverá ser considerada a personalidade do agente, a natureza e as circunstâncias do ato de

---

[441] Em julgamento realizado em 28 de fevereiro de 2023, nas ADIs nº 7042 e 7043, o STF, sob a relatoria do Ministro Alexandre de Moraes, declarou a inconstitucionalidade parcial, sem redução de texto, do *caput* do art. 17-B da Lei nº 8.429/92, na redação conferida pela Lei nº 14.230/21. Com essa decisão, restabeleceu-se a legitimidade ativa concorrente e disjuntiva do Ministério Público e das pessoas jurídicas interessadas tanto para a propositura da ação por ato de improbidade administrativa quanto para a celebração de acordos de não persecução cível.

improbidade, sua gravidade e repercussão social, bem como os benefícios que uma solução célere poderá proporcionar ao interesse público (§2º). Para fins de apuração de danos, impõe-se a oitiva do tribunal de contas competente, que deverá se manifestar, no prazo de noventa dias, sobre o valor do prejuízo ao erário e os parâmetros utilizados para sua apuração (§3º). Ressalta-se, no entanto, que a exigência de manifestação do Tribunal de Contas encontra-se suspensa cautelarmente pelo Supremo Tribunal Federal na ADI 7236, de modo que, até decisão final, não se impõe o cumprimento do §3º do art. 17-B.[442]

O acordo poderá ser celebrado em qualquer fase da apuração ou persecução do ilícito – seja no curso da investigação, da ação judicial ou até mesmo no momento da execução da sentença condenatória (§4º) – e será negociado diretamente entre o Ministério Público e o investigado ou demandado, com a assistência obrigatória de seu defensor (§5º). O instrumento também poderá prever obrigações positivas voltadas à melhoria da integridade institucional, como a adoção de mecanismos de *compliance*, auditoria, canais de denúncia, códigos de ética e outras medidas que favoreçam a boa administração pública (§6º). O descumprimento injustificado das cláusulas pactuadas enseja, ainda, a imposição de vedação ao investigado ou réu para celebração de novo acordo pelo prazo de cinco anos, contados a partir da ciência do descumprimento pelo Ministério Público (§7º).

Portanto, seja por intermédio de uma leitura constitucionalizada da lei, seja porque a vedação primitiva literalmente somente

[442] O Ministro relator considerou que "a norma aparenta condicionar o exercício da atividade-fim do Ministério Público à atuação da Corte de Contas, transmudando-a em uma espécie de ato complexo apto a interferir indevidamente na autonomia funcional constitucionalmente assegurada ao órgão ministerial". Todavia, como o autor já teve a oportunidade de expor, "[n]ão se compreende, *data vênia*, como a só elaboração do cálculo do ressarcimento e apresentação da metodologia respectiva pelo Tribunal de Contas poderia interferir na autonomia funcional do Ministério Público. A razão de ser do envolvimento do Tribunal de Contas parece ser o de evitar o desprezo do órgão de contas aos termos do acordo, tal como aconteceu em relação aos acordos de leniência, como também para que não haja duplicidade ou continuidade de processos de tomada de contas especial (que visam ao ressarcimento ao erário), mesmo após a sua celebração" (FERRAZ, Luciano. Tribunal de Contas e Acordo de Não Persecução Cível. *Consultor Jurídico*, 26 jan. 2023. Disponível em: https://www.conjur.com.br/2023-jan-26/interesse-publico-dizer-decisao-monocratica-stf-adi-7236/. Acesso em: 4 jun. 2025). No dia 24.04.2025, o Ministro Gilmar Mendes apresentou voto-vista divergindo o Relator, para julgar constitucional o dispositivo. Sobre o tema, ver: FERRAZ, Luciano. Moraes, Gilmar e o papel do Tribunal de Contas no ANPC. *Consultor Jurídico*, 22 maio 2025. Disponível em: https://www.conjur.com.br/2025-mai-22/moraes-gilmar-e-o-papel-do-tribunal-de-contas-no-anpc/. Acesso em: 4 jun. 2025.

se dirigia à etapa judicial (e não à etapa extrajudicial), seja porque os arts. 26 da LINDB estabeleceu uma cláusula geral de consenso em todos os âmbitos, o empecilho levantado para a impossibilidade de utilização da consensualidade no âmbito da improbidade administrativa sempre foi a vedação do §1º do art. 17 da Lei nº 8.429/92, que se encontra derrogada.

É dizer que, após o advento da Lei nº 14.230/21, no âmbito da ação de improbidade administrativa, o instrumento de consensualidade utilizável será o acordo de não persecução cível. Assim, tanto na etapa pré-judicial – durante a investigação promovida no âmbito do inquérito civil – quanto no curso do processo judicial ou mesmo na fase de execução da sentença, o instrumento adequado para a solução consensual da controvérsia passa a ser o Acordo de Não Persecução Cível (ANPC), conforme previsto no art. 17-B, §4º, da LIA.

8.3 Acordos de leniência (AL) e acordos substitutivos (AS)

O legislador nacional da Lei nº 12.846/13 previu dois tipos distintos de "acordos de leniência": um destacado no artigo 16 (regulamentado pelos artigos 32 a 55 do Decreto nº 11.129/22) e outro descrito no artigo 17.[443] A percepção dessa dualidade permite a inferência de que se trata de dois acordos com bases e finalidades diversos, cumprindo, destarte, diferentes papéis no ordenamento jurídico brasileiro.[444]

O acordo de leniência do artigo 16 da Lei nº 12.846/13 tem semelhança com os acordos de delação premiada no âmbito criminal.[445] Ambos exigem um reconhecimento de culpa pela prática

[443] Somente o acordo previsto no art. 16 envolve as condutas descritas no art. 5º da Lei 12.846/13 (condutas corruptivas empresariais), mas a regulamentação (Decreto nº 11.129/2022) propositadamente mistura as questões.

[444] A IN nº 74/2015 do TCU percebeu essa distinção e regulou apenas a celebração do primeiro, ainda quando envolva concomitantemente com as infrações da LAC, delitos da lei de licitações. Referida instrução normativa foi revogada pela IN nº 83/2018 e, posteriormente, pela IN nº 94/2024, ambas do TCU.

[445] De acordo com o TRF4: "O Acordo de Leniência é uma espécie de colaboração premiada em que há abrandamento ou até exclusão de penas, em face da colaboração na apuração das infrações e atos de corrupção, justamente para viabilizar maior celeridade e extensão na quantificação do montante devido pelo infrator, *vis-à-vis* a lesão a que deu causa, ao

dos ilícitos apontados (artigo 16, §1º, III, da Lei nº 12.846/13). Essa posição é corroborada na Lei nº 12.846/13 pela leitura, em sentido contrário, do parágrafo 7º, do artigo 16, segundo o qual não importará em reconhecimento da prática do ato ilícito investigado a proposta de acordo de leniência rejeitada. É dizer, *a contrario sensu*, que o acordo de leniência aceito pressupõe a assunção da culpa pelo signatário.

A competência para firmar os acordos de leniência previstos no art. 16 da Lei nº 12.846/13 é da autoridade máxima de cada órgão ou entidade dos Poderes Executivo, Legislativo e Judiciário (art. 16), cabendo, na esfera federal, à Controladoria Geral da União (CGU) o desempenho deste importante papel.[446] Nas demais esferas da Federação a legislação local pode atribuir idêntica competência às respectivas controladorias internas ou manter o figurino da Lei nº 12.846/13.

De acordo com as previsões dos §§2º e 3º do artigo 16 da Lei de Improbidade Empresarial, a assinatura do acordo de leniência isentará a pessoa jurídica das sanções previstas no inciso II do artigo 6º (publicação extraordinária) e no inciso IV do artigo 19 (proibição de receber incentivos, subsídios, subvenções, doações ou empréstimos de órgãos ou entidades públicas e de instituições financeiras públicas ou controladas pelo poder público, pelo prazo mínimo de 1 e máximo de 5 anos) e reduzirá em até dois terços o valor da multa aplicável, sem prejuízo do dever de ressarcimento.[447]

---

tempo em que cria mecanismos de responsabilização de co-participantes, cúmplices normalmente impermeáveis aos sistemas clássicos de investigação e, por isso, ocultos" (Agravo de Instrumento nº 5039527-89.2018.4.04.0000/PR, Relatora Desembargador Vânia Hack de Almeida, 26.02.2019).

[446] De acordo com o TCU, "no exercício da competência plena conferida pela Lei 12.846/13 (Lei Anticorrupção), cabe à CGU celebrar acordos de leniência com empresas incursas nas práticas de atos lesivos, tipificados na lei, contra a Administração Pública Federal. Em observância ao princípio da motivação dos atos administrativos, a CGU deverá sempre fundamentar todas as negociações firmadas, de maneira a demonstrar, perante aos demais órgãos de controle, o atendimento ao interesse público (TCU – Acórdão 1210/2015, Plenário (Solicitação do Congresso, relator ministro Walton Alencar). O TCU também compreendeu que não lhe cabe homologar acordos de leniência (Acórdão de Relação 316/2020, relator ministro Bruno Dantas).

[447] No que se refere ao ressarcimento ao erário, o TCU registra que "o órgão ou a entidade que conduzir o processo administrativo de responsabilização a que se refere o capítulo IV da Lei 12.846/2013 (Lei Anticorrupção) ou, quando cabível, o acordo de leniência, tratado no capítulo V da mesma norma, também se legitima a instaurar o processo administrativo específico de reparação integral do dano, nos casos indicativos de ocorrência de prejuízo aos cofres públicos (art. 13 da Lei Anticorrupção)" (TCU – Boletim 294/2020).

Todavia, esse acordo de leniência não garante que a empresa deixe de ser processada judicialmente para a aplicação das demais penalidades previstas no artigo 19, I, II e III da Lei nº 12.846/13, respectivamente: (a) perdimento dos bens, direitos ou valores que representem vantagem ou proveito direta ou indiretamente obtido com a infração, (b) suspensão ou interdição parcial de suas atividades, (c) dissolução compulsória.

Evidentemente, se assim o for, considerando o imprescindível reconhecimento de culpa inerente a esse tipo de acordo de leniência (artigo 16 da Lei nº 12.846/13), é natural a conclusão de que a empresa signatária, embora favorecida na esfera administrativa, pode ter sua posição jurídica prejudicada em âmbito judicial (cível e criminal – aqui as pessoas jurídicas), fundamentalmente pela mitigação do seu direito de defesa e de prova. O TCU, por exemplo, decidiu que "a existência de cláusulas em acordos de leniência ou de colaboração premiada que vedem o compartilhamento de provas neles produzidas para utilização nas esferas cíveis e administrativas em prejuízo do colaborador não afasta as competências constitucionais e legais do TCU e, portanto, não impede que a Corte de Contas proceda à citação do colaborador, com fundamento em tais provas, para que responda por eventuais danos causados ao erário".[448]

Compreendeu mais recentemente, entretanto, que "em processo que analisa a possibilidade de aplicação de sanção pelo TCU, é cabível o seu sobrestamento relativamente a responsável que tenha celebrado acordo de colaboração, ou instrumento similar, junto a outras instâncias de investigação, quando ausentes provas autônomas àquelas obtidas mediante o acordo. Em tais situações, ocorre a suspensão do prazo de prescrição da pretensão punitiva do TCU até a manifestação dos órgãos signatários do ajuste quanto ao cumprimento ou descumprimento das obrigações pactuadas pelo responsável".[449]

Convém destacar que os acordos de leniência no Brasil tiveram regulação primitiva na Lei nº 8.884/94, atualmente revogada pela

[448] TCU – Acórdão nº 2.342/2017 Plenário (Representação, relator ministro substituto Augusto Sherman). No mesmo sentido: Acórdãos nº 225/2015, 2.329/2020, 2.688/2020, 2.619/2019, todos do Plenário.

[449] TCU – Acórdão 2.446/2018, Plenário (Representação, relator ministro Benjamin Zymler).

Lei nº 12.529/11, ambas a tratarem do Conselho Administrativo de Defesa Econômica (CADE) e de suas competências regulatórias sobre a concorrência e a repressão às infrações contra a ordem econômica. Nos termos da referida legislação, o CADE poderá celebrar acordo de leniência para a extinção da ação punitiva da Administração ou para a redução de 1 a 2/3 da penalidade aplicável, com pessoas físicas e jurídicas que forem autoras de infração à ordem econômica, desde que colaborem efetivamente com as investigações, resultando dessa colaboração: (a) a identificação dos demais envolvidos na infração; e (b) a obtenção de informações e documentos que comprovem a infração noticiada ou sob investigação (artigo 86 da Lei nº 12.529/11).

A disciplina da leniência do CADE é praticamente idêntica à do acordo de leniência do artigo 16, *caput*, da Lei nº 12.846/13, cuja formulação envolve o afastamento ou a mitigação das sanções previstas no inciso II do artigo 6º (publicação extraordinária da decisão condenatória) e no inciso IV do artigo 19 (proibição de recebimento de subsídios e afins), além da redução, em até 2/3 do valor da multa, aplicável (artigo 6º, I).

Os pontos de convergência entre o acordo de leniência do CADE e o do art. 16 da Lei nº 12.846/13 são: a empresa beneficiária do acordo deve ser a primeira a se qualificar para o acordo (*"first come, first serve"*); a empresa deve cessar completamente seu envolvimento na infração noticiada a partir da data de propositura do acordo (compromisso de cessação de conduta); a empresa deve admitir sua participação no ilícito e cooperar com as investigações e o processo administrativo (confissão de participação e cooperação processual); o acordo deve estipular as condições necessárias para assegurar a efetividade da colaboração e o resultado útil do processo (utilidade prática da colaboração); os efeitos do acordo estendem-se às empresas do mesmo grupo econômico, de fato ou de direito (efeito empresarial trasladativo); as propostas de acordo não se tornam públicas, salvo no interesse das investigações e do processo administrativo (sigilo das propostas de leniência); o descumprimento do acordo impede o beneficiário de celebrar novo acordo de leniência pelo prazo de três anos, contado da data de seu julgamento (cumprimento da "quarentena").

A despeito da anunciada convergência, existem diferenças fundamentais entre o acordo firmado pelo CADE e aquele previsto no artigo 16 da Lei nº 12.846/13, especialmente no que diz respeito à segurança jurídica para os particulares destinatários. Os benefícios do acordo de leniência do CADE são extensíveis aos dirigentes, administradores e empregados das empresas envolvidas, desde que venham a firmar em conjunto o respectivo termo (artigo 86, §6º, da Lei nº 12.529/11).[450] A rejeição da proposta de acordo de leniência do CADE não importa confissão quanto à matéria de fato, tampouco reconhecimento da ilicitude da conduta analisada (artigo 86, §10).[451]

De igual modo, não existe na Lei nº 12.846/13 disposição igual à do artigo 87 da Lei nº 12.529/11, que impede o oferecimento de denúncia criminal contra as pessoas beneficiárias do acordo de leniência e a extinção da punibilidade dos crimes pelo seu cumprimento (parágrafo único). Conforme o artigo 18 da Lei nº 12.846/13, a responsabilidade da pessoa jurídica na esfera administrativa (leia-se, acordo de leniência do art. 16) não afasta a possibilidade de sua responsabilização na esfera judicial ou perante o controle externo, incluído o ressarcimento do dano (artigo 16, §3º);[452] assim, como o acordo dessa lei restringe-se às penas de divulgação extraordinária da condenação (artigo 6º, II), impedimento à percepção de benefícios e afins (artigo 19, IV) e multa (artigo 6º, I), as demais sanções previstas no artigo 19, I, II e III da Lei nº 12.846/13 permanecem aplicáveis em ações penais ou civis públicas, mesmo nos casos de celebração e cumprimento do acordo de leniência.

Portanto, considerando todas essas possibilidades, além da confissão de culpa inerente aos acordos de leniência do art. 16 da Lei nº 12.846/13, não há dúvida de que a sua assinatura mitiga – e muito – o

[450] Essa mesma garantia não se faz presente nas disposições da Lei nº 12.846/13, pelo que nada impede que essas pessoas físicas venham a responder a processos judiciais mesmo no caso da assinatura da leniência.

[451] Como já se observou no texto deste trabalho, a leitura, em sentido contrário, do disposto no artigo 16, §7º da Lei nº 12.846/13 deixa ver que a proposta de acordo rejeitada induzirá à confissão fática, embora não ao reconhecimento da ilicitude da conduta.

[452] Veja-se, por exemplo, o entendimento do TCU, que somente admitiu o abatimento de valores de ressarcimento pagos em outras instâncias: "os pagamentos efetuados no âmbito dos acordos de leniência e de colaboração premiada, a título de ressarcimento de danos, multas de natureza indenizatória ou confiscos, podem ser considerados para amortização dos valores dos débitos imputados pelo TCU contra os responsáveis colaboradores, desde que configurada a identidade dos fatos geradores e do cofre credor" (TCU – Acórdão 2619/2019, Plenário (tomada de contas especial, relator ministro Benjamin Zymler)).

espectro jurídico do direito de defesa em uma eventual discussão que a empresa signatária e seu grupo econômico ou que seus administradores e proprietários tiverem de enfrentar em âmbito administrativo ou judicial. Alterações legislativas dariam ao instituto contornos mais apropriados à abrangência de uma hipótese de controle consensual dos movimentos a envolver a Administração Pública.

Não obstante a isso, na decisão judicial citada acima, da Terceira Turma do TRF 4, decidiu-se, com amparo direto no princípio da segurança jurídica, "pela necessidade de prestigiar o acordo de leniência previsto na Lei nº 12.846/13, com o consequente abrandamento ou exclusão das sanções à pessoa jurídica que, em troca de auxílio no combate à corrupção, colabora com as investigações".

De acordo com a relatora do caso, "a irresignação da agravante não afasta a necessidade de prestigiar o acordo de leniência firmado entre as partes e nem revela-se suficiente para a pretendida manutenção da indisponibilidade de bens anteriormente decretada", fundamentalmente porque "se, por um lado, temos a prevalência da supremacia do interesse público (que busca, além do ressarcimento ao erário e a reparação dos danos causados ao patrimônio público, a punição dos envolvidos) sobre os interesses particulares, tem-se, por outro, a necessidade de prestígio ao acordo de leniência já firmado, que, ao oferecer um lenitivo nas penas administrativas para as empresas colaboradoras, tem em troca informações relevantes ao interesse público".[453]

A referida decisão concluiu acertadamente, com aparo na jurisprudência do STF sobre colaboração premiada – e mercê do interesse público subjacente –, "ser imprescindível chancelar a importância da preservação da segurança jurídica e da própria figura da colaboração premiada como instrumento relevante para coibir delitos, sobretudo contra o erário (Pet. 7074 – Informativo 870)", ressaltando que "o fato de ser o acordo de leniência um instrumento de realização desse mesmo interesse, constituindo, por isso, meio de propiciar a própria realização e efetividade do direito".[454]

---

[453] TRF 4 – Agravo de Instrumento nº 5039527-89.2018.4.04.0000/PR, Relatora Desembargador Vânia Hack de Almeida, 26.02.2019.

[454] TRF 4 – Agravo de Instrumento nº 5039527-89.2018.4.04.0000/PR, Relatora Desembargador Vânia Hack de Almeida, 26.02.2019.

A jurisprudência do TCU, embora continue a sustentar sua independência frente aos acordos de leniência[455] – o que não deixa de exigir um repensar sobre a imbricação das competências entre os Tribunais de Contas e os órgãos de controle interno –, registra interessante decisão no sentido de que "as instituições estatais devem atentar para os compromissos assumidos nos acordos de colaboração e leniência celebrados com outros órgãos, considerando que a sanção premial estipulada é a contraprestação ao adimplemento da obrigação por parte do colaborador, em observância aos princípios da segurança jurídica e da proteção à confiança".[456]

Com efeito, em 18.02.2020, o TRF da 4ª Região (TRF4) novamente apreciou a questão da prevalência "*erga omnes*" do acordo de leniência em recurso manejado pela Petrobrás e manteve incólume sua validade, que teve a consequência de retirar executivos da Odebrecht de uma ação de improbidade administrativa no âmbito da Operação Lava Jato. No recurso, a estatal buscava o prosseguimento dos réus na ação cível e a manutenção do bloqueio de bens dos executivos. O entendimento unânime da 3ª Turma foi no sentido de que os termos firmados entre os réus e a União no acordo de colaboração premiada devem ser cumpridos e preservados.[457]

A decisão do Tribunal é assaz importante para a compreensão dos efeitos práticos do acordo de leniência – e corroborando o que se sustenta como inerência do princípio da segurança jurídica, enfatizou que: (a) a competência legal para a assinatura é da Controladoria Geral da União; (b) a supremacia do interesse público deve ser concretizada mediante o prestígio ao acordo; (c) os acordos celebrados são responsáveis por trazer à tona fatos impermeáveis aos sistemas clássicos de investigação e, nessa medida, são instrumentos voltados ao interesse público; (d) são equiparados aos acordos de colaboração, sobre os quais a jurisprudência do Supremo Tribunal Federal é eloquente sobre a necessidade de que sejam honrados; (e) uma vez ajustado com observância dos requisitos legais, o acordo

---

455 Cf., por todos, TCU – Acórdão 225/2015, Plenário (acompanhamento Relator Ministro José Múcio) e Acórdão 1207/2015, Plenário (embargos de declaração, Relator Ministro Augusto Nardes).

456 TCU – Acórdão 483/2017, Plenário (acompanhamento, Relator Ministro Bruno Dantas).

457 TRF 4 – Agravo de Instrumento nº 50429875920194040000/PR, Relatora Desembargador Vânia Hack de Almeida, 18.02.2020.

de leniência será oponível contra todos, presumindo-se contemplar a integralidade do dano, não podendo ser exigido por outro órgão qualquer reparação adicional ou sequer rediscutida aquela pactuada sob o pretexto de se apurar se o valor definido corresponde ou não ao valor reparatório integral; (f) o dever estatal de cumpri-lo impede a impugnação de outro órgão estatal, salvo para afirmar sua nulidade; e (g) a homologação impõe extinção da ação com resolução de mérito.[458]

Sobre o tema, o Supremo Tribunal Federal, ao julgar o Mandado de Segurança nº 35.435/DF, em 2021, enfrentou importante controvérsia relativa à coexistência de múltiplos regimes de responsabilização administrativa. No caso, uma empresa firmara acordo de leniência com a Controladoria-Geral da União (CGU) e a Advocacia-Geral da União (AGU), nos termos da Lei nº 12.846/2013. Apesar disso, foi posteriormente alvo de processo sancionador perante o Tribunal de Contas da União (TCU), fundado nos mesmos fatos que haviam sido objeto do acordo. Ao apreciar o mandado de segurança impetrado contra essa atuação, o STF concedeu a ordem, afastando a possibilidade de o TCU declarar a inidoneidade das impetrantes pelos fatos abrangidos pelo acordo de leniência previamente firmado com a AGU/CGU. Naquela oportunidade, o Tribunal assentou importante orientação no sentido de que "a coexistência de múltiplos regimes de leniência requer um esforço normativo de alinhamento dos incentivos premiais dos sistemas e de criação de mecanismos de cooperação entre as agências responsáveis pelo *enforcement* das legislações".[459] Em 2022, foi celebrado um Acordo de Cooperação Técnica (ACT) entre a Controladoria-Geral da União (CGU), a Advocacia-Geral da União (AGU), o Ministério da Justiça e Segurança Pública e o Tribunal de Contas da União (TCU), sob a coordenação do Supremo Tribunal Federal (STF), com o objetivo de promover a atuação coordenada entre os órgãos com-

[458] GONÇALVES, Marcelo Augusto Puzone; TOJA, Sebastião Botto de Barros. Acordo de leniência e segurança jurídica, um importante avanço. Disponível em: https://www.conjur.com.br/2020-mai-26/tojal-goncalves-acordo-leniencia-seguranca-juridica. Acesso em: 27 maio 2020.

[459] *Apud* AVELAR, Daniel Martins e. Consensualidade e controle disciplinar da Administração Pública: análises dos acordos substitutivos do ato unilateral de aplicação de sanção disciplinar. *In*: FERRAZ, Luciano; SILVA, Luciana Cristina de Jesus (Coord.). *A consensualidade como alternativa do controle-sanção pela Administração Pública*. 1. ed. São Paulo: Dialética, 2024. p. 110-111.

petentes no combate à corrupção. O instrumento consagrou uma série de princípios norteadores da atuação institucional conjunta, destacando-se, dentre eles, o décimo quinto princípio, que trata da aplicação do princípio do *non bis in idem* no âmbito dos acordos de leniência celebrados com fundamento na Lei nº 12.846/13. Nos termos desse princípio, "(...) a celebração do acordo de leniência suspende a aplicação de sanções pelas SIGNATÁRIAS DO ACT em relação ao objeto do acordo, extinguindo-se a pretensão punitiva com o cumprimento integral do acordo, bem como admitindo-se a possibilidade de compensação entre valores e rubricas de mesma natureza jurídica e relacionados aos mesmos ilícitos sancionados nas diversas esferas de responsabilização".[460]

Como esclarece Daniel Martins e Avelar, "estabeleceram-se, ainda, como 'ação sistêmica', os compromissos de 'não utilizar, direta ou indiretamente as provas para sancionamento da empresa colaboradora' e de 'não aplicar as sanções de inidoneidade, suspensão ou proibição de contratar com a Administração Pública, para os ilícitos que venham a ser resolvidos no acordo de leniência'". O autor conclui, portanto, que "o essencial é a participação colaborativa de todos os interessados, não apenas para potencializar a atratividade dos acordos, mas, fundamentalmente, para garantir segurança jurídica e evitar efeitos surpresa indesejáveis no futuro".[461]

De outra parte, o acordo disposto no art. 17 da Lei nº 12.846/13 é importantíssimo instrumento de controle consensual para o âmbito das contratações públicas no Brasil. A nomenclatura mais correta a designá-lo seria "acordo substitutivo", a exemplo daqueles com previsão em normas próprias de algumas agências reguladoras no Brasil.[462]

---

[460] BRASIL. CGU; STF; AGU; MJSP; MPF; TCU. *Acordo de Cooperação Técnico, de 2022*: Acordo de Leniência. Brasília. Disponível em: https://repositorio.cgu.gov.br/handle/1/68730. Acesso em: 4 jun. 2025.

[461] AVELAR, Daniel Martins e. Consensualidade e controle disciplinar da Administração Pública: análises dos acordos substitutivos do ato unilateral de aplicação de sanção disciplinar. *In:* FERRAZ, Luciano; SILVA, Luciana Cristina de Jesus (Coord.). *A consensualidade como alternativa do controle-sanção pela Administração Pública*. 1. ed. São Paulo: Dialética, 2024. p. 112.

[462] A propósito, ver o pioneirismo do art. 138 do Regulamento Interno de Licitações e Contratos da CEMIG (Companhia Energética de Minas Gerais), editado com base no art. 40 da Lei nº 13.303/16: art. 138. A CEMIG poderá celebrar acordo substitutivo previsto no artigo 17 da Lei 12.846, de 1º de agosto de 2013, com vistas à isenção ou atenuação das sanções administrativas estabelecidas neste Regulamento.

O acordo substitutivo do art. 17 da Lei nº 12.846/13, diferentemente do acordo disposto no art. 16 da lei (acordo de leniência propriamente dito), pertence a um âmbito de aplicação completamente diverso. Por seu intermédio, é possível que a Administração Pública celebre acordo com a pessoa jurídica responsável pela prática de ilícitos previstos na Lei nº 14.133, de 1º de abril de 2021, com vistas à isenção ou atenuação das sanções administrativas estabelecidas em seu artigo 156 (advertência, multa, suspensão temporária / impedimento de licitar e contratar e declaração de inidoneidade).

Tais ilícitos são faltas contratuais cometidas durante a execução de contratos administrativos e cujo pronunciamento pela Administração Pública não raro levaria à solução rescisória do contrato. A natureza consensual desse segundo acordo de leniência e a potencialidade de colocar fim a celeumas instaladas entre Administração Pública e particulares são importantes instrumentos a serem utilizados como mecanismos de corrigir rumos na execução contratual, superando as drásticas soluções rescisórias, tendo aplicabilidade, entre outros, aos ajustes regidos pela Lei nº 14.133/21, pela Lei nº 13.303/16 (Estatuto das Empresas Estatais), pela Lei nº 8.987/95 (Concessão e Permissão de Serviços e Bens Públicos), pela Lei nº 11.079/04 (Parcerias Público-Privadas).

No que se refere à competência para a celebração dos acordos, há distinções relevantes entre os instrumentos previstos nos artigos 16 e 17 da Lei nº 12.846/13. O acordo de leniência do art. 16, como visto, deve ser proposto pela autoridade máxima de cada órgão ou entidade da Administração Pública, nos termos expressos da própria lei. No âmbito federal e no caso de atos lesivos praticados contra a administração pública estrangeira, essa competência está atribuída à Controladoria-Geral da União (CGU).[463] Já o acordo previsto no art. 17 – que, como visto, reveste-se de natureza distinta e se aproxima de um acordo substitutivo de sanções contratuais – poderá ser celebrado pela própria "Administração Pública", expressão genérica que deve ser interpretada em conformidade com

---

[463] A esse respeito, confira: Agravo de Instrumento 5023972-66.2017.4.04.0000, apreciado pela 3ª Turma do Tribunal Regional Federal da 4ª Região, no qual os integrantes do colegiado entenderam que só a Controladoria-Geral (CGU) pode falar em nome da União para celebrar os ditos acordos (ver artigo 16, parágrafo 10 da Lei 12.846/13), já que o Ministério Público Federal não teria legitimidade para dispor do patrimônio público.

o regime jurídico aplicável ao contrato em questão. Em regra, será competente a autoridade administrativa responsável pela celebração ou fiscalização do ajuste, nos termos do art. 87 da Lei nº 8.666/1993 (ou do art. 156 da Lei nº 14.133/2021).

Ademais, o Decreto nº 11.129/22 trata, em seu art. 16, que "os atos previstos como infrações administrativas à Lei nº 14.133, de 1º de abril de 2021, ou a outras normas de licitações e contratos da administração pública que também sejam tipificados como atos lesivos na Lei nº 12.846, de 2013, serão apurados e julgados conjuntamente, nos mesmos autos, aplicando-se o rito procedimental previsto neste Capítulo". Esse dispositivo pressupõe, portanto, a coexistência de violações à Lei nº 14.133/2021 e à Lei nº 12.846/2013, o que enseja a adoção de um único procedimento administrativo, mais eficiente e coordenado, inclusive para fins de eventual celebração de acordo de leniência que envolva ambas as esferas de responsabilidade.

Esse acordo pode até mesmo ser provocado pelas controladorias internas e pelos tribunais de contas como meio de determinar à Administração Pública que proceda a correções na execução dos contratos administrativos, pela via do mútuo consenso com o particular, substituindo a ruptura pela continuidade, a rigidez pela flexibilidade, em prestígio à efetividade do exercício da atividade controladora.

8.4 Termo de Ajustamento de Gestão e Solução Consensual

Na última década e meia, surgiram importantes estudos acerca da atividade de controle da Administração Pública. Esses estudos não tiveram como foco o controle judicial da atividade administrativa, comumente presente nos manuais de direito administrativo e constitucional, mas o controle externo e o controle interno da Administração Pública, com previsão nos artigos 70 a 75 da Constituição da República. Vislumbrava-se, com o desenvolvimento de tais estudos, a possibilidade de utilização pelos tribunais de contas e pelos órgãos de controle interno de instrumentos alternativos de controle, baseados na consensualidade (controle consensual) ao invés de na imperatividade.

Nesse ambiente de evolução,[464] mutações[465] e transformações,[466] ganhou fôlego a proposta teórica de *Novos Rumos para o Controle da Administração Pública*,[467] mediante a implantação dos termos de ajustamento de gestão (TAG). O autor deste livro, já nos idos de 2003, sustentava que era "preciso perceber, no que se refere ao controle da Administração Pública, que 'o processo tradicional privilegia a linguagem burocrática. Mas ocorre que a tutela dos direitos transindividuais pressupõe muitas vezes que sejam levadas em conta variáveis diversas, que podem ser mais bem examinadas em um processo com ênfase na conciliação'.[468]

O TAG é instrumento de controle afinado com a moderna tendência da Administração Pública e do direito administrativo, menos autoritários e mais convencionais, imbuídos do espírito de ser a consensualidade alternativa preferível à imperatividade sempre que possível ou, em outros termos, sempre que não seja necessário aplicar o poder coercitivo".[469]

Desde então, compreendeu-se como juridicamente viável a adoção, pelos tribunais de contas e pelos órgãos de controle interno de instrumentos que objetivassem "contratar" com os administradores públicos, alternativas e metas para a melhoria do desempenho dos órgãos, entidades e programas. "Este 'contrato', por assim dizer, assumiria contornos de verdadeiro 'contrato de gestão' e o Tribunal de Contas desempenharia o papel de árbitro entre a sociedade e os agentes encarregados de lidar com a *res publica*".[470]

Primeiramente, para o âmbito das cortes de contas, esses instrumentos surgiram teoricamente com a sigla TACTC (termos de

---

[464] MEDAUAR, Odete. *Direito Administrativo em evolução*. São Paulo: Revista dos Tribunais, 1993.

[465] MOREIRA NETO, Diogo de Figueiredo. *Mutações do Direito Administrativo*. Rio de Janeiro: Renovar, 1999.

[466] BAPTISTA, Patrícia. *Transformações do Direito Administrativo*. Rio de Janeiro: Renovar, 2003.

[467] FERRAZ, Luciano. *Novos Rumos para o Controle da Administração Pública*. Tese de Doutoramento. Belo Horizonte, UFMG, 2003. p. 134-142.

[468] RODRIGUES, Geisa de Assis. *Ação Civil Pública e Termo de Ajustamento de Conduta*: Teoria e Prática. Rio de Janeiro: Forense, 2002. p. 130.

[469] MOREIRA NETO. *Mutações...*, *cit.*, p. 41. Entende-se possível a aplicação do consenso em substituição à imperatividade quando não restar demonstrada a má-fé do agente público controlado.

[470] FERRAZ. *Novos Rumos...*, *cit.*, p. 141-142.

ajustamento de conduta dos tribunais de contas), notadamente na palestra *Controle pelos Tribunais de Contas da Eficiência e Eficácia dos Serviços Concedidos*, realizada pelo autor desta obra no Tribunal de Contas do Estado de São Paulo, em 27.10.04.[471] Ao depois, a partir de palestra, também do mesmo autor, proferida no Tribunal de Contas do Município do Rio de Janeiro, no dia 19.08.05, tais instrumentos passaram a ser denominados, mais apropriadamente, termos de ajustamento de gestão (TAG).

No âmbito da doutrina, alguns artigos e excertos passaram a aderir à noção de controle consensual e iniciaram um percurso de difusão das ideias, criando ambiente propício à renovação do pensamento administrativo acerca dos mecanismos de Controle da Administração Pública.[472] [473]

Atualmente, há legislações, projetos de lei e experiências práticas que absorveram o modelo referido, cujo pioneirismo é atribuído ao Município de Belo Horizonte (2007), que, no âmbito do controle interno, criou o TCG (termo de compromisso de gestão), idêntico

---

[471] FERRAZ, Luciano. *Controle pelos Tribunais de Contas da Eficiência e Eficácia dos Serviços Concedidos*. Disponível em: http://www.tcm.sp.gov.br/legislacao/doutrina/27_10_04/luciano_ferraz1.htm.

[472] Cf. Sobre a temática, confira-se: FERRAZ, Luciano. Termo de Ajustamento de Gestão e o alerta do art. 59, §1º da Lei de Responsabilidade Fiscal. Dez anos depois. *In*: CASTRO, Rodrigo Pironte Aguirre de. *Lei de Responsabilidade Fiscal*: ensaios em comemoração aos 10 anos da Lei Complementar n. 101/00. Belo Horizonte: Fórum, 2010. p. 287-294; FERRAZ, Luciano. Termo de Ajustamento de Gestão (TAG): do sonho à realidade. *Revista Brasileira de Direito Público*, Belo Horizonte, ano 8, n. 31, out./dez. 2010. Ver, também, CUNHA, Daniela Zago. Um breve diagnóstico sobre a utilização dos termos de ajustamento de gestão pelos Tribunais de Contas estaduais. *Revista Interesse Público*, n. 51, 2009; GUEDES, Jefferson Carús. Transigibilidade de interesses públicos: prevenção e abreviação de demandas da Fazenda Pública. *In*: GUEDES, Jefferson Carús; SOUZA, Luciane Moessa de (Coord.)_*Advocacia de Estado*: questões institucionais para a construção de um Estado de Justiça. Belo Horizonte: Fórum, 2009; BARROSO FILHO, Angerico Alves. *Avaliação do Termo de Ajustamento de Gestão como instrumento do controle consensual da Administração Pública*. Disponível em: http://www.abdconst.com.br/revista12/avaliacaoAngerico.pdf; ARAÚJO, Cláudia Costa; ALVES, Marília Souza Diniz. *Termo de Ajustamento de Gestão*: resgate do pensamento tópico pelo Direito Administrativo pós-moderno. Disponível em: http://revista1.tce.mg.gov.br/Content/Upload/Materia/1606.pdf.

[473] Na seara administrativa, além do Município de Belo Horizonte, o anteprojeto de lei para a reforma do Decreto-Lei nº 200/67 prevê a figura do TAG. O anteprojeto de lei orgânica dos tribunais de contas também tratou do tema. Tem-se notícia, ainda, de que, no âmbito da Controladoria-Geral da União, um anteprojeto de decreto pretende instituir o TCO (termo de compromisso e orientação), com idêntica forma e substância ao TAG, porém com nomenclatura diversa (HAGE, Jorge. Palestra proferida no VI Congresso Brasileiro de Licitações, Contratos e Compras Governamentais, Salvador, Bahia, de 18 a 20 de agosto de 2010).

ao TAG, apenas a nominação é diferente, na ocasião em que o autor desta obra ocupou o cargo de controlador-geral do município.

Dos 33 Tribunais de Contas existentes no Brasil – considerando-se o TCU, os 26 estaduais, o do Distrito Federal, os 3 dos municípios e os 2 municipais –, ao menos 28 já regulamentaram o uso do Termo de Ajustamento de Gestão (TAG).[474] Já aderiram ao modelo dos TAG, mediante alteração de suas legislações, têm-se notícias, os tribunais de contas de Acre, Amapá, Amazonas, Bahia (TCE e TCM), Ceará, Espírito Santo, Goiás (TCE e TCM), Mato Grosso, Mato Grosso do Sul, Minas Gerais, Pará (TCM), Paraíba, Paraná, Pernambuco, Piauí, Rio de Janeiro (TCE e TCM), Rio Grande do Norte, Rondônia, Sergipe, Tocantins, Espírito Santo, Maranhão, Rio Grande do Sul, Santa Catarina, São Paulo (TCM). Por sua vez, o Tribunal de Contas da União (TCU) – que, na última reforma do seu regimento interno, em 2011, rejeitara a incorporação do TAG – passou a utilizá-los, conforme se infere do Acórdão nº 1.707/2017 (Plenário, Rel. Min. Augusto Nardes) e do Acórdão nº 393/2018 (Plenário, Rel. Min. Augusto Nardes).Como já afirmado, o modelo de controle consensual é fundamento no princípio constitucional da consensualidade, presente no preâmbulo da Constituição da República, ao afirmar que o Estado brasileiro é comprometido na ordem interna e internacional com a solução pacífica das controvérsias. O respaldo constitucional advém, ainda, do art. 4º, VII, da Constituição que impõe ao Estado brasileiro, nas relações internacionais, como princípio, a solução pacífica dos conflitos. E, por fim, da disciplina do art. 71, IX, da Constituição, coadjuvado pela teoria dos poderes implícitos.

Já o respaldo legislativo, para além da legislação específica dos tribunais de contas e órgãos de controles internos, pode ser verificado no art. 5º, §6º, da Lei nº 7.347/85, no art. 59, §1º, da Lei Complementar nº 101/00 e, indiscutivelmente, nos artigos 26 e 27 da Lei nº 13.655/18, segundo os quais, respectivamente, para eliminar irregularidade, incerteza jurídica ou situação contenciosa na aplicação do direito público, inclusive no caso de expedição de licença, a

---

[474] RABELO, Stéfane; ANASTÁCIO, Vitória. Termo de ajustamento de gestão nos tribunais de contas: uma análise comparativa dos regramentos nas cortes estaduais, municipais e dos municípios. *In:* FERRAZ, Luciano (Coord.). *A consensualidade como alternativa ao controle-sanção pela Administração Pública.* São Paulo: Dialética, 2025, v. 2, p. 318.

autoridade administrativa poderá, após oitiva do órgão jurídico e, quando for o caso, após realização de consulta pública, e presentes razões de relevante interesse geral, celebrar compromisso com os interessados, observada a legislação aplicável, o qual só produzirá efeitos a partir de sua publicação oficial, e a decisão do processo, nas esferas administrativa, controladora ou judicial, poderá impor compensação (regulado por compromisso processual) por benefícios indevidos ou prejuízos anormais ou injustos resultantes do processo ou da conduta dos envolvidos.

Com efeito, diante desses dispositivos constitucionais e legais, sustenta-se que os tribunais de contas podem realizar a previsão do TAG mediante resolução do próprio órgão;[475] relativamente aos órgãos de controle interno, compreende-se como bastante a previsão em decreto do Poder Executivo, na forma do art. 84, VI, da Constituição e congêneres (exercício da competência regulamentar).

O TAG foi utilizado pioneiramente pelo Município de Belo Horizonte, sob a nomenclatura TCG (termo de compromisso de gestão), quando o autor desta obra ocupou pela primeira vez o cargo de controlador-geral do município,[476] mediante o Decreto nº 12.634, de janeiro de 2007.[477]

---

[475] Sobre o exercício da competência normativa pelos tribunais de contas, cf. FERRAZ, Luciano. Poder de coerção e poder de sanção dos Tribunais de Contas: competência normativa e devido processo legal. *Revista Diálogo Jurídico*. Disponível em: www.direitodoestado.com.br. Acesso em: 10 set. 2010.

[476] A pertinência na utilização do mecanismo de controle consensual pelos órgãos de controle interno (cuja competência material é a mesma dos tribunais de contas) foi afirmada, ainda que indiretamente, pelo Tribunal de Contas do Estado de Minas Gerais, na resposta à Consulta nº 751.297, Rel. Cons. Eduardo Carone, sessão do dia 24.09.2008. Vejam excertos do parecer: "[Voto do Cons. Eduardo Carone]: O Tribunal de Contas do Estado de Minas Gerais, na qualidade de órgão julgador das contas de administradores públicos estaduais/municipais e de responsáveis por danos à administração estadual/municipal, *somente deve ser acionado após o esgotamento das providências administrativas internas* (...) [Voto do Cons. Antônio Carlos Andrada]: acompanho *in totum* o voto do Relator. Mas queria elucidar um pequeno item. Bem ao final do voto, V. Exa. diz que é preciso esgotar as medidas internamente, para que depois se reporte a esta Corte. Eu concordo com essa linha, quero apenas ressaltar esse item porque, uma vez verificada a ilegalidade e sanada internamente, não há por que acionar o Tribunal. [Réplica do Cons. Eduardo Carone]: Mas eu falo que o Tribunal só deve ser acionado após o esgotamento das providências administrativas. Se o controle interno exercendo a sua função, apura um fato e consegue revertê-lo, ele não tem que acionar. Só deve acionar se não tiver êxito".

[477] O instrumento encontra-se previsto no artigo 12 do decreto, nos seguintes termos: Art. 12 – O Termo de Compromisso de Gestão – TCG é instrumento de controle consensual, celebrado entre a autoridade máxima do órgão, entidade, programa ou projeto auditado e a Controladoria-Geral do Município, e conterá: I – identificação sucinta das autoridades e da

Os primeiros resultados apurados pela auditoria-geral do município no monitoramento regular aos termos de compromisso de gestão apontaram para a melhoria do desempenho da Administração municipal, com percentual de resolução negociada dos problemas administrativos detectados da ordem de 87% (oitenta e sete por cento), e os mecanismos continuam a gerar frutos positivos ao órgão de controle interno municipal.

Os elaboradores do anteprojeto de Lei Orgânica da Administração Pública Federal, apresentado por comissão de juristas ao Ministério do Planejamento, Orçamento e Gestão, contemplaram o TAG (termo de ajustamento de gestão), no art. 57, nos seguintes termos: "Os órgãos de controle público podem propor a assinatura de termos de ajustamento de gestão para o efeito de afastar a aplicação de penalidades ou sanções e adequar os atos e procedimentos dos órgãos ou entidade controlada aos padrões de regularidade". O parágrafo único apresentava a seguinte redação: "O termo de ajustamento de gestão não pode ter por objeto a limitação de competência discricionária do gestor, nem a imposição de obrigações para os particulares, por via direta ou reflexa".

A previsão do TAG constante do projeto de lei é adequada e corrobora com tudo o que se discorreu acerca do controle consensual da Administração Pública. Objeta-se apenas a redação da parte final do parágrafo único, que previu a inaplicabilidade do instrumento quando dele resulte imposição de obrigações por via direta ou reflexa aos particulares. Isso porque é óbvio que um TAG assinado entre o gestor e o órgão de controle poderá refletir em relações obrigacionais com particulares (*v.g.*, no âmbito contratual) ou em relações unilaterais (atos administrativos) que traduzam obrigações imperativas aos particulares.

administração envolvidas; II – obrigações e metas assumidas pelas autoridades diante das recomendações do Controlador-Geral do Município; III – prazos para implementação das obrigações assumidas; IV – outros elementos necessários para seu fiel cumprimento. §1º – O Termo de Compromisso de Gestão – TCG, obriga as autoridades signatárias à adoção das recomendações formuladas pelo Controlador-Geral e será monitorado regularmente pela Auditoria-Geral do Município, a qual poderá solicitar informações periódicas sobre seu adimplemento. §2º – Será instituído banco de dados específico, visando ao permanente monitoramento dos Termos de Compromissos de Gestão celebrados. §3º – O não-cumprimento das obrigações previstas no Termo de Compromisso de Gestão – TCG, pelas autoridades signatárias, provoca sua automática rescisão, autorizando o Controlador-Geral do Município a dar ciência do fato ao Prefeito e ao TCEMG, sem prejuízo das responsabilidades funcionais a serem apuradas em processos próprios.

A vedação seria justificável no âmbito contratual, porque o particular não participa da assinatura do TAG, embora se possa cogitar de sua aquiescência. No âmbito das medidas unilaterais, em razão da imperatividade, os reflexos do TAG para os particulares seriam mais do que naturais, mas de rigor o respeito ao princípio da segurança jurídica, seja na observância do efeito *ex nunc* de nova interpretação administrativa (art. 2º, parágrafo único, XIII, da Lei nº 9.784/99), seja no reconhecimento da decadência, quando for o caso (art. 54 da Lei nº 9.784/99). Assim, mercê do direito fundamental ao contraditório e à ampla defesa (art. 5º, LV, CR), seria imprescindível a alteração da proposta para que cogitasse expressamente da participação do particular atingido na confecção do TAG.[478]

Após a primeira edição deste livro, o Presidente da República editou o Decreto nº 9.830, de 10 de junho de 2019, cujo art. 11, com base nas disposições da LINDB, passou a prever que "poderá ser celebrado termo de ajustamento de gestão entre os agentes públicos e órgãos de controle interno da administração pública com a finalidade de corrigir falhas apontadas em ações de controle, aprimorar procedimentos, assegurar a continuidade da execução do objeto, sempre que possível, e garantir o atendimento do interesse geral". A restrição ao uso do TCG encontra-se no §2º do mesmo artigo, quando dispõe que "não será celebrado termo de ajustamento de gestão na hipótese de ocorrência de dano ao erário praticado por agentes públicos que agirem com dolo ou erro grosseiro".

Como se vê, a regulamentação federal prevê a competência da CGU e demais órgãos de controle interno para a firmação do TAG, na esteira da experiência do Município de Belo Horizonte e dos

[478] A redação sugerida ao dispositivo do anteprojeto é a seguinte: "Art. 57 – Os órgãos de controle público podem propor a assinatura de termos de ajustamento de gestão para o efeito de afastar a aplicação de penalidades ou sanções e adequar os atos e procedimentos dos órgãos ou entidade controlada aos padrões de regularidade. §1º – O termo de ajustamento de gestão não pode ter por objeto a limitação de competência discricionária do gestor. §2º – Se o termo de ajustamento de gestão refletir direta ou indiretamente na esfera jurídica de particulares, estes deverão ser previamente notificados para aquiescer expressa ou tacitamente com o seu conteúdo. §3º – Se do termo de ajustamento de gestão resultar a necessidade do desfazimento de ato administrativo ampliativo de direitos, os efeitos da nova orientação, salvo comprovada má fé, não poderão ser retroativos. §4º – Se o particular discordar do conteúdo do termo de ajustamento de gestão poderá propor aos órgãos públicos a rescisão do contrato ou a renúncia ao direito decorrente, observando-se para todos os efeitos o disposto no art. 59, §1º da Lei 8.666/93. §5º – O termo de ajustamento de gestão observará os prazos e os efeitos decadenciais e prescricionais previstos na legislação".

Tribunais de Contas do Brasil. É mais um instrumento a fortalecer o papel das controladorias internas.

Critica-se a limitação prevista no §2º do art. 11 do Decreto porque muitas vezes o TAG pode ser utilizado como instrumento expedito e hígido para o ressarcimento ao erário, mesmo nos casos de erro grosseiro ou dolo. Nos casos de erro grosseiro, por se tratar de conduta culposa, não se vê razão de ser para a limitação, especialmente porque o objeto do TAG pode ser o próprio ressarcimento. Não avançar nesse sítio é na realidade um resquício da concepção sancionatória do controle.

Com efeito, o elemento volitivo do agente, em instrumentos de controle consensual, serve não como impeditivo – a ver as colaborações premiadas no âmbito penal e os acordos de não persecução civil no âmbito da improbidade administrativa –, senão como mecanismos para buscar o ressarcimento ao erário e o abrandamento na aplicação de sanções.[479]

Como já exposto, o TCU, embora já tivesse utilizado, mesmo sem previsão em normas internas, o TAG para solucionar conflitos, como se vê dos acórdãos 1707/2017-Plenário e 393/2018-Plenário, em dezembro de 2022, passou a adotar mecanismo consensual de controle, com perfil e contorno similares ao TAG, porém, fundado na Lei de Mediação (Lei nº 13.140/2015).

Por intermédio da edição da Instrução Normativa nº 91, de 22 de dezembro de 2022, o TCU instituiu o procedimento de solução consensual de controvérsias relevantes e prevenção de conflitos afetos a órgãos e entidades da Administração Pública Federal. Para tanto, criou um órgão técnico denominado Secretaria de Controle Externo de Solução Consensual e Prevenção de Conflitos (SecexConsenso).[480]

---

[479] Nesse sentido, com bastante correspondência de sentido, TCU registra decisão no sentido de que "a celebração de acordo de leniência, de colaboração premiada ou congênere, em outras instâncias de controle, mesmo quando as informações colhidas não forem utilizadas para a instrução de processo do âmbito do controle externo, pode ser considerada como circunstância atenuante para fins de responsabilização" (TCU – Acordão 1527/2019, Plenário (representação, Relator Ministro Benjamin Zymler).

[480] A constitucionalidade da IN TCU nº 91/2022 está sendo questionada na ADPF nº 1.183/DF, proposta pelo Partido Novo em julho de 2024. Sustenta-se que o TCU teria extrapolado sua competência ao criar, sem base legal, a SecexConsenso e seus procedimentos. O IBDA, como *amicus curiae*, e a PGR, em parecer, manifestaram-se pela improcedência da ação,

Em princípio, a aplicação da solução consensual no TCU leva à autocomposição das partes (União e contratado, por exemplo), mas ela também gera efeitos substitutivos dos processos ou das sanções de sua competência, assemelhando-se ao TAG adotado pelos outros Tribunais de Contas. Assim, como observa João Paulo Forni, "pode-se dizer que a atuação do TCU se aproxima da mediação e gera um acordo extrajudicial, caso as negociações sejam bem-sucedidas, diferindo do TAG por não dizer respeito à substituição de atos ilícitos apurados e julgados em processos da Corte de Contas. Entretanto, há casos em que há maior aproximação com os acordos substitutivos de sanção, tendo em vista o arquivamento de processo no próprio TCU, como assinalado pelo entrevistado, e a homologação da redução de valores de multas prolatadas por agências reguladoras".[481]

Recentemente, a expansão da consensualidade administrativa no âmbito do TCU registra esse perfil mais substitutivo e menos mediador, como constou do Acórdão 1.425/2024-Plenário, que dispôs: "em tomada de contas especial instaurada com fundamento na não comprovação da contrapartida em contrato de subvenção econômica para a realização de projeto abarcado pela Lei da Inovação (art. 19, §3º, Lei 10.973/2004), quando não houver registro de irregularidade na execução do objeto, alcançando a subvenção de seu objetivo principal, e verificada a boa-fé dos responsáveis, pode o TCU sobrestar o processo e determinar ao repassador, com fundamento no art. 3º, §3º, do CPC, aplicável subsidiariamente aos processos do Tribunal, que inicie tratativas junto à empresa beneficiária dos recursos com vistas à adoção de meio de solução consensual para admitir a dação em pagamento como forma de quitação do débito, desde que demonstrados o interesse público no objeto transacionado e a vantajosidade para a Administração".

Exemplo expressivo da atuação da SecexConsenso foi o caso do Aeroporto Internacional do Rio de Janeiro (Galeão), no âmbito

---

ressaltando a compatibilidade da norma com o art. 71, IX, da CF, a LINDB e outras regras que incentivam a autocomposição. Até o momento, não há decisão liminar ou de mérito.

[481] FORNI, João Paulo. A consensualidade no TCU: fundamentos teóricos, enquadramento jurídico e diferenças em relação ao TAG. *In:* FERRAZ, Luciano (Coord.). *A consensualidade como alternativa ao controle-sanção pela Administração Pública.* São Paulo: Dialética, 2025. v. 2. p. 80.

do processo TCU nº 007.309/2024-4. Após a manifestação de interesse da concessionária RIOGaleão em descontinuar o contrato de concessão e posterior desistência do pedido de relicitação, o TCU atuou como instância de mediação técnica para viabilizar uma solução consensual entre o Ministério de Portos e Aeroportos, a ANAC e a concessionária. O acordo, homologado pelo Plenário em 04.06.2025, visou restabelecer o equilíbrio econômico-financeiro da concessão por meio da substituição da contribuição fixa por contribuição variável baseada na receita bruta. A solução evitou riscos de judicialização, permitiu a continuidade da prestação dos serviços aeroportuários a milhões de usuários, garantiu segurança jurídica, estimulou investimentos e adequou a modelagem contratual às práticas regulatórias mais recentes.[482]

Mais recentemente, o TCU expediu o Acórdão 1348/2025 admitindo a atuação consensual no contexto de substituição de penalidades a cargo do IBAMA por investimentos em regeneração ambiental.

Fato que se revela pouco importante se os Tribunais de Contas se valem do TAG ou da Solução Consensual como forma de solução de conflitos. É que, diferentemente do que supõe Forni, os TAG não se direcionam apenas a casos de detecção de falta de regularidades das condutas e propositura de ajustes, uma vez que tem também vocação natural para finalizar auditorias de gestão e auditorias de desempenho operacional, funcionando como processos de natureza estrutural (como se pode ver da primitiva legislação de Belo Horizonte sobre o tema: Decreto nº 12.636/07). Assim, os TAG ou as soluções consensuais podem apresentar soluções de consenso para mudar realidades fáticas e as condições na execução de política públicas, trazendo resultados mais rápidos e efetivos para a sociedade.

---

[482] TCU. *Solução consensual resolve controvérsias no contrato de concessão do Galeão*. Disponível em: https://portal.tcu.gov.br/imprensa/noticias/solucao-consensual-resolve-controversias-no-contrato-de-concessao-do-galeao. Acesso em: 18 jun. 2025.

CONCLUSÃO

A teoria do conhecimento – que cuida das relações entre sujeito cognoscente e objeto a ser conhecido – tem se dirigido à utilização de metodologia interdisciplinar ou transdisciplinar, interagindo diversos objetos e campos do saber em uma perspectiva sistêmica.

É a partir dessa integração que o estudioso da Administração Pública – em particular, do direito administrativo – necessita se libertar da pirâmide normativa, do dogmatismo, para trabalhar a compreensão de sua serventia, em uma análise ampliada, que se utilize da conexão do seu objeto (as normas jurídicas) com outros domínios do conhecimento.

Convém verificar a íntima ligação existente entre o direito administrativo e a ciência da administração (pública), porquanto ambos se dedicam ao estudo do fenômeno administrativo público. Pode-se mesmo afirmar que direito administrativo e ciência da administração, nascidos qual irmãos siameses, terminaram por seguir percursos diferentes, buscando agora uma reaproximação.

O direito administrativo revelou-se como produto da necessidade de se estipularem limites ao próprio Estado, mercê dos princípios da legalidade e da separação dos poderes, como decorrência da Revolução Francesa. A ciência da administração desenvolveu-se impulsionada pela Revolução Industrial, subjacente à necessidade de substituir métodos experimentados nas relações de produção, na busca de maior eficiência – a manufatura pelo instrumento, o escravo pelo assalariado, o empirismo pela técnica.

Na Europa, a atividade de Administração Pública foi durante muito tempo vista em perspectiva jurídica, visualizada como um ato administrativo de aplicação oficiosa da lei. Essa redução de sentido dominou a cena do século XX, encontrando na burocracia weberiana campo fértil para um típico compartilhamento cognitivo.

No âmbito da ciência da administração, as falhas no modelo organizacional de Max Weber deram ensejo a novas ideias: preconizava-se que a Administração não deveria ser analisada dentro de uma camisa de força normativa, senão em contato direto com o ambiente circundante.

Com efeito, na perspectiva de um Estado democrático de direito, a Administração Pública não mais se representa como pirâmide fechada, à moda do "bonapartismo". A atividade de Administração Pública não deve ser reconduzida ao cumprimento automático de regras preestabelecidas pelo legislador; o direito administrativo, na perspectiva do constitucionalismo contemporâneo, não se limita ao aspecto lógico-formal típico do positivismo clássico. A perspectiva que se projeta, tanto ao nível do direito quanto ao nível da organização administrativa, é a superação da rigidez lógico-formal. A modernidade anuncia a administração consensual, que se propõe a complementar – não a substituir – a burocracia.

O direito administrativo evolui e, via de consequência, os institutos que consagra – dentre os quais a atividade de controle: a noção da atividade de controle lastreada pelos paradigmas do Estado liberal (princípio da legalidade e ato administrativo) não prevaleceu incólume na perspectiva contemporânea, em que seu exercício e seus instrumentos devem ser vistos como meios para o alcance de eficiência administrativa.

Nesse passo é que reside a proposta de estabelecimento de métodos de controle consensual da Administração Pública, afinados à Administração Pública consensual – e que se desenvolvem em decorrência dos paradigmas contemporâneos da Administração Pública – consensualidade e juridicidade. Novos instrumentos, como os termos de ajustamento de gestão (TAG), a suspensão do processo administrativo disciplinar (SUSPAD), os acordos de leniência, os acordos substitutivos, os compromissos processuais, os acordos de não persecução cível e instrumentos afins, são introduzidos no âmbito da legislação brasileira em ordem a comprovar a tendência já anunciada há tempos, de substituição parcial do controle-sanção pelo controle-consenso.

A previsão dos instrumentos de controle consensual no ordenamento jurídico é salutar, porém não exauriente. Os caminhos da verdadeira reforma pouco se relacionam com novos métodos, embora eles tenham um potencial promissor. Relacionam-se mais com a transformação cultural do setor público, com o processo educacional e orientador, com a radicalização do princípio da transparência (publicidade), "cada centavo dos recursos públicos aplicados, efetivamente, sob inspiração ética".[483]

Espera-se que, no esforço argumentativo aqui empreendido, numa mescla de aspectos teóricos e práticos vivenciados nos últimos quinze anos, haja o lançamento de luzes sobre o modo de ver e praticar o controle da Administração Pública. Acredita-se que a ênfase no princípio da consensualidade – não só por meio dos instrumentos de controle aqui destacados, mas como filosofia e crença na solução dialogada dos conflitos – seja, afinal, o combustível para a ultrapassagem da perspectiva lógico-formal ainda vigente, de percepção do fenômeno administrativo público, fundamentalmente porque o dinamismo da sociedade não espera.

[483] A frase foi utilizada por CARVALHO, Paulo Neves de. Prefácio à obra de FERRAZ, Luciano. *Controle..., cit.*, prefácio.

REFERÊNCIAS

ALCAZAR, Mariano Baena del. *Curso de Ciencia de la Administración*. 14. ed. Madrid: Tecnos, 2000.

ALEXY, Robert. *Teoria de los derechos fundamentales*. Madrid: Centro de Los Estudios Constitucionales, 1997.

ALEXY, Robert. *Teoria dos direitos fundamentais*. Tradução de Virgílio Afonso da Silva da 5. ed. alemã de 2006. São Paulo: Malheiros, 2008.

ALFARO, Normam José Solórzano. Notas para una crítica del principio da legalidade. *Revista Crítica Jurídica*, n. 19, jul./dez. 2001.

ALIENDE, José Manuel Canales; ÁLVARES, José Manuel Rodrigues. *Estudio preliminar a la obra Auditoria de gestión y modernización de la administración*. Madrid: Boletim Oficial do Estado, 1999.

AMARAL, Diogo de Freitas do. *Ciência Política*. v. II. Lisboa: Almedina, 1989.

ARAÚJO, Cláudia Costa; ALVES, Marília Souza Diniz. *Termo de Ajustamento de Gestão*: resgate do pensamento tópico pelo Direito Administrativo pós-moderno. Disponível em: http://revista1.tce.mg.gov.br/Content/Upload/Materia/1606.pdf.

ARISTÓTELES. *A Política*. 2. ed. São Paulo: Martins Fontes, 1998.

ATIENZA, Manuel. *As razões do direito*: teorias da argumentação jurídica. Tradução de Maria Cristina Guimarães Cupertino. 2. ed. São Paulo: Landy, 2002.

AVELAR, Daniel Martins e. Consensualidade e controle disciplinar da Administração Pública: análises dos acordos substitutivos do ato unilateral de aplicação de sanção disciplinar. *In:* FERRAZ, Luciano; SILVA, Luciana Cristina de Jesus (Coord.). *A consensualidade como alternativa do controle-sanção pela Administração Pública*. 1. ed. São Paulo: Dialética, 2024.

AVEVEDO, Lahir Short de. A evolução do processo decisório e as organizações. *Revista do Serviço Público*, v. 101 n. 3-4, 1968. Disponível em: https://revista.enap.gov.br/index.php/RSP/article/view/2689.

BALESTRIN, Alsones. Uma análise da contribuição de Herbert Simon para a Teoria das Organizações. *Revista Eletrônica de Administração Escola de Administração*, Porto Alegre, UFRGS, v. 8, n. 4, 2002.

BARACHO, José Alfredo de Oliveira. *O Princípio da subsidiariedade*: conceito e evolução. Rio de Janeiro: Forense, 1996.

BARBOSA, Rui. *Obras completas*. v. XVIII, Tomo III, 1891.

BARCELOS, Ana Paula de. *A eficácia dos princípios constitucionais*: o princípio da dignidade da pessoa humana. Rio de Janeiro: Renovar, 2002.

BARRAZA, Javier Indalecio; SCHAFRIK, Fabiana Haydeé. *El control de la administración* pública. Buenos Aires: Abeledo-Perrot, 1995.

BARROSO FILHO, Angerico Alves. *Avaliação do Termo de Ajustamento de Gestão como instrumento do controle consensual da Administração Pública*. Disponível em: http://www.abdconst.com.br/revista12/avaliacaoAngerico.pdf.

BARROSO, Luiz Roberto. Fundamentos teóricos e filosóficos do novo direito constitucional brasileiro (pós-modernidade, teoria crítica e pós-positivismo). *Revista Interesse* Público, n. 11, 2001.

BARZELAY, Michael. *Atravesando la burocracia*: una nueva perspectiva de la administración pública. México: Fondo de Cultura Económica, 1998.

BARZELAY, Michael. *Auditoría de gestíon y nueva gestión* pública: evolucíon del Papel y de la estrategia de los organismos centrales de auditoria. 1997.

BATISTA JÚNIOR, Onofre Alves; CAMPOS, Sarah. A administração pública consensual na modernidade líquida. *Fórum Administrativo*, Belo Horizonte, v. 14, n. 155, jan. 2014. Disponível em: http://dspace/xmlui/bitstream/item/9622/PDIexibepdf.pdf?sequence=1. Acesso em: 12.02.2020.

BHEN, Robert. O novo paradigma da gestão pública e a busca da *accountability* democrática. *Revista do Serviço Público*, n. 4, out./dez. 1998.

BITENCOURT NETO, Eurico. *Administração Pública Concertada* In: GOMES, Carla Amado; NEVES, Ana Fernada; BITENCOURT NETO, Eurico. (Org.). A prevenção da corrupção e outros desafios à boa governação da Administração Pública. 1. ed. Lisboa: ICJP/CIDP, 2018, v. 1, p. 10-44.

BITENCOURT NETO, Eurico. Transformações do Estado e da Administração Pública no século XXI. *Revista de Direito Econômico e Socioambiental*, Curitiba, v. 8, n. 1, p. 289-302, jan./abr. 2017.

BOARATTI, André. *As Teorias da Administração em foco*: de Taylor a Drucker. Disponível em: <http://www.sgc.goias.gov.br/upload/arquivos/2014-11/as-teorias-da-adm-em-foco.pdf>.

BOBBIO, Norberto. *A teoria das formas de governo*. 10. ed. Brasília: UNB, 2001.

BOBBIO, Norberto; MATTEUCCI, Nicola; PASQUINO, Gianfranco. *Dicionário de Política*. v. 2. 5. ed. Brasília: UNB, 2000.

BONAVIDES, Paulo. *Curso de direito constitucional*. 6. ed. São Paulo: Malheiros, 1999.

BRASIL. *Manual de auditoria de natureza operacional*. Brasília: TCU, 2000.

BRASIL. *Plano Diretor da Reforma do Aparelho do Estado*. Brasília: MARE, 1995.

BRESSER PEREIRA, Luiz Carlos. A Reforma do Estado dos anos 90: lógica e mecanismos de controle. *Caderno MARE da Reforma do Estado*, n. 1, 1997. http://www.bresserpereira.org.br/documents/MARE/CadernosMare/CADERNO01.pdf.

BRITO, Edvaldo Pereira de. A atuação do Estado no domínio econômico. *In*: MARTINS, Ives Gandra (Coord.). *Desafios do Século XXI*. São Paulo: Pioneira, 2000.

BRUXO, Jorge. Administração por objetivos. Direcção dos Serviços de Administração e Função Pública. *Administração*, n. 49, ano XIII, Macau, 2000. Disponível em: https://www.safp.gov.mo/safppt/magazines/WCM_003524. p. 910, nota 4.

BUGARIN, Paulo Soares. O princípio constitucional da economicidade. *Correio Braziliense*, Brasília, 12 abr. 1999. Suplemento Direito & Justiça.

BUSTAMANTE, Thomas da Rosa de. *Argumentação contra legem:* a teoria do discurso e a justificação jurídica nos casos mais difíceis. Rio de Janeiro: Renovar, 2005.

CÂMARA LEAL, Antônio Luiz da. *Da prescrição e da decadência*. 2. ed. Rio de Janeiro: Forense, 1959.

CAMPELLI, Crenilde Rodrigues. *A contribuição do enfoque integrativo de Mary Parker Follet* à Ciência de Administração. Dissertação de mestrado, Universidade Federal de Santa Catarina, 1986, p. 14. Disponível em: https://repositorio.ufsc.br/bitstream/handle/123456789/75330/214480.pdf?sequence=1&isAllowed=y.

CAMPOS PIRES, Ariosvaldo de. *Compêndio de Direito Penal*. Parte Geral. v. I. Rio de Janeiro: Forense, 2005.

CANNARIS, Claus-Wilhelm. *Pensamento sistemático e conceito de ciência do direito*. Lisboa: Calouste Gunbenkian, 1989.

CANOTILHO, Joaquim José Gomes; MOREIRA, Vital. *Fundamentos da Constituição*. Coimbra: Coimbra, 1991.

CANOTILHO, Joaquim José Gomes. *Direito Constitucional e Teoria da Constituição*. 3. ed. Coimbra: Almedina, 1999.

CARVALHO FILHO, José dos Santos. *Manual de Direito Administrativo*. 18. ed. Rio de Janeiro: Lúmen Júris, 2008.

CARVALHO FILHO, José dos Santos. *Manual de direito administrativo*. 32. ed. rev., atual. e ampl. São Paulo: Atlas, 2018.

CASSESSE, Sabino. *Las bases del derecho administrativo*. Madrid: MAP, 1994.

CASTRO, Rodrigo Pironte Aguirre de. *Lei de Responsabilidade Fiscal*: ensaios em comemoração aos 10 anos da Lei Complementar n. 101/00. Belo Horizonte: Fórum, 2010.

CATTONI DE OLIVEIRA, Marcelo Andrade; NUNES, Dierle José Coelho. Súmula Vinculante 5 do Supremo Tribunal Federal é inconstitucional. Disponível em: https://www.conjur.com.br/2008-mai-22/sumula_vinculante_stf_inconstitucional.

CENSIO, Jorge Silva. El control de la administración. *Revista de Direito Público*, n. 39-40, jul./dez. 1976.

CHIAVENATO, Idalberto. *Introdução à teoria geral da administração*. 3. ed. São Paulo: McGraw-Hilll, 1983.

CHIAVENATO, Idalberto. *Teoria geral da administração*. v. 1. São Paulo: MacGraw-Hill, 1979.

COSTA, José Armando da. *Contorno jurídico da improbidade administrativa*. 3. ed. Brasília: Brasília Jurídica, 2005.

CUESTA, Rafael de Entrena. *Curso de derecho administrativo*. 11. ed. v. 1. Madrid: Tecnos, 1995.

CUNHA, Daniela Zago. Um breve diagnóstico sobre a utilização dos termos de ajustamento de gestão pelos Tribunais de Contas estaduais. *Revista Interesse Público*, n. 51, 2009.

DALLARI, Adilson; FERRAZ, Sérgio. *Processo Administrativo*. São Paulo: Malheiros, 2000.

DASSO JÚNIOR, Aragon Érico. Nova Gestão Pública (NGP): a teoria de Administração Pública do Estado ultraliberal. Disponível em: http://www.publicadireito.com.br/artigos/?cod=d05c25e6e6c5d489.

DEBASSCH, Charles. *Droit administratif*. 6. ed. Paris: Economica, 2002.

DEODATO, Alberto. *Manual de ciência das finanças*. 7. ed. São Paulo: Saraiva, 1961.

DI PIETRO, Maria Sylvia Zanella. *Direito Administrativo*. 21. ed. São Paulo: Atlas, 2008.

DI PIETRO, Maria Sylvia Zanella. 500 anos de Direito Administrativo Brasileiro. *Revista Diálogo Jurídico*, n. 10, jan. 2002.

DROMI, Roberto. *Derecho administrativo*. 5. ed. Buenos Aires: Ciudad Argentina, 1996.

DWORKIN, Ronald. *Taking rights seriously*. Cambridge: Havard University Press, 1977.

ESTEVES LIMA, Arnaldo. *O Processo Administrativo no âmbito da Administração Pública Federal*. Belo Horizonte: Del Rey, 2014.

FARIA, José Eduardo. *O Direito na economia globalizada*. São Paulo: Malheiros, 2000.

FAYOL, Henry. *Administração industrial e geral*. 10. ed. São Paulo: Atlas, 1994.

FERNANDES, Jorge Ulisses Jacoby. *Tribunal de Contas do Brasil*: jurisdição e competência. Belo Horizonte: Fórum, 2003.

FERRAJOLI, Luigi. Passado e futuro del Estado de Derecho. *In*: CARBONELL, Miguel (Coord.). *Neoconstitucionalismo(s)*. Madri: Trotas, 2003.

FERRAZ, Luciano. A César o que é de César: contornos e perspectivas do controle interno da Administração Pública. *In:* FORTINI, Cristiana; MABEL, Miriam. (Org.). *Mecanismos de controle interno e sua matriz constitucional*. 1. ed. Belo Horizonte: Fórum, 2012, v. 1, p. 41-47.

FERRAZ, Luciano. Alteração da LINDB revoga parcialmente Lei de Improbidade Administrativa. *Consultor Jurídico*, 10 maio 2018. Disponível em: https://www.conjur.com.br/2018-mai-10/interesse-publico-alteracao-lindb-revoga-parcialmente-lei-improbidade/. Acesso em: 13 maio 2025.

FERRAZ, Luciano; AMARAL, Leonardo Coelho do. Biologia da (in)dependência de instâncias na Lei de Improbidade Administrativa. *Consultor Jurídico*, 19 jun. 2025. Disponível em: https://www.conjur.com.br/2025-jun-19/biologia-da-independencia-de-instancias-na-lei-de-improbidade-administrativa/. Acesso em: 26 jun. 2025.

FERRAZ, Luciano. *Controle da administração pública*: elementos para a compreensão dos Tribunais de Contas. Belo Horizonte: Mandamentos, 1999.

FERRAZ, Luciano. *Controle pelos Tribunais de Contas da Eficiência e Eficácia dos Serviços Concedidos*. Disponível em: http://www.tcm.sp.gov.br/legislacao/doutrina/27_10_04/luciano_ferraz1.htm.

FERRAZ, Luciano. *Dano in re ipsa cria, sem lei, novo tipo de improbidade administrativa*. Disponível em: https://www.conjur.com.br/2017-mai-04/interesse-publico-dano-in-re-ipsa-cria-tipo-improbidade-administrativa.

FERRAZ, Luciano. *Licitações*: estudos e práticas. 2. ed. Rio de Janeiro: Esplanada, 2002.

FERRAZ, Luciano. Moraes, Gilmar e o papel do Tribunal de Contas no ANPC. *Consultor Jurídico*, 22 maio 2025. Disponível em: https://www.conjur.com.br/2025-mai-22/moraes-gilmar-e-o-papel-do-tribunal-de-contas-no-anpc/. Acesso em: 4 jun. 2025.

FERRAZ, Luciano. *Novos Rumos para o Controle da Administração Pública*. Tese de Doutoramento. Belo Horizonte, UFMG, 2003.

FERRAZ, Luciano. Poder de coerção e poder de sanção dos Tribunais de Contas, competência normativa e devido processo legal. *Fórum Administrativo – Direito Público*, v. 2, n. 14, abr. 2002.

FERRAZ, Luciano. Reflexões sobre a Lei nº 12.846/2013 e seus impactos nas relações público-privadas: lei de improbidade empresarial e não lei anticorrupção. *Revista Brasileira de Direito Público – RBDP*, Belo Horizonte, ano 12, n. 47. out./dez. 2014.

FERRAZ, Luciano. Resenha Legislativa sobre a Lei 12.846/2013 – lei de improbidade empresarial. *Fórum de Direito Municipal e Gestão das Cidades – FMGC*, ano 1, n. 2, nov./dez. 2013.

FERRAZ. Luciano. Responsabilidade do Estado por omissão legislativa: o caso do art. 37, X da Constituição. *In*: FREITAS, Juarez (Org). *Responsabilidade Civil do Estado.* São Paulo: Malheiros, 2006.

FERRAZ, Luciano. Termo de Ajustamento de Gestão (TAG): do sonho à realidade. *Revista Brasileira de Direito Público.* Belo Horizonte, ano 8, n. 31, out./dez. 2010.

FERRAZ, Luciano. Termo de Ajustamento de Gestão e o alerta do art. 59, §1º da Lei de Responsabilidade Fiscal. Dez anos depois. *In*: CASTRO, Rodrigo Pironte Aguirre de. *Lei de Responsabilidade Fiscal*: ensaios em comemoração aos 10 anos da Lei Complementar n. 101/00. Belo Horizonte: Fórum. 2010.

FERRAZ, Luciano. Tribunal de Contas e acordo de não persecução cível. *Consultor Jurídico,* 26 jan. 2023. Disponível em: https://www.conjur.com.br/2023-jan-26/interesse-publico-dizer-decisao-monocratica-stf-adi-7236/. Acesso em: 4 jun. 2025

FERRAZ, Sérgio. O controle da administração pública na Constituição de 1988. *Revista de Direito Administrativo,* abr./jun. 1992.

FERREIRA FILHO, Manoel Gonçalves. O poder e seu controle. *Revista de Informação Legislativa,* v. 21, out./dez. 1984.

FORNI, João Paulo. A consensualidade no TCU: fundamentos teóricos, enquadramento jurídico e diferenças em relação ao TAG. *In:* FERRAZ, Luciano (Coord.). *A consensualidade como alternativa ao controle-sanção pela Administração Pública.* v. 2. São Paulo: Dialética, 2025.

FORSTHOFF, Ernest. *Tratado de derecho administrativo.* Madrid: Instituo de Estudios Politicos, 1958.

FORTINI, Cristiana; PEREIRA, Maria Fernanda Pires de Carvalho; CAMARÃO, Tatiana Martins da Costa. *Processo Administrativo*: comentários à lei 9.784/1999. Belo Horizonte: Fórum, 2008.

FREITAS, Juarez. *O controle dos atos administrativos e os princípios fundamentais.* São Paulo: Malheiros, 1997.

GABARDO, Emerson. *Princípio constitucional da eficiência administrativa.* São Paulo: Dialética, 2002.

GARCIA, Émerson; ALVES, Rogério Pacheco. *Improbidade administrativa.* 6. ed. Rio de Janeiro: Lumen Juris, 2011.

GASPARINI, Diógenes. *Direito Administrativo.* 7. ed. São Paulo: Saraiva, 2002.

GIACOMONI, James. *Orçamento público.* 8. ed. São Paulo: Atlas, 1998.

GIAMUNDO NETO, Giuseppe; LEONI, Fernanda. Como os Tribunais de Contas têm regulamentado a prescrição pelo Brasil? *Consultor Jurídico,* 20 set. 2023. Disponível em: https://www.conjur.com.br/2023-set-20/infra-controle-tribunais-contas-regulamentado-prescricao-brasil/. Acesso em: 21 maio 2025.

GIANNINI, Massimo Severo. *Derecho administrativo.* Madrid: MAP, 1991.

GILISSEN, John. *Introdução histórica ao direito*. 3. ed. Lisboa: Fundação Calouste Gulbenkian, 2001.

GOMES, Carla Amado. O Dom da Ubiquidade Administrativa: reflexões sobre a atividade administrativa informal. *Textos Dispersos de Direito Administrativo*, Lisboa: AAFDL, 2013.

GOMES, Josir Simeone; AMAT, Joan. M *Controle de gestão*: um enfoque contextual e organizacional São Paulo: Atlas, 1997.

GONÇALVES, Aroldo Plínio. *Técnica processual e teoria do processo*. Rio de Janeiro: Aide, 1992.

GONÇALVES, Marco Frattezi. A teoria da argumentação jurídica em Neil MacCormick e o problema da "resposta correta": uma teoria das respostas erradas? *Revista do Tribunal Regional Federal da 5ª Região*, v. 101, p. 25-40, 2013.

GORDILLO, Agustin. *Problemas del control de la administración* pública *en América Latina*. Madrid: Civitas, 1981.

GORDILLO, Agustin. El control de las empresas publicas en la America Latina. *Revista de Direito Público*, n. 66.

GRATERON, Ivan Ricardo Guevara. Auditoria de Gestão: utilização de indicadores de gestão no setor público. *Cadernos de Estudo*, São Paulo, FIPECAFI, n. 21, maio/ago. 1999.

GRAU, Eros Roberto. *Direito, conceitos e normas jurídicas*. São Paulo: Revista dos Tribunais, 1988.

GROPPALI, Alexandre. *Doutrina do Estado*. 2. ed. São Paulo: Saraiva, 1962.

GUALAZZI, Eduardo Lobo Botelho. *Regime jurídico dos Tribunais de Contas*. São Paulo: Revista dos Tribunais, 1992.

GUEDES, Jefferson Carús. Transigibilidade de interesses públicos: prevenção e abreviação de demandas da Fazenda Pública. *In*: GUEDES, Jefferson Carús; SOUZA, Luciane Moessa de (Coord.). *Advocacia de Estado*: questões institucionais para a construção de um Estado de Justiça. Belo Horizonte: Fórum, 2009.

GUSTIN, Miracy Barbosa S.; DIAS, Maria Tereza Fonseca. *Curso de iniciação à pesquisa jurídica e à elaboração de projetos de pesquisa*: orientações básicas. Belo Horizonte: UFMG, 2000.

HOBBES, Thomas. *Diálogo entre um filósofo e um jurista*. Trad. Maria Cristina Guimarães Cupertino. São Paulo: Landy, 2001.

HOLDER, Angela Roddey; HOLDER, Jhon Thomas Roddey. *The meaning of the Constitution*. 3. ed. Barrrons: EUA, 1988.

JORDÃO, Eduardo. Acabou o romance: reforço do pragmatismo no direito público. *Revista de Direito Administrativo*, Rio de Janeiro: Fundação Getulio Vargas, 2018. Edição Especial.

JORDÃO, Eduardo. *Controle Judicial de uma Administração Pública Complexa*: a experiência estrangeira na adaptação da intensidade do controle. São Paulo: Malheiros, 2016.

JUSTEN FILHO, Marçal. Dever de transparência, concretude e proporcionalidade nas decisões públicas. *Revista de Direito Administrativo*, Rio de Janeiro: Fundação Getulio Vargas, 2018. Edição Especial.

KELSEN, Hans. *Teoria pura do direito*. 5. ed. São Paulo: Martins Fontes, 1995.

KHUN, Thomas. *Estrutura das revoluções científicas*. 5. ed. São Paulo: Perspectivas, 1998.

KLIKSBERG, Bernardo. El rediseño del Estado para el desarrollo socioeconómico y el cambio: una agenda estratégica para la discusión. *Revista del CLAD Reforma y Democracia*, n. 2, 1994. Disponível em: http://old.clad.org/portal/publicaciones-del-clad/revista-clad-reforma-democracia/articulos/002-julio-1994/el-rediseno-del-estado-para-el-desarrollo-socioeconomico-y-el-cambio-una-agenda-estrategica-para-la-discusion.

KWASNICKA, Eunice Lacava. *Teoria geral da administração*. 2. ed. São Paulo: Atlas, 1991.

LAUBADÈRE, M. André de. *Cours de droit public*. Paris: Reu Saitn Jacques, 1959.

LESSA, Sebastião José. Processo Administrativo Disciplinar: a Súmula nº 343 do STJ, DJ 21.09.07, Defesa técnica: Presença do advogado. *Fórum Administrativo*, Belo Horizonte, ano 8, n. 84, p. 8, fev. 2008.

LIMA, Ruy Cirne. *Princípio de direito administrativo*. 3. ed. Porto Alegre: Sulina, 1954.

LODI, João Bosco. *História da administração*. São Paulo: Pioneira, 1971.

LOWENSTEIN, Karl. *Teoría de la Constituition*. Barcelona: Ariel, 1964.

MACCORMICK, Neil. *Argumentação jurídica e teoria do direito*. Tradução de Waldéa Barcellos; revisão da tradução Marylene Pinto Michael. 2. ed. São Paulo: WMF Martins Fontes, 2009 (Biblioteca Jurídica WMF).

MAGALHÃES, José Luiz Quadros de. *Direito constitucional*. Tomo I. Belo Horizonte: Mandamentos, 1999.

MARQUES NETO, Floriano de Azevedo; FREITAS, Rafael Verás de. *A Lei 13.655/2018 e os novos paradigmas para os acordos substitutivos*. Disponível em: https://www.conjur.com.br/2018-mai-11/opiniao-lindb-paradigmas-acordos-substitutivos.

MARTINS, Ives Gandra (Coord.). *Desafios do Século XXI*. São Paulo: Pioneira, 2000.

MAYER, Otto. *Derecho administrativo alemán*. Tomo I. Buenos Aires: Depalma, 1949.

MEDAUAR, Odete. *Controle da Administração Pública*. São Paulo: Revista dos Tribunais, 1992.

MEDAUAR, Odete. *Direito Administrativo Moderno*. 12. ed. São Paulo: Revista dos Tribunais, 2008.

MEDAUAR, Odete. *O Direito Administrativo em Evolução*. 2. ed. São Paulo: Revista dos Tribunais, 2003.

MEIRELLES, Hely Lopes. *Direito administrativo brasileiro*. 20. ed. São Paulo: Malheiros, 1995.

MEIRELLES, Hely Lopes. *Direito Administrativo Brasileiro*. 28. ed. São Paulo: Malheiros, 2003.

MELLO, Celso Antônio Bandeira de. *Natureza e regime jurídico das autarquias*. São Paulo: Revista dos Tribunais, 1969.

MELLO, Celso Antônio Bandeira de. *Curso de direito administrativo*. 7. ed. São Paulo: Malheiros, 1997.

MELLO, Celso Antônio Bandeira de. *Curso de direito administrativo*. 10. ed. São Paulo: Malheiros, 1999.

MELLO, Celso Antônio Bandeira de. *Curso de direito administrativo*. 15. ed. São Paulo: Malheiros, 2003.

MELLO, Celso Antônio Bandeira de. *Discricionariedade e controle jurisdicional*. 2. ed. São Paulo: Malheiros, 1998.

MODESTO, Paulo. Notas para um debate sobre o princípio constitucional da eficiência. *Revista Diálogo Jurídico*, ano I, n. 2, maio 2001. Disponível em: http: www.direitopublico.com.br.

MODESTO, Paulo. Participação popular na administração pública: mecanismos de operacionalização. *Revista Diálogo Jurídico*, ano I, v. I, n. 7, out. 2001.

MONTESQUIEU, Charels de Secondat. *Espírito das Leis*. São Paulo: Martins Fontes, 1993.

MORAES, Germana de Oliveira. *Controle jurisdicional da administração pública*. São Paulo: Dialética, 1999.

MOREIRA NETO, Diogo de Figueiredo. *Mutações do direito administrativo*. Rio de Janeiro: Renovar, 1999.

MOREIRA NETO, Diogo de Figueiredo. Novos institutos consensuais da ação administrativa. *In:* CORREA LIMA, Sérgio Mourão. *Temas de direito administrativo:* estudos em homenagem a Paulo Neves de Carvalho. Rio de Janeiro: Forense, 2006.

MOREIRA, Egon Bockman; BINENBOJM, Gustavo. A eficácia imediata da Lei de Improbidade e o julgamento do Tema 1.199 pelo STF. *Consultor Jurídico*, São Paulo, 10 ago. 2023. Disponível em: https://www.conjur.com.br/2023-ago-10/moreirae-binenbojm-eficacia-lia-julgamento-tema-1199-stf/. Acesso em: 13 maio 2025.

MOREIRA, Egon Bockmann. *Processo administrativo*: princípios constitucionais e a Lei 9.784/99. São Paulo: Malheiros, 2000.

MOREIRA, João Batista Gomes. *Modelos de administração pública*: correspondente evolução no conceito e objeto do direito administrativo. Monografia vencedora do prêmio professor Vitor Nunes Leal, XIII Congresso Brasileiro de Direito Administrativo, Florianópolis, 1999.

MOSHER, Frederick; CIMMINO, Salvatore. *Ciencia de la administración*. Madrid: Rialp, 1961.

MORRIS, Clarence. (Org). *Os grandes filósofos do direito*. São Paulo: Martins Fontes, 2002.

MOTTA, Carlos Pinto Coelho. Controles da administração pública. *Revista de Direito Público*, n. 77.

MOTTA, Fabrício. *Congresso paranaense de direito administrativo*. Curitiba, nov. 2002.

MOTTA, Paulo Roberto Ferreira. *Agências reguladoras*. Barueri: Manole, 2003.

NIEBUHR, Joel. O erro grosseiro: análise crítica do Acórdão nº 2.391/2018 do TCU. Disponível em: https://www.zenite.blog.br/o-erro-grosseiro-analise-critica-do-acordao-no-2-3912018-do-tcu/.

NOBRE, Edilson Pereira. Sanções administrativas e sanções do direito penal. Disponível em: http://www.rkladvocacia.com/arquivos/artigos/art_srt_arquivo20091210115714.pdf.

NOHARA, Irene Patrícia. *Direito Administrativo*. 5. ed., São Paulo: Atlas, 2015.

NOHARA, Irene Patrícia; MARRARA, Thiago. *Processo Administrativo*: Lei 9.784/99 Comentada. São Paulo: Atlas, 2009.

OLIVEIRA, Gustavo Justino; SCHWANKA, Cristiane. A Administração Consensual como nova face da Administração Pública no Séc. XXI: fundamentos dogmáticos, formas de expressão e instrumentos de ação. *Revista da Faculdade de Direito da Universidade de São Paulo*, v. 104, jan./dez. 2009.

OSÓRIO, Fábio Medina. *Teoria da Improbidade Administrativa.* São Paulo: Revista dos Tribunais, 2005.

PALMA, Juliana Bonarcosi de. Atuação Administrativa Consensual: estudos dos acordos substitutivos no processo administrativo sancionador. Dissertação de Mestrado. São Paulo: USP, 2010. Disponível em: http://www.teses.usp.br/teses/disponiveis/2/2134/tde-18112011-141226/pt-br.php.

PALMA, Juliana Bonacorsi de. Quem é o administrador médio do TCU? Disponível em: https://www.jota.info/opiniao-e-analise/colunas/controlepublico/quem-e-o-administrador-medio-do-tcu-22082018.

PEREIRA, Luiz Carlos Bresser. A reforma gerencial do Estado de 1995. *Revista de Administração Pública,* jul./ago. 2000.

PEREIRA, Flávio Unes. Improbidade administrativa e dolo genérico. Disponível em: https://www.jota.info/opiniao-e-analise/artigos/improbidade-administrativa-e-o-dolo-generico-10082015.

PEREIRA, Paulo Olinto; VARELA, Patrícia Siqueira. Controle social do orçamento-programa: um enfoque à administração pública municipal. *Revista Contabilidade Vista e Revista,* n. 11, dez. 2000.

PIÇARRA, Nuno. *A Separação dos poderes como doutrina e princípio constitucional.* Coimbra: Almedina, 1989.

PONDÉ, Lafayette. Controle dos atos da administração pública. *Revista de Direito Administrativo,* n. 212, abr./jun. 1998.

PORTO NETO, Benedicto Pereira; PORTO FILHO, Pedro Paulo de Rezende. Violação ao dever de licitar e a improbidade administrativa. *In:* BUENO, Cássio Scarpinella; PORTO FILHO, Pedro Paulo de Rezende. *Improbidade administrativa*: questões polêmicas e atuais. 2. ed. São Paulo: Malheiros, 2003.

PRADO, Francisco Octavio de Almeida. *Improbidade administrativa.* São Paulo: Malheiros, 2001

PYPER, Robert. *Aspects of accountability in the british system of government.* London: Tudor, 1996.

RABELO, Stéfane; ANASTÁCIO, Vitória. Termo de ajustamento de gestão nos tribunais de contas: uma análise comparativa dos regramentos nas cortes estaduais, municipais e dos municípios. *In:* FERRAZ, Luciano (Coord.). *A consensualidade como alternativa ao controle-sanção pela Administração Pública.* v. 2. São Paulo: Dialética, 2025.

REAL, Alberto Ramon. El control de la administración. *Revista de Direito Público,* n. 32.

RIBEIRO, Carlos Vinicius Alves (Org.). *Ministério Público*: reflexões sobre princípios e funções institucionais. São Paulo: Atlas, 2010.

RIVERO, Jean. *Direito administrativo.* Coimbra: Almedina, 1981.

ROCHA, Carmem Lúcia Antunes. O princípio da dignidade da pessoa humana e a exclusão social. *Revista do Instituto Brasileiro de Direitos Humanos.* n. 2, 2001. Disponível em: http://revista.ibdh.org.br/index.php/ibdh/article/view/29. Acesso em: 28 mar. 2019.

RODRIGUES, Geisa de Assis. *Ação civil pública e termo de ajustamento de conduta*: teoria e prática. Rio de Janeiro: Forense, 2002.

RUDÉ, George. *A multidão na história*: estudos dos movimentos populares na França e na Inglaterra 1730-1848. Rio de Janeiro: Editora Campus, 1991

SANTANA, Jair Eduardo. *Democracia e cidadania*. Belo Horizonte: Del Rey, 1995.

SANTOS, Carlos Frederico Brito dos. *Improbidade administrativa*: reflexões sobre a Lei nº 8.429/1992.

SCHIER, Adriana da Costa Ricardo. *A participação popular na administração pública*. Rio de Janeiro: Renovar, 2002.

SEABRA FAGUNDES, Miguel. *O Controle dos Atos Administrativos pelo Poder Judiciário*. 4. ed. Rio de Janeiro: Forense, 1967.

SEABRA, Sérgio Nogueira. A nova Administração Pública e mudanças organizacionais. *Revista da Administração Pública (RAP)*, Rio de Janeiro, v. 35, n. 4, jul./ago. 2001.

SHAFRITZ, Jay; HYDE, Albert. *Clássicos de la administración* pública. México: Fundo de Cultura Econômica, 1999.

SILVA, De Plácido e. *Vocabulário jurídico*. Rio de Janeiro: Forense, 2014.

SILVA, José Afonso da. *Curso de direito constitucional positivo*. 41. ed. Belo Horizonte: Saraiva, 2018.

SILVA, Neimar Roberto de Souza e. Direito e argumentação jurídica em Neil MacCormick. *Legis Augustus*, Rio de Janeiro, v. 4, n. 2, p. 29–41, jul./dez. 2013, p. 32. Disponível em: https://www.academia.edu/22354977/Direito_e_argumenta%C3%A7%C3%A3o_jur%C3%ADdica_em_Neil_MacCormick. Acesso em: 15 jul. 2025.

SILVA, Vasco Manuel Pereira. *Em busca do acto administrativo perdido*. Coimbra: Almedina, 1996.

SILVA, Vasco Pereira da. *Para um Contencioso Administrativo dos Particulares*. Coimbra: Almedina, 1997.

SILVEIRA, Marilda de Paula. Art. 22. *In*: PEREIRA, Flávio Henrique Unes (Coord.). *Segurança jurídica e qualidade das decisões públicas*: desafios de uma sociedade democrática. Brasília: Senado Federal, 2015.

SLOWAK GOVERNANCE INSTITUTE. *Performance Audit Manual*. nov. 2001. Disponível em: www.google. com.br.

SOUTO, Marco Juruena Villela. A era da consensualidade e o Ministério Público. *In*: RIBEIRO, Carlos Vinicius Alves (Org.). *Ministério Público*: reflexões sobre princípios e funções institucionais. São Paulo: Atlas, 2010.

STRECK, Lenio. *Coluna senso incomum*. Disponível em: http://www.conjur.com.br/secoes/colunas/senso-incomum.

SUORDEM, Fernando Paulo da Silva. *O princípio da separação de poderes e os novos movimentos sociais*: a administração pública no Estado moderno: entre as exigências de liberdade e organização. Almedina: Coimbra, 1995.

SUNDFELD, Carlos Ari. *Fundamentos de direito público*. 4. ed. São Paulo: Malheiros, 2002.

SUNDFELD, Carlos Ari. Uma lei geral inovadora para o Direito Público. Disponível em: https://www.jota.info/opiniao-e-analise/colunas/controle-publico/uma-lei-geral-inovadora-para-o-direito-publico-01112017. Acesso em: 14 fev. 2019.

TÁCITO, Caio. *Temas de direito público*: estudos e pareceres. v. 3. Rio de Janeiro: Renovar, 2002.

TAVARES, José. *Tribunal de Contas*: do visto, em especial. Lisboa: Almedina, 1998.

TOCQUEVILLE, Alexis. *O Antigo Regime e a Revolução*. 4. ed. Brasília: UNB, 1997.

TRIBUNAL DE CONTAS DA UNIÃO. *O Controle externo a nova administração pública*: uma visão comparativa. Brasília: TCU, 2002.

TRIVISONNO, Alexandre Travessoni Gomes. *Elementos fundamentais de uma teoria da discricionariedade no Direito*. São Paulo: Marcial Pons, 2024.

WADE, H. W. R. *Dirito Amministrativo Inglese*. Giufré: Milão, 1969.

WALD, Arnold. Novas tendências do direito administrativo: flexibilidade no mundo da incerteza. *Revista de Direito Administrativo*, n. 202, out./dez. 1995.

WEBER, Max. *Ciência e Política*: duas vocações. Martin Claret: São Paulo, 2002.

WEBER, Max. *Economia e Sociedade*. 3. ed. v. 1. Brasília: UNB, 1994.

ZANCANER, Weida. *Da Convalidação e da Invalidação dos atos administrativos*. 2. ed. São Paulo: Malheiros, 1993.

ZUFELATO, Camilo. CARVALHO, Lucas Vieira. *"Lei Anticrime" prevê acordos em ações de improbidade administrativa*. Disponível em: https://www.conjur.com.br/2020-jan-08/lei-anticrime-preve-acordos-acao-improbidade-administrativa.

FSC
MISTO
Papel
FSC® C092828

2023
CARBON NEUTRAL
SAVE

Esta obra foi composta em fonte Palatino Linotype, corpo 10,5
e impressa em papel Offset 75g (miolo) e Supremo 250g (capa)
pela Gráfica Formato, em Belo Horizonte/MG.